傅
璇
琮
文
集

唐翰林学士传论

第
三
册

中
华
书
局

晚唐卷前言

　　《唐翰林学士传论》上卷（即盛中唐卷），于 2005 年 12 月由辽海出版社印成，2006 年上半年发行。使我感到欣慰的是，此书一出版，就受到学术界的关注，并得到首肯。古典文学界名家陶文鹏、韩经太两位先生，于 2006 年三、四月间就在《光明日报》、《中华读书报》刊发书评，后两位中青年学者胡可先、李德辉，更撰写长篇评论，分别刊于《唐研究》第十二卷（北京大学出版社，2006 年 12 月）、《文学评论》2007 年第 3 期，他们共同肯定此书开拓了一个新的学术空间，通过翰林学士与文学关系的探讨，拓展历史文化层面的整体研究，同时又指出书中订正了史籍的不少错误，为唐代文史的进一步研究提供坚实的史料基础。另外，我又接到好几位学术挚友的信，信函与正式发表的文章不同，不全面论述，但清新、自由，使人备感亲切。如复旦大学陈允吉教授，谓此书"禀具文学家之灵魂，就中贯注着作者对古代上层社会一个特殊群体的同情和了解"。杨明教授认为"既是真实准确，又亲切具体还原历史，读来津津有味"。上海大学董乃斌教授也云"读起来真是津津有味"，"以'传论'的形式来写，也是一种创新"。

但学界对书中所述也有提出探讨意见的。如胡可先教授认为翰林待诏、翰林供奉并非同一职务,而是存有演变与更迭的关系;又指出,关于翰林学士所撰制诏文体的文学与文化价值,关于《蒙求》的境外文献(古抄本与刻本),日本学者已有可观成果,书中未及引用。又如南京师范大学郁贤皓教授,是李白研究权威学者,他在给我的信中详细考述玄宗朝翰林学士张垍并非如我在张垍传中所叙的天宝四载五月为兵部侍郎,后转为太常少卿或太常卿。这些,我都深受启发、教益。学术研究是不断探索的进程,有所得,也会有所失,这就要在自我摸索并广泛吸收意见中踏实行进。宋人叶梦得有云:"古之君子不难于攻人之失,而难于正己之是非。"这应当是作学问的君子之风。

董乃斌教授于信中望我"劳逸结合,多加保重",但仍云"更企望您对晚唐翰林学士研究的结集"。复旦大学王水照教授信中更引用古人所云"老当益壮,宁移白首之心",称"洵为我侪立帜",互勉继续做事。胡可先教授于《唐研究》的书评中更明确提出:"晚唐时期史料缺失甚多,有关翰林学士的记载更少,即使有些记载,也是多有舛误的,故晚唐时期翰林学士的考索与研究,还是一项极其艰难的大课题,希望能够早日见到'晚唐卷'。"我对晚唐时期的翰林学士材料,好几年间都已有辑集、积聚,即于 2006 年集中时间撰写此"晚唐卷"。

晚唐期间翰林学士研究,确有不小难度,也当会有极大特色。盛中唐,自开元二十六年(738)建置翰林学士起,至敬宗宝历二年(826),共 89 年,有学士 73 人;晚唐,自文宗大和元年(827)起,至哀帝天祐四年(907),共 81 年,稍少于盛中唐,而学士却有 150 余人,多一倍。晚唐时期翰林学士,不仅人数多,且政治、文学活动更频繁,由学士直接提升为宰相的固然不少,而学士因朝政纷争而被贬甚至被杀者也常见。翰林学士之敢于直言,有政见,颇值得研究。如僖宗朝一位翰林学士卢携,在职期间就明确提出:"国家之有百姓,如草木之有根柢。"(《乞蠲租赈给疏》,《全唐文》卷七九二)这就是颇可注意的"以民为本",当时有此见识,洵属难得。正因此,他就向皇帝上疏,由于广泛发生旱灾,就须停止向民间征税,还应加以救济赈给。又如另一位懿宗朝翰林学士刘允章,他于咸通八年(867)十一月以礼部侍郎出院后,即于第二年(咸通九年)初知贡举,这也是唐翰林学士与科举考试关系密切之一例。他知举时,当时有交结宦官的"芳林十哲"应试,刘允章皆予排斥,"及掌贡举,尤恶朋党"(《唐语林》卷三)。可能因此即被遣出为鄂州刺史。值得一提的是,他后期任河南尹时,向朝廷进《直谏书》,开篇自称"救国贱臣前翰林学士"。文中着重提出,当时国之弊政,有"九破",如贿赂公行、权豪奢僭、赋役不等、长吏残暴等,又谓民间有"八苦",如官吏苛刻、赋税繁多、冤不得理、病不得医等。如此家破人亡情势,文中特为提出:"今国家狼戾如此,天下知之,陛下独不知之。"这时距其任翰林学士已二十余年,但他仍称"前翰林学士",可见他如此直抒己见,抨击弊政,即认为仍执行翰林学士之职责。晚唐翰林学士如此参预政治,直斥朝政,颇值得重视,却为过去研究唐翰林学士之唐史学界所未曾注意。

　　另可注意的是,晚唐翰林学士在职期间,除撰写制诏等官方文书外,还编撰与时政有关而又具有文献史料价值的著作。现举宣宗时两位学士为例。一为刘瑑,于大中前期在院时,曾编撰《刑法统类》一书,选辑唐太宗贞观二年(628)至宣宗大中五年(851)的刑法条令,二千八百六十五条,分为六百四十六门,并"议其轻重"。刘瑑确是"精于法律"(《旧唐书》本传),能编有这套长达二百二十余年的刑事法条令,应是有唐一代规模最大的法令资料汇编。另一为韦澳,宣宗中期在职时,应皇帝之命,广采各地州郡境土风物及民间习俗资料,编为一书,名为《诸道山河地名要略》,一名《处分语》,备宣宗议政时参考。据《东观奏记》、《通鉴》等所记,新授邓州刺史的薛弘宗,于宣宗召见、应对后,会晤韦澳,深叹皇上对当地情势了解之真切,韦澳询之,实为其所编《处分语》中记叙者。上述二书,确与政事有关,但又有相对独立的文献价值,当时的翰林学士能着意于此,也可见其非同寻常的学术意识。惜此二书后未留存,否则对研究唐代社会极有意义。

晚唐时期翰林学士另一特色,是与文士的广泛文字交往。晚唐时,由于社会动乱,科试风气颓坏,广大文士,特别是清寒知识分子,境遇极差,这是盛中唐时所未有的。也正因此,文士就着意与翰林学士的交往,期望学士以其特殊政治地位与社会声望为其举荐。如丁居晦于文宗大和时为翰林学士,当时以诗闻名的刘得仁,因"出入举场三十年,竟无所成"(《唐摭言》卷一〇),就献《上翰林丁学士》诗(《全唐诗》卷五四五),特为标出:"时辈何偏羡,儒流此最荣。"将翰林学士称誉为儒林学界中"最荣",是晚唐文士群体对翰林学士最具概括性的称誉。也正因此,翰林学士在院期间,文士多有诗文进献。如"咸通十哲"之一张蠙,于懿宗咸通时向翰林学士张裼献诗:《投翰林张侍郎》(《全唐诗》卷七〇二),后又于僖宗乾符时向另一位翰林学士萧遘献诗:《投翰林萧侍郎》

(同上)，就是因为十年间未曾得第（"十五年看帝里春，一枝头白未酬身"）。晚唐时期以诗著称者，如薛逢、赵嘏、李频、李山甫、顾云、郑谷等，均有诗求荐。即如晚唐前期两位名家李商隐、杜牧，也是如此。如前所提及的刘得仁进诗称誉"儒流此最荣"的丁居晦，李商隐就连续有两次为泾原节度使王茂元上书（《为濮阳公贺丁学士启》、《为濮阳公与丁学士状》）；李商隐又有《为濮阳公与周学士状》，即又代王茂元向学士周墀上书，皆既致祝贺，又望其荐引。李商隐另有以自己身份向武宗时翰林学士孙毂两次上书（《上孙学士状》、《贺翰林孙舍人启》），时未授职，望其荐引。杜牧则于宣宗大中四年（850）向翰林学士郑处诲、毕诚等献诗，求举荐其出任外州刺史，以改善经济境遇。李商隐、杜牧不仅是当时文坛大家，且有独特性格，但仍对翰林学士深表企求之情，这也是当时士人的心理状态。

当然，晚唐时翰林学士也有一种反面现象，即宦官对翰林学士起相当大的作用。僖宗广明元年（880）十二月，黄巢军将攻占长安，僖宗出奔西川，宦官田令孜就迫使时任宰相的卢携罢相（卢亦曾为翰林学士），随即举荐王徽、裴澈两位翰林学士擢居相位。又僖宗在蜀期间，时任右拾遗的乐朋龟"谒田令孜而拜之，由是擢为翰林学士"（《通鉴》卷二五四）。后乐朋龟在院时应命撰《西川青羊宫碑铭》，就特颂谀田令孜"赏罚无私"，"恩威普度"。僖宗朝另一翰林学士徐彦若，其能入院，也受宦者杨复恭所荐。又如韦昭度，于僖宗中和元年（881）以翰林学士身份在成都知贡举试，当时有二位应试者由于依附田令孜，田令孜乃出力使此二人登第，韦昭度只能曲意为之。这都值得注意。

就上所述，我们现在研究唐翰林学士，就不能仅局限于考索入院、出院年月及在院期间之官阶迁转，而应较全面地探讨学士的生平行迹、参政方式、生活心态、社会交流，等等。应该说，两《唐书》是这方面研究的基本史料，但晚唐时期，两《唐书》，尤其是《旧唐书》，在记事方面有不少错失。清代学者钱大昕认为，《旧唐书》于晚唐史事，所记虽"卷帙滋繁，而事迹之矛盾益甚"（《廿二史考异》卷五七）。我们要全面研究有唐一代翰林学士，如不订正两《唐书》记事之误，就会出现不少差错，并导致理论探讨不确或失误。

也正因此，这次我集中为晚唐翰林学士一一立传，就仔细考察两《唐书》所记，不仅着眼于其在院任职期间，而且尽可能探索其一生事迹，特别是入院前仕历。但也正因此，发现两《唐书》讹误之繁复，是盛中唐撰传时所未曾有的。今概举数例如下。

如本书文宗朝前十位学士，新旧《唐书》皆有传，但两《唐书》于此十位学士，均有误记。即以第七位丁公著而言，其于文宗大和三年（829）四月以礼部尚书入为翰林侍讲学士，同年七月出院。《旧唐书》卷一八八本传载其前于穆宗时已任为工部侍郎，后"授浙江西道节度使"；《新唐书》卷一六四本传也记其出为浙西观察使。而《旧唐书·穆宗纪》长庆元年（821）十月，则记此次出任为浙东观察使。经查核，时任中书舍人的白居易撰有丁公著授职制文（见朱金城《白居易集笺校》卷五〇），即称其为越州刺史、浙东观察使。由此可证新旧《唐书》本传误，《旧纪》所记浙东，是。但《旧纪》记丁公著此次由工部尚书出任，而据白居易制文，应为工部侍郎，则《旧纪》亦有误。另，《新传》记丁公著出院，谓"四迁礼部尚书、翰林侍讲学士。长庆中,浙东灾疗,拜观察使",则将丁公著为翰林侍讲学士列于穆宗长庆前期,实则丁公著于文宗大和三年四月才入院,《新传》误提前五六年,将丁公著误列于穆宗朝学士。又丁公著此次出任外镇,据《旧纪》及丁居晦《壁记》,乃为浙东,非浙西。《新传》记此次出院,又有显误。两《唐书》纪、传记丁公著此后仕迹,又有两误。可见仅丁公著一人,两《唐书》所记,就有七八处讹误。又如文宗朝第四位学士许康佐,《新唐书》卷二〇〇本传记云:"迁侍御史,以中书舍人为翰林侍讲学士,与王起皆为文宗宠礼。"意即许康佐先为中书舍人,后入院,与同院的王起皆受文宗信重。实则许康佐于大和元年八月以度支郎中入院,至大和四年八月才累迁为中书舍人,非入院前已为中书舍人。且许康佐于大和九年(835)五月已出院,而王起于开成三年(838)才入,则许、王二人未曾同时在院。《新传》此处所记,仅二句,即有二误。

限于篇幅,此处即不细述,书中有具考。前已提及,文宗朝首十位,两《唐书》纪、传所记均有误;又就本书所考,文宗朝共有 29 位学士,两《唐书》有传的为 26 人,而所记有误者则有 23 人,这确应引起注意。文宗朝如此,其他如宣宗、懿宗、僖宗、昭宗朝,误处有时更多。如懿宗朝杨收,两《唐书》纪、传所记,有七八处讹误。又如赵骘,无专传,《新唐书》卷一八二《赵隐传》(赵隐为其兄),记其事仅一句:"终宣歙观察使。"仅此一句,即有误,《新唐书·宰相世系表》及《旧唐书·赵隐传》皆记其终于华州刺史、镇国军节度使。又如宣宗朝学士宇文临,两《唐书》也无专传,仅《新唐书》卷一六〇其父宇文籍传附记一句,谓其"大中初登进士第"。按宇文临实于大中元年闰三月以礼部员外郎入为翰林学士，何以于同年即大中元年才登进士第，即于二三月内即入为翰林学士？且入院前已任为礼部员外郎，进士刚登第是绝不可能授以从六品上之礼部员外郎的。可见晚唐时翰林学士，有时虽无专传，仅于他传中记有一句，也会有显误。

就以上概略介绍，确可佐证胡可先教授书评中所说，"故晚唐时期翰林学士的考索与研究，还是一项极其艰难的大课题"。本书是尽量对两《唐书》关于翰林学士记事之误加以辩正，同时也对有关部分予以补述，以有助于全面了解。如郑薰，文宗大和二年（828）登进士第，后于宣宗大中三年（849）以考功郎中入院，《新唐书》卷一七七有其传。但《新传》记其"擢进士第"后，即云"历考功郎中、翰林学士"，对其间二十余年无一字叙及。我这次为郑薰撰传，则根据有关史书及诗文集材料，如明陶宗仪《古刻丛钞》著录之《张公洞壁记》，《赤城志》，许浑《陪越中使院诸公镜波馆饯明台裴郑二使君》《陪郑使君泛舟晚归》等诗，《全唐文》卷七九一王讽《漳州三平大师碑铭并序》，《闽书》卷二九《漳州》，考述郑薰于大和二年登第后，大和四、五年间在岭南幕府任职，武宗会昌六年在台州刺史，与诗人许浑有交游，宣宗大中初又任漳州刺史，后于大中三年初入朝为考功郎中，同年九月以考功郎中入院。又宣宗朝学士萧寘，《旧唐书·萧遘传》《新唐书·萧瑀传》仅记其于咸通中任宰相，别无他记，我这次则据杜牧诗、李商隐文，及《剧谈录》《东观奏记》等唐人笔记杂文及《资治通鉴》，考其任职前后事略，并辨《旧唐书·懿宗纪》记咸通六年四月萧寘尚在相位之误（萧寘实于咸通六年三月已卒）。又如与萧寘同时的庾道蔚,两《唐书》无传,本书则采辑杜牧制文、李商隐赠诗、笔记《东观奏记》及出土墓志,概述其一生主要事迹。类似者,又有武宗朝李褒,宣宗朝郑颢、崔慎由、孔温裕等,僖宗、昭宗朝更有,请参阅。

除两《唐书》外,我在撰传时还注意纠正其他史书之误。如本书晚唐卷第一位学士,文宗朝王源中,清徐松《登科记考》卷一七记其于宪宗元和二年(807)登进士第,标其所据,云"见《旧书·文苑·卢景亮传》"。实则《旧唐书·文苑传》未有卢景亮传,《旧唐书》全书也未有为卢景亮立传者,徐《考》实为显误。而孟二冬《登科记考补正》也未记及,仅云"亦见《新唐书·卢景亮传》",实则《新唐书·卢景亮传》仅谓王源中"擢进士",未记有登进士年。类似者如文宗朝高元裕,徐《考》亦有误,孟二冬也未补正。另如《全唐文》,也有好几处误。如李让夷,于文宗大和二年入院,《全唐文》卷六九三载有李虞仲《授学士李让夷职方员外郎充职制》,李虞仲与李让夷同时;而《全唐文》卷三六六又载贾至所撰制文,文题同,贾至则为玄宗、肃宗时人,时代不合,《全唐文》误载。又如《全唐文》卷七六七载宣宗朝学士沈询文六篇,而卷七六三以沈珣名载文十六篇,其小传所记实为沈询事,文亦实为沈询所作。《全唐文》乃误袭《文苑英华》,当前《文苑英华》研究,也未注意及此。

以上纠误、补辑,仅举数例。清章学诚《文史通义》卷五曾谓:"浙东之学,言性命者必究于史。"作为浙东人,我确愿承袭浙东之学,着意于文史结合,如上册"前言"所说,希望为唐史研究补一"翰学"传,算是新世纪所补作的一种唐代史书。

本书系安徽师范大学中国诗学研究中心学术项目。

2007 年 3 月

[附记]

  本卷于今年二月写就,送交辽海出版社后,又从有关史料发现新出土的墓志,可以补辑有些翰林学士未传存之作,这一方面可有助于有关翰林学士行迹的了解,另一方面又可纠正两《唐书》记事之误。由于排版已定,不能在行文中补述,故于近期复阅校样时,摘要记述如下。应当说,这些新发现的史料,确是很值得参阅、研索的。

  懿宗朝翰林学士李羖,《全唐文》卷七六一仅载其《连山燕喜亭后记》一文,为入院前所作(武宗会昌五年十一月)。《唐研究》第十二卷(北京大学出版社,2006 年 12 月),载有赵力光《〈唐庆王李沂墓志〉综考》一文,此文据西安碑林博物馆所藏李羖所著《唐故庆王墓志》(西安市灞桥区席王乡出土,2006 年 5 月 15 日入藏)。按庆王李沂,为宣宗第五子。此《志》记,李沂卒于大中十四年(860)八月一日,同年十月二十一日迁葬于京郊万年县崇道乡。《旧唐书》卷一七五、《新唐书》卷八二《宣宗十一子传》,皆记庆王李沂于大中十四年(咸通元年)卒,未记月日,而《新唐书》卷九《懿宗纪》则于咸通元年具记为:“十一月丙子,朝享于太庙。丁丑,有事于南郊,大赦,改元。是月,庆王沂薨。”则李羖所撰此《志》可纠正《新唐书·懿宗纪》此处记时之误。

  另赵力光文又附录西安碑林博物馆新征集之《唐昭王李

汭墓志》,撰者为徐仁嗣,署为"翰林学士、朝散大夫、守中书舍人、上柱国、赐紫金鱼袋臣徐仁嗣奉敕撰"。《志》中记昭王李汭为宣宗第九子,于懿宗咸通六年(865)四月二十七日卒,僖宗乾符三年(876)十月三十日迁葬于京郊万年县。按据《旧唐书·僖宗纪》,徐仁嗣于乾符二年(875)二月为司封郎中,仍在院,后即无记。由此《志》,即可补记:乾符三年十月,徐仁嗣在院时已升迁为中书舍人(现已补记于"学士年表")。又《旧唐书》卷一七五《宣宗十一子传》载:"昭王汭,第八子也,大中八年封,乾符三年薨。"实则据《志》,李汭于咸通六年四月卒,乾符三年十月迁葬,《旧传》显误。

新出土墓志可订正两《唐书》误记,可再举一例。吴钢主编《全唐文补遗》第七辑(三秦出版社,2000年),第155页,载有裴澈《唐故广王墓志铭》。此广王,即宣宗第十一子李澅。《志》中称广王于咸通五年(864)六月一日卒,年十一,乾符四年(877)四月十四日迁葬于万年县浐川乡,与前昭王李汭相似。《旧唐书》卷一七五《宣宗十一子传》,记广王李澅"大中十一年封",未记其卒,而《新唐书》卷八二《宣宗十一子传》却记其"乾符四年薨"。此亦以迁葬之年误记为卒年。又,裴澈为僖宗朝翰林学士,于乾符二年(875)以度支郎中入,广明元年(880)十二月由户部侍郎擢迁为相,在院期间八年,史书未记有其官阶迁转,《全唐文》也未载其文。此《唐故广王墓志铭》,可补其仕。《志》署名"翰林学士、朝议郎、守尚书礼部员外郎、柱国、赐绯鱼袋臣裴澈奉敕撰",则乾符四年四月,裴澈已迁为礼部员外郎,可补(今补记于"学士年表”）。

　　另如宣宗朝翰林学士蒋伸，《全唐文》卷七八八载其制文九篇，均为其入院前以他官兼知制诰时所作。今检周绍良主编《唐代墓志汇编》（上海古籍出版社，1992年），其大中一二〇（页2344）载有蒋伸所作《唐故天平军节度赠兵部尚书乐安孙府君墓志铭》，记《志》主孙景商于大中十年（856）八月二十二日卒，同年十月二十七日葬，葬前蒋伸为其作墓志，署为“翰林学士承旨、通议大夫、户部侍郎、知制诰、上护军、赐紫金鱼袋蒋伸撰”。据此亦即可佐证丁《记》记蒋伸于大中十一年（857）十二月以兵部侍郎、知制诰入为翰林学士之误。于此亦可补充蒋伸在院时所作之文，以补《全唐文》之缺。

　　以上为本卷（晚唐卷）所补之作，另，盛中唐卷，据近所检，亦可补。如陈尚君《全唐文补编》（中华书局，2005年9月）卷三五，据《贞元新定释教目录》卷一四，辑有吕向《金刚智行记》，玄宗开元十八年（730）作。《全唐文补遗》第七辑（页60），载吴通微《大唐故永王第二男（李伶）新妇河东郡夫人宇文氏墓志铭并序》，为早期入院前任校书郎时所作。又《唐研究》第十二卷赵力光《〈唐庆王李沂墓志〉综考》，据《新中国出土墓志·陕西卷一》（文物出版社，2000年），记有吴通微《行内侍省内常侍俱慈顺墓志》，德宗贞元七年（791）作，署“尚书职方郎中、知制诰、翰林学士”。《新中国出土墓志·陕西卷一》又有吴通玄《雷彦芬妻冯氏墓志》，贞元三年（787）作，署为“起居舍人、翰林学士”。

2007年6月

文宗朝翰林学士传

王源中

王源中,《旧唐书》无传,《新唐书》卷一六四有传,附于《卢景亮传》后。卢景亮于德宗时曾任右补阙,敢于直谏,"多激发",即受德宗之贬,为朗州司马;宪宗时召回,迁为中书舍人,元和初卒。《新唐书·卢景亮传》乃于传后云:"宪宗时,以直谏知名者,又有王源中。"故附记王源中事。

唯《新唐书·王源中传》所记甚简。首云"字正蒙",未记其籍。按《新唐书》卷七二中《宰相世系表》二中,记其为王弘让后裔;《旧唐书》卷八九《王方庆传》,记方庆为雍州咸阳人,其伯父即弘让。则王源中之郡籍当即咸阳(今属陕西)。

《新传》于"字正蒙"后,接云"擢进士、宏辞",未记年。清徐松《登科记考》卷一七系于宪宗元和二年(807)状元,云"见《旧书·文苑·卢景亮传》"①。经查核，《旧唐书·文苑传》未有卢景亮传，且《旧唐书》全书也未有为卢景亮立传者，徐《考》显误。孟二冬《登科记考补正》亦未予指正，并又云"亦见《新唐书·卢景亮传》"②。前已引述，《新唐书》卷一六四《卢景亮传》后所附王源中传，仅谓王源中"擢进士"，未记有登第年，不知孟之《补正》何以云此。

　　不过王源中确于元和二年进士登第，且为状元，其现存主要依据当为《唐才子传》卷四《窦巩传》，称"元和二年王源中榜进士"③。窦巩于元和二年进士及第，晚唐时褚藏言所作《窦巩传》已有记，并记同年及第者有王源中，云："府君元和二年举进士，与今东都留守左仆射孙公简、故吏部侍郎兴元节度使王公源中、中书舍人崔公咸、制诰李公正封同年上第。"（《全唐文》卷七六一）

　　《新传》于"擢进士"后，接云"宏辞，累迁左补阙"，亦未记年，当在宪宗时。又《白居易集笺校》卷四九"中书制诰"二，有《李彤授检校工部郎中充郑滑节度副使、王源中授检校刑部员外郎充观察判官各兼侍御史赐绯紫制》④，制中称"（王）承元有大忠于国，受重任于外"，于是朝廷派遣李彤、王源中在其幕府任职，使其"叶力以济"。按此制为中书制诰，白居易于元和十五年（820）十二月任主客郎中、知制诰，长庆元年（821）十月转迁中书舍人，长庆二年七月出为杭州刺史；又《旧唐书》卷一六《穆宗纪》，王承元于元

①清徐松《登科记考》，赵守俨点校，中华书局，1984年。
②孟二冬《登科记考补正》，北京燕山出版社，2003年。
③见《唐才子传校笺》第二册，傅璇琮主编，中华书局，1989年。
④《白居易集笺校》，朱金城笺校，上海古籍出版社，1988年。

和十五年十月为义成节度使、郑滑等州观察使。据此,则白居易此制当作于长庆元年间,王源中于此时具刑部员外郎衔(从六品上),充郑滑节度观察判官。此已为其登第后十余年。

《新传》接云:"累转户部郎中、侍郎,擢翰林学士。"即自此进入翰林学士任(不过《新传》此处所叙,于"侍郎"后云"擢翰林学士",误,详后)。

丁居晦《重修承旨学士壁记》(后简称丁《记》),记"宝历后二人",即王源中、宋申锡,并记王、宋二人同于宝历元年(825)九月二十四日入。按《旧唐书》卷一六七《宋申锡传》记为:"宝历二年,转礼部员外郎,寻充翰林侍讲学士。"宋王应麟《玉海》卷二六"帝学"门,有《唐翰林侍讲学士》条,中云"(宝历)二年,礼部员外郎宋申锡"为翰林侍讲学士。据此,则王源中与宋申锡当皆于宝历二年(826)入,丁《记》误"二"为"元"(岑氏《注补》亦考及)。

丁《记》记王源中:"宝历元年九月二十四日,自户部郎中充。十一月二十八日,赐紫。"此可将"元年"改为"二年"。即王源中此前为户部郎中(《新传》已有记),现即以户部郎中入为翰林学士。

又,敬宗于宝历二年十二月卒,则王源中与宋申锡于宝历二年九月入,在敬宗朝仅三月,二人在院供职主要在文宗时,故本书将王源中、宋申锡列于文宗朝翰林学士,非如丁《记》仅记于宝历敬宗朝。

丁《记》后云:"(宝历)二年正月二十八日,权知中书舍人。"据前所考,则此"二年"当改为"三年",亦即文宗大和元年(827)。按文宗于宝历二年十二月即位,翌年二月乙巳改元大和(《旧唐书》卷一七上《文宗纪》误将乙巳仍列于正月）。由此，则丁《记》所记据院中壁录，故仍将此"正月二十八日"记为宝历三年。

李虞仲有《授学士王源中等中书舍人制》（《全唐文》卷六九三），此云"等"，实即王源中、宋申锡二人，即王、宋二人既同时入院，后又同时擢迁。制中称王源中为朝散大夫、守尚书户部郎中、充翰林学士、上柱国、赐紫金鱼袋，现改授中书舍人，依前翰林学士；宋申锡原为朝议郎、行尚书礼部员外郎、充翰林学士、上柱国、赐紫金鱼袋，现授为尚书户部侍郎、知制诰。但丁《记》所记，王源中为正月二十八日，宋申锡为正月八日，日期有异。按韦表微《翰林学士院新楼记》①，有云："明年正月，学士路君迁小司马为承旨，表微洎王、宋二舍人皆迁秩加职。"此所谓"明年"，即大和元年，路随于此年正月八日为翰林学士承旨，韦表微亦于此年正月（未记日）迁户部侍郎、知制诰（见前穆宗朝路随、韦表微传），岑氏《注补》亦引韦表微此记，谓宋申锡、王源中既与路随同日擢迁，则当为正月八日，非正月二十八日，当是。即丁《记》记王源中于正月二十八日权知中书舍人，当为正月八日。

又李虞仲制曰："朝庭之制，外有纶闱之职，以奉大猷；中有翰苑之司，以专密命。帝王懿范，备举而行，森然在前，其道一贯。"此处虽称中书舍人之职在外，但仍"以奉大猷"，且与翰林学士共将"帝王懿范，备举而行"，"其道一贯"。可见当时对中书舍人仍是看重的。制又云："二者（指王、宋）皆国器也，先皇帝能用之，顾

---

① 韦表微《翰林学士院新楼记》，原载《全唐文》卷六三三，今据傅璇琮、施纯德编校《翰学三书》，页13，辽宁教育出版社，2003年。

予冲人,敢不加敬。"云"先皇帝",即指敬宗,可见此次擢迁、改授,乃文宗刚即位时,此亦可证非丁《记》原所记之宝历二年正月。

丁《记》接云:"大和二年二月五日,正拜。十一月五日,迁户部侍郎、知制诰。"即王源中于大和元年正月八日,权知中书舍人,逾一年,大和二年二月五日,正式具为中书舍人官衔(正五品上),而同年十一月五日,又迁为户部侍郎(正四品下)并兼知制诰。李虞仲又有《授学士王源中户部侍郎制》(《全唐文》卷六九三),首称"翰林学士、中散大夫、中书舍人、上柱国、赐紫金鱼袋王源中",后云"可尚书户部侍郎、知制诰,依前充翰林学士,散官勋赐如故"。此制为十一月作,此前即同年二月王源中已由"权知"改"正拜",故即称"翰林学士、中书舍人"。

由此,则王源中于大和二年十一月在任职期间,由中书舍人迁户部侍郎,而《新传》未提及中书舍人,仅云"累转户部郎中、侍郎,擢翰林学士",即先为户部侍郎,后擢入为翰林学士,当为疏失。

另有一误处,即宋陈思《宝刻丛编》(《丛书集成初编》本)卷七长安县,著录有《唐左威卫将军李藏用碑》,引据《集古录目》云"唐礼部侍郎、翰林学士王源中撰,翰林待诏唐玄度篆额";又谓"碑以大和四年立"。又欧阳修《集古录跋尾》卷九亦有《唐李藏用碑》,题下注"大和四年",但仅云"右《李藏用碑》,王源中撰,唐玄度书"[1]。如此,则《宝刻丛编》所引《集古录目》,记王源中于大和四年在礼部侍郎任。实则王源中在院期间未曾任礼部侍郎。

①见《欧阳修全集》卷一四二,中华书局点校本,2001年。

此或为《宝刻丛编》转引之误,非欧阳修原误。《李藏用碑》,《全唐文》未载,为王源中佚文。李藏用亦为宦官,官至冠军大将军、左威卫大将军。为宦官立碑撰传,亦为唐翰林学士之常务。

《新传》记王源中擢为翰林学士后,云"进承旨学士",未标年月。丁《记》则于大和二年(828)十一月五日记其迁户部侍郎、知制诰后,谓:"十二月,加承旨。"则于大和二年十二月又加为学士承旨。按据前穆宗朝韦表微传,韦表微于大和二年二月二十八日加承旨,三年八月以疾出院,如此则王源中不可能在韦表微于承旨任期又加此职。岑氏《注补》亦提及韦表微事,谓可能韦表微于大和三年八月出院后,王源中乃于是年(即大和三年)十二月接任承旨,丁《记》于"十二月加承旨"前应补"三年"二字。岑氏此说虽为揣测,但较合理,可从。

丁《记》接云:"(大和)八年四月二十日,出院。"《旧唐书》卷一七下《文宗纪》下,亦有记,即大和八年四月"乙巳,翰林学士、兵部侍郎王源中辞内职,乃以源中为礼部尚书"。岑氏《注补》曾提及,乙巳为廿四日,丁《记》记为二十日,先四日。但此仅为小异,不必深究。应提及的是,《旧纪》记王源中时为兵部侍郎,而《新传》、丁《记》皆未载王源中曾任兵部侍郎,此有两种可能,一为大和三年十二月任承旨后,又曾由户部侍郎改兵部侍郎,二为《旧纪》有误,所记之"兵部侍郎"应仍为"户部侍郎"。

关于王源中出院,《旧纪》记为自己辞职,《新传》则有具体记述:"源中嗜酒,帝召之,醉不能见。及寤,忧其慢,不悔不得进也。他日,又如之,遂失帝意。以疾自言,出为山南西道节度使。"又《太平御览》卷八四六有记云:"王源中为户部侍郎、翰林承旨学士。性颇嗜酒,尝召对,源中方沉醉,不能起,及醉醒,同列告之,源中但怀忧,殊无悔恨。他日又以醉,不任赴召,遂终不得大任,以眼病求免所职。"①《太平御览》所记,文意更清,似可见当时处境与心态,即王源中任职时间虽长,但于其后期,面对当时政局之宦官专权,朋党纷争,未能如宪宗时敢于直言②。如大和五年(831)宋申锡为宦官诬告而下狱,当时外廷如左常侍、给事中、谏议大夫、补阙等八人有直谏(详见后宋申锡传),而时在内廷、被誉为"心腹"的翰林学士,却未有进言者。可能迫于压力,王源中于后期就嗜酒,后即以疾辞职出院。

《新传》记王源中出院后即为山南西道节度使,而据《旧唐书·文宗纪》,王源中于大和八年四月乙巳出院,为礼部尚书;同年十一月"癸丑,以礼部尚书王源中检校户部尚书,充山南西道节度使"。即《新传》缺记出院时任礼部尚书。《旧纪》又记,大和九年十月庚子,"以前山南西道节度使王源中为刑部尚书";十二月"丙子,以刑部尚书王源中为天平军节度使"。又开成三年(838)十一月,"乙丑,天平军节度使王源中卒"。《新传》亦谓:"开成三年卒,赠尚书右仆射。"传末评云:"源中澹名利,率身治人,约而简,当时咨美。"评价虽高,但其任翰林学士期间之业绩不显。

《新唐书·艺文志》未著录其著作。《全唐诗》、《全唐文》亦未载其诗文。前所记述之欧阳修《集古录目》曾录其所撰《李藏用

---

①《太平御览》,中华书局影印宋刊本,1963 年。
②如《新传》记王源中于宪宗时任左补阙,"是时,中官领禁兵,数乱法,捕台府吏属系军中。源中上言:'台宪者,纪纲地,府县责成之所。设吏有罪,宜归有司,无令北军乱南衙,麾下重于仗内。'帝纳之"。

碑》，则其任翰林学士时仍有所撰。

宋申锡

宋申锡，两《唐书》有传，见《旧唐书》卷一六七、《新唐书》卷一五二。

《旧传》："宋申锡字庆臣。祖素，父叔夜。"未载其籍。《新传》即谓"史失其何所人"。按《新唐书》卷七五上《宰相世系表》五上，广平宋氏，记有宋申锡。《元和郡县图志》[①]，卷一五河东道，有洺州广平郡，相当于今河北邯郸、鸡泽等地。广平当为宋氏郡籍。

《旧传》未载其祖、父仕迹，称宋申锡"少孤贫"。后云："有文学，登进士第，释褐秘书省校书郎。"清徐松《登科记考》即列于已登第但未知其年之卷二七。按《旧传》后云："韦贯之罢相，出湖南，辟为从事。其后累佐使府。"据《旧唐书》卷一五《宪宗纪》下，元和十一年(816)八月壬寅，韦贯之罢相，九月，出为湖南观察使。如此，则宋申锡约于元和十年前登第，十一年九月后在湖南幕，"后累佐使府"。《新传》亦简称为"擢进士第，累辟节度府"。

《旧传》接云："长庆初，拜监察御史。"白居易有《张彻宋申锡可并监察御史制》，朱金城《白居易集笺校》卷四八"中书制诰"载

---

① 《元和郡县图志》，唐李吉甫撰，贺次君点校，中华书局，1983年。

此篇,谓长庆元年(821)作,时白居易为中书舍人①。制中云:"今御史中丞僧孺奏,某官张彻、某官宋申锡皆方直强毅,可监察御史。章下丞相府,丞相亦曰可。朕其从之,并可监察御史。"按牛僧孺于元和十五年(820)十一月为御史中丞,长庆二年(822)正月迁户部侍郎,则其荐张彻、宋申锡为监察御史(正八品上),当在长庆元年(821)。

《旧传》接云:"(长庆)二年,迁起居舍人。宝历二年,转礼部员外郎,寻充翰林侍讲学士。"即宋申锡以礼部员外郎入院,为翰林侍讲学士。但丁《记》记为宝历元年(825),云:"宝历元年九月二十四日,自礼部员外郎充侍讲学士。十一月二十八日,赐紫。"前王源中传已考,王源中与宋申锡为同时入院,又同日赐紫,应为宝历二年。宋王应麟《玉海》卷二六"帝学"门,《唐翰林侍讲学士》条,亦明确记"(宝历)二年,礼部员外郎宋申锡"为侍讲学士。丁《记》所记时误。

《新传》于此亦有误述,云:"以礼部员外郎为翰林学士,敬宗时,拜侍讲学士。"则宋申锡于敬宗前即穆宗时已以礼部员外郎入为翰林学士,至敬宗时改为侍讲学士。而据前考,宋申锡与王源中同于宝历二年(826)九月二十四日入院,而穆宗则于长庆四年(824)正月已卒,宋申锡何能在穆宗时已入?且宋申锡于敬宗宝历二年入院时即已为翰林侍讲学士,何以先为翰林学士、后又改为翰林侍讲学士。按唐时士人入院者,有先为翰林侍讲学士,后改为翰林学士者,从未先为学士后又改为侍讲。北宋时亦有翰林

①《白居易集笺校》,朱金城笺校,上海古籍出版社,1988 年。

侍讲学士，《新唐书》撰写者何以有此显误？

丁《记》于"十一月二十八日，赐紫"后，接云："十二月十九日，改充学士。"据前考述，此当为同年即宝历二年，也与《旧唐书》卷一七上《文宗纪》上所载合，即宝历二年十二月庚戌，"侍讲学士宋申锡充书诏学士"。此为文宗即位仅一月，对宋申锡当有重视。

又据前王源中传考，王源中与宋申锡于大和二年（828）正月同迁官秩，丁《记》记王源中"二年正月二十八日，权知中书舍人"，宋申锡则为"二年正月八日，迁户部郎中、知制诰"。据李虞仲《授学士王源中等中书舍人制》（《全唐文》卷六九三），王、宋二人既同时授，当为此年正月八日。但《全唐文》所载李虞仲此制，记宋申锡所迁之官秩有误。据丁《记》，宋申锡乃由入院时之礼部员外郎迁为户部郎中并知制诰，而李虞仲所撰之制则谓迁户部侍郎。按唐官制，不可能由从六品上之礼部员外郎直接擢迁正四品下之户部侍郎的。此制亦载于《文苑英华》卷三八四，亦记为户部侍郎。《全唐文》当沿袭《文苑英华》之误。由此可见，当代对《文苑英华》也有必要加以全面点校整理。

丁《记》接云："大和三年六月一日，迁中书舍人。"而《旧传》则称"大和二年，正拜中书舍人"。岑氏《注补》谓"如依《记》作三年，是申锡试用几二年半而后正拜"，不应如此之长，应据《旧传》作大和二年。按宋申锡于大和二年正月为户部郎中、知制诰，至三年六月迁中书舍人，仅一年半，非二年半，岑氏误算。经一年半而由从五品上之户部郎中迁为正五品上之中书舍人，即升两阶，当为习例，非超常规，故当以丁《记》为是，《旧传》不确。

关于出院，丁《记》记为："（大和）四年七月七日，迁尚书右丞,出院。"《旧唐书》卷一七下《文宗纪》下,大和四年七月,"癸未,诏以朝议郎、尚书右丞、上柱国、赐紫金鱼袋宋申锡为正议大夫、行尚书右丞、同中书门下平章事"。《新唐书》卷六三《宰相年表》同。《旧传》谓:"未几,拜左丞,逾月,加平章事。"此云逾月,则出院当在大和四年六月,此与丁《记》、《旧纪》所记异,且记为左丞,亦异。但此皆为小异。宋申锡于大和四年七月出院,不到一月,即擢为相,这与当时的政局有关。

《旧传》与《通鉴》对此都有具体记述。《旧传》谓:"初,文宗常患中人权柄太盛,自元和、宝历比致宫禁之祸。及王守澄之领禁兵,恃其宿旧,跋扈尤甚。有郑注者,依恃守澄为奸利,出入禁军,卖官贩权,中外咸扼腕视之。文宗雅知之,不能堪。申锡时居内廷,文宗察其忠厚,可任以事。尝因召对,与申锡从容言及守澄,无可奈何,令与外廷朝臣谋去之,且约命为宰相,申锡顿首谢之。未几,拜左丞,逾月,加平章事。申锡素能谨直,宠遇超辈,时情大为属望。"

《通鉴》卷二四四大和四年六月记:"上患宦者强盛,宪宗、敬宗弑逆之党犹有在左右者;中尉王守澄尤专横,招权纳贿,上不能制。尝密与翰林学士宋申锡言之,申锡请渐除其偪。上以申锡沈厚忠谨,可倚以事,擢为尚书右丞。七月癸未,以申锡同平章事。"

正因如此,文宗于《授宋申锡行尚书右丞平章事制》中,赞誉曰:"自选入周行,参我内署,奉职恭肃,率心坦夷。蕴冲用以究国经,铺训词以润王度,密赞弥久,宏益滋多。朕累因暇日,召于别殿,访以大政,观其立诚,而胸襟洞开,肝膈无隐,识精词直,实契虚求。固可以掫持化权,参决理本,是用升于鼎铉,付以枢机。"(《全唐文》卷六九)制中主要称赏其两点,一是"奉职恭肃,率心坦夷",二是"识精词直",故托以重任,委以密谋。

但宋申锡任相仅半年,即出事。《通鉴》卷二四四大和五年(831)二月记:"上与宋申锡谋诛宦官,申锡引吏部侍郎王璠为京兆尹,以密旨谕之。璠泄其谋,郑注、王守澄知之,阴为之备。上弟漳王凑贤,有人望,(郑)注令神策都虞候豆卢著诬告申锡谋立漳王。戊戌,守澄奏之,上以为信然,甚怒。"这样,此年三月,宋申锡即罢相,旋贬为开州司马。关于此事,两《唐书》本传都有详记,不赘述。《旧传》称宋申锡任相后,"望实颇不相副",他以密谋告与京兆尹王璠,亦可见其不慎。但宋申锡此事,实为郑注、王守澄诬告,这是文宗朝宦官对朝官发动的第一次较大的攻击,即制造冤狱,罢黜宰相,间接打击文宗想要削弱宦官专权的谋划。值得注意的是,当时外廷一些官员为宋申锡辩护者不少,据《通鉴》载,就有"左常侍崔玄亮、给事中李固言、谏议大夫王质、补阙卢钧、舒元褒、蒋系、裴休、韦温等复请对于延英,乞以狱事付外覆按",即要求在外廷正式审阅。而当时在院的翰林学士,却无一人言及者。

据《旧纪》、《旧传》,大和七年(833)七月,宋申锡即卒于开州(今重庆开县)。当时诗人许浑就特作诗悼念,有《闻开江宋相公申锡下世二首》(《全唐诗》卷五三六),其一云:"权门阴奏夺移才,驲骑如星堕峡来。晁氏有恩忠作祸,贾生无罪直为灾。贞魂误向崇山殁,冤气疑从汨水回。毕竟功成何处是,五湖云月一帆开。"[1]许浑

---

[1] 按此诗,《全唐诗》卷五二六亦载,列于"杜牧七",即亦为杜牧作,题为《闻开江相国宋公下世二首》。陈允吉点校之《樊川文集》(上海古籍出版社,1978)未收。罗时进《丁卯集笺证》卷九载《闻开江相国宋公下世二首》,注谓此应为许浑作。《丁卯集笺证》,江西人民出版社,1998年。

此诗确表达当时对宋申锡冤狱的不平之情及对宋申锡悲惨遭遇的吊念。

宋申锡著作未有著录。《全唐文》卷六二三载其文一篇:《义成军节度……李公德政碑铭并序》,为李听作。中云:"圣皇践位之明年,以大和纪岁号。……监军使宋守义列疏其事。……词臣奉诏,勒铭贞石。"则为大和元年作。自称"词臣",即在翰林学士任期,奉命为节度方镇记其德政之作。这是宋申锡在院时所作传存的唯一一篇。

郑　瀚

郑瀚,两《唐书》有传,见《旧唐书》卷一五八、《新唐书》卷一六五,皆附于其父郑馀庆传后。据两《唐书》本传,郑馀庆为郑州荥阳(今属河南)人。

《旧传》:"瀚本名涵,以文宗藩邸时名同,改名瀚。"则其改名瀚当在文宗即位后,此前名涵,故白居易、韩愈等所作文皆称为涵(见后)。

《旧传》记其"贞元十年举进士"(《新传》仅云"第进士")。清徐松《登科记考》卷一三即据《旧传》系于德宗贞元十年(794)。同年登第者有李逢吉、王璠等,但郑瀚此后仕历,与李、王等无甚交往。又《旧传》称其卒于开成四年(839),年六十四,则当生于代宗大历十一年(776)。贞元十年,为十九岁,是当时科举及第中甚为年轻的。

《旧传》接云："以父谪官，累年不仕。"按郑馀庆于贞元中曾为翰林学士，后于十四年（798）七月入居相位，十六年（800）九月，为德宗所嫉，出贬为郴州司马，至顺宗永贞元年（805）才返朝；宪宗于同年八月即位，又任其为相（见前德宗朝郑馀庆传）。如此，则郑澣虽于贞元十年及第，此后十年间均未能入仕。

《旧传》于"以父谪官，累年不仕"后，具述其仕历，云："自秘书省校书郎迁洛阳尉，充集贤院修撰，改长安尉、集贤校理。转太常寺主簿，职仍故。迁太常博士，改右补阙。献疏切直，人为危之。及馀庆入朝，宪宗谓馀庆曰：'卿之令子，朕之直臣，可更相贺。'遂迁起居舍人。"则均在宪宗即位，郑馀庆入朝任相后。

郑澣任集贤校理，可就韩愈《送郑十校理序》考知其任职之时间，此郑十，即郑澣（当时称涵）[①]。文中云："四年，郑生涵始以长安尉选为校理，人皆曰是宰相子。……求告来宁，朝夕侍侧，东都士大夫不得见其面。于其行日，分司吏与留守之从事，窃载酒肴席定鼎门外，盛宾客以饯之。既醉，各为诗五韵，且属愈为序。"此处明确称此时郑涵"是宰相子"，即郑涵之任集贤校理，为其父任宰相之后。今据两《唐书》郑馀庆本传及有关纪、表，郑馀庆于永贞元年（805）八月癸亥拜相，元和元年（806）十一月庚戌罢相，出

①《韩昌黎文集校注》卷四。《韩昌黎文集校注》，马其昶校注，上海古籍出版社，1986年。又岑仲勉《唐人行第录》（中华书局上海编辑所，1962年），引刘禹锡《奉和郑相公以考功十弟山姜花俯赐篇咏》，谓此"考功十弟"即郑澣。今查瞿蜕园《刘禹锡集笺证》（上海古籍出版社，1989年）别集卷五所载此诗，瞿氏笺证谓是郑覃弟郑朗，作于开成间；陶敏、陶红雨《刘禹锡全集编年校注》（岳麓书社，2003年）所注同，则岑说误。

为河南尹；三年（808）六月，又以检校兵部尚书兼东都留守，仍在洛阳。而韩愈于元和二年秋以国子博士分司东都，四年六月改为尚书都官员外郎、分司东都，亦在洛阳①。故韩愈于文中云："愈为博士也，始事相公于祭酒；分教东都生也，事相公于东太学；今为郎于都官也，又事相公于居守。"今郑涵在集贤校理任时，自长安来洛阳探亲问候（"求告来宁"），在其返京时，洛阳众吏相送，韩愈特为作序，并附诗一首，诗中有"归骑春衫薄"、"杨花共纷泊"句，当在元和五年春。

由此可证，郑澣乃于元和四年以长安尉为集贤校理，在此之前，即元和初，郑馀庆返朝任相后，郑澣才始任秘书省校书郎，后以洛阳尉为集贤院修撰。韩愈对集贤校理之职能是很看重的，认为"校理则用天下之名能文学者"，并特称郑澣"好古义施于文辞者"，"获重语于天下"。可见郑澣仕历早期，已为当时文坛名家韩愈如此赞誉。

《旧传》于集贤校理后，接云："转太常寺主簿，职仍故。迁太常博士，改右补阙。"今检白居易有《郑涵等太常博士制》（《白居易集笺校》卷五五"翰林制诏"二）。按白居易于元和二年至六年五月任翰林学士，而据前述，郑澣于元和五年春任集贤校理，则当五年春后又升迁为从七品上之太常寺主簿，任职如故（即仍为集贤校理），后则正式任为太常博士。白居易制文称其"况雅有学识，进修不已，礼官方缺，宜当此选"，当在元和五、六年间。

----

① 参据张清华《韩愈年谱汇证》，见其所著《韩学研究》下册，江苏教育出版社，1998年。

据两《唐书》本传，郑澣后又累擢为起居舍人、考功员外郎，后穆宗、敬宗时又为司封郎中、中书舍人。李虞仲有《授李渤给事中、郑涵中书舍人等制》（《全唐文》卷六九三），先称郑涵为司封郎中、知制诰，现授为中书舍人，赞其"操履坚明，雄文炳蔚，虚怀宏达，雅思冲深，立言尝见其著诚，秉志颇闻其经远"。当在敬宗时，因《旧唐书》卷一七上《敬宗纪》，宝历元年（825）三月辛未，记："上御宣政殿试制举人二百九十一人，以中书舍人郑涵、吏部郎中崔瑶、兵部郎中李虞仲并充考制策官。"则其任中书舍人，或敬宗即位初。

《旧传》："文宗登极，擢为翰林侍讲学士。"《新传》同。此即丁《记》所记："大和元年四月二十三日，自中书舍人充侍讲学士。"又据丁《记》，郑澣乃与许康佐同时入，许康佐自度支郎中改驾部郎中入为侍讲学士（见后许康佐传）。郑、许是文宗即位后首批召入的，而二人又同为侍讲学士，则当与文宗看重侍讲学士之学术职能有关（关于翰林侍讲学士，请参另文《唐翰林侍讲侍读学士考论》，见2005年出版之《唐翰林学士传论》上编）。又作于大和元年（827）的韦表微《翰林学士院新楼记》[1]，即特记为："夏四月，中书郑舍人，驾部许郎中，皆以鸿文硕学为侍讲学士，有诏赐宴，始觞于斯，中外之知者朝昏皆贺。"

所谓"有诏赐宴"，当即为丁《记》所记，同月（即大和元年四月）"二十八日，赐紫"。唯《旧传》云："文宗登极，擢为翰林侍讲

<hr>

[1]韦表微《翰林学士院新楼记》，见傅璇琮、施纯德编《翰学三书》中《翰苑群书》卷三，辽宁教育出版社，2003年。

学士。上命撰《经史要录》二十卷,书成,上喜其精博,因摘所上书语类,上亲自发问,澣应对无滞,锡以金紫。"岑氏《注补》对此有疑,谓"二十三日加侍讲,二十八日赐紫,中间数日,岂能成二十卷之书,赐紫或与成书无关也"。岑氏说是。郑澣于宪宗、穆宗时曾两次授任史馆修撰,敬宗时又为中书舍人,当已著有《经史要录》,文宗也因有所闻,见其有此专长,故特召为侍讲学士。故《旧传》谓文宗召郑澣入院后始命其撰《经史要录》,书成后"赐以金紫",不确。

丁《记》后记其出院:"(大和)二年六月一日,迁礼部侍郎出院。"《旧传》亦记为:"大和二年,迁礼部侍郎。典贡举二年,选拔造秀,时号得人。"①由此可见,郑澣在院虽仅一年二月,时间不长,但文宗对其很看重,遂即特遣其出院以主持贡举,选拔人才,因按唐制,翰林学士在内供职,是不能知举的。这也表现文宗对侍讲学士的看重,如大和二年知举者崔郾,也于穆宗、敬宗时为翰林侍讲学士(见前崔郾传及徐松《登科记考》卷二〇)。

此后仕历,据两《唐书》本传,历仕兵部侍郎、吏部侍郎、河南尹,皆有政绩。后又为尚书左丞、刑部尚书、山南西道节度使、兴元尹;"开成四年闰正月,以户部尚书征。诏下之日,卒于兴元,年六十四,赠右仆射,谥曰宣"(《旧传》)。

《旧传》又云:"有文集、制诰共三十卷,行于世。"《新唐书》卷六〇《艺文志》四,集部别集类,亦著录"《郑澣集》三十卷"。但其

①宋王谠《唐语林》卷八记"神龙元年已来,累为主司者",中有郑澣,为大和三年、四年。

集与《经史要录》均未传存。《全唐文》卷六一四仅载其文一篇：
《敕修应圣公祠堂碑》；《唐文拾遗》卷二六亦载有一文：《唐故同
州司兵参军上柱国京兆杜府君墓志铭并序》）。

可以注意的是，李德裕于文宗大和四年（830）十月由义成节
度使改为西川节度使，在赴川途中，经汉州（今四川广汉）时，作有
《汉州月夕游房太尉西湖》诗二首①，此房太尉，为房琯。房琯于
唐肃宗时曾为相，后出为汉州刺史，卒赠太尉。西湖为房琯于汉
州住地。李德裕途经此地，缅怀故人，云："丞相鸣琴地，何年闭玉
徽。偶因明月夕，重敞故楼扉。"李德裕诗后，附有郑澣和诗二首
（亦见《李德裕文集校笺》本），署为"兵部侍郎郑澣"。按郑澣以
礼部侍郎知举在大和三年、四年，《旧传》后云"转兵部侍郎"，则
郑澣此二首和作当在大和四年冬（此二诗又见《全唐诗》卷三六
八）。另刘禹锡也有和作二首，题为《和西川李尚书汉州微月游房
太尉西湖》（《刘禹锡集笺证》外集卷七），时刘禹锡任礼部郎中、
集贤殿学士，亦在京。当为李德裕将此诗传至京师，寄于友人，郑
澣、刘禹锡即有和作。又李德裕另有《房公旧竹亭闻琴缅慕风流
神期如在因重题此作》（五绝），郑澣亦有和作（见《李德裕文集校
笺》别集卷四）。按郑澣父郑馀庆，于德宗贞元后期曾与李德裕父
李吉甫同官郴州，后李吉甫入朝，多受到郑馀庆支助②。由此，则
郑澣与李德裕早有交往，故有诗歌唱和之作。又，《全唐诗》卷三
六八除载其和李德裕诗外，另有二篇。

---

①见傅璇琮、周建国《李德裕文集校笺》别集卷四，河北教育出版社，2000年。
②参见傅璇琮《李德裕年谱》，河北教育出版社，2001年修订新版。

按《全唐诗》卷三六八所载,郑澣与时人所作之和诗,就前所述,除和李德裕二首,另尚有诗与当时名家诗作唱酬。如《全唐诗》同卷又有《中书相公任兵部侍郎日后阁植四松逾数年澣忝此官因献拙什》,刘禹锡即有《和兵部郑侍郎省中四松诗十韵》,陶敏、陶红雨《刘禹锡全集编年校注》卷八载此诗,考谓郑澣诗题中"中书相公",为李宗闵①,李宗闵于敬宗宝历元年为兵部侍郎,文宗大和四年六月为中书侍郎,任相,而郑澣于大和四年在兵部侍郎任。当为郑澣因有感于李宗闵前任兵部侍郎时在署中植有四松,现尚在,故作此诗,刘禹锡即作有和诗。又据《全唐诗》所载,还另有三位文士和作,即唐扶《和兵部郑侍郎省中四松诗》(《全唐诗》卷四八八),姚合《奉和四松》(同上,卷五○一),雍陶《和兵部郑侍郎省中四松诗》(同上,卷四八八)。郑澣此诗,竟有好几位和作,也可见他与文士交往的情况。又白居易有《和河南郑尹新岁对雪》,朱金城《白居易集笺校》外集卷上载,谓此"河南郑尹"即郑澣②,因据《旧唐书·文宗纪》,郑澣于文宗大和八年九月由吏部侍郎出为河南尹,开成元年四月改为尚书左丞,则白居易此诗当作于大和九年初。而郑澣原作未存,由白居易诗题,当郑澣任河南尹,在洛阳,与白居易亦有交往(白居易时任太子宾客、分司东都),先作诗赠白居易,白居易即作诗和之。

另虽非和作,但有主动进献者。如姚合有《送郑尚书赴兴元》(《全唐诗》卷四九六),陶敏《全唐诗人名考证》(页727),谓此郑

①《刘禹锡全集编年校注》,岳麓书社,2003年。
②《白居易集笺校》,上海古籍出版社,1988年。

尚书乃郑澣,因据《旧唐书·文宗纪》,郑澣于文宗开成二年十一月由刑部尚书出为山南西道节度使。此时姚合任为右谏议大夫(参据《唐才子传校笺》卷六《姚合传》吴企明笺),在京,故郑澣出任方镇,就作诗赠之,并特赞誉:"儒有登坛贵,何人得此功。"又,前已记述,郑澣于大和二年以礼部侍郎出院,后连续于大和三年、四年知贡举,此时即有应试举子向他献诗,请予荐引,《全唐诗》卷五○九载顾非熊《陈情上郑主司》,即上主持科试之郑澣。按顾非熊多年应举不第,《唐摭言》卷八《已落重收》条,记顾非熊"在举场三十年,屈声聒人耳";项斯《送顾非熊及第归茅山》(《全唐诗》卷五五四)已云:"吟诗三十载,成此一名难。"而顾非熊进士及第在武宗会昌五年(845)①,则郑澣于大和三、四年(829、830)知举,顾非熊仍未及第,故在试前特向主司者行卷、进诗,首四句为"登第久无缘,归情思渺然;艺惭公道日,身贱太平年",故末四句深表衷情:"愿察为裘意,彷徉和角篇;恳情今吐尽,万一冀哀怜。"此亦为唐翰林学士与科举考试的关系提供研究的史料。惜顾非熊此次仍未及第。

①参见清徐松《登科记考》卷二二。按唐末五代王定保所著之《唐摭言》卷八《已落重收》条,曾记:"长庆中,陈商放榜,上怪无非熊名,诏有司追榜放及第。"(据中华书局上海编辑所点校本,1959年)按陈商为会昌五年(845)知举,顾非熊确亦于会昌五年及第,长庆时知举者为钱徽、王起、李宗闵,并无陈商,《唐摭言》此处所记误。但《登科记考》卷二二会昌五年顾非熊名下,亦引及《唐摭言》此条,却将"长庆中"改为"会昌中",未有说明,此亦不当。孟二冬《登科记考补正》对此亦未有校正。

许康佐

　　许康佐,两《唐书》有传,皆列于《儒学传》,见《旧唐书》卷一八九下、《新唐书》卷二〇〇。《旧传》仅云"父审",未载郡籍,后称"家贫母老",《新传》则未记,由此则其出身当较清寒。

　　《旧传》:"康佐登进士第,又登宏辞科。"《新传》则谓"贞元中举进士",亦未记年。唯《新传》后有云:"诸弟皆擢进士第,而尧佐最先进,又举宏辞,为太子校书郎。八年,康佐继之。"清徐松《登科记考》卷十,据《册府元龟》、《唐会要》列许尧佐为贞元十年(794)登贤良方正能直言极谏科,但未考其进士及第年,于是即以贞元十年为据,参《新传》所云"八年,康佐继之",即定许康佐为贞元十八年进士第(《登科记考》卷一五)。孟二冬《登科记考补正》卷一二则考许尧佐为贞元六年及进士第,即定许康佐为贞元十四年举进士[①]。今按《新传》先言许尧佐擢进士第,后又举宏辞,又云"八年,康佐继之",则此"八年",是继进士及第年,还是继宏辞登科年,并不明确,进士及第与宏辞登科,通常并非同年。又孟二冬考定许尧佐为贞元六年及进士第,其主要依据为《文苑英华》卷一八九"省试诗"收许尧佐、李君房《石季伦金谷园》诗,而李君房可确定为贞元六年进士,故定许尧佐亦同年及第。按《文苑英华》于卷一八〇至一八九所载诗虽标为"省试",但又标

[①]孟二冬《登科记考补正》,北京燕山出版社,2003年。

以"州府试",从实际情况看（即参考徐松《登科记考》所录省试诗赋题），此十卷所录诗，多未能定为礼部省试诗，故仅以《文苑英华》所载之诗未能即定许尧佐与李君房同登贞元六年第。

不过《新传》称其"贞元中举进士"，则可以肯定。又《旧传》载"卒年七十二"，《旧唐书》卷一七下《文宗纪》下，开成三年（838）二月"乙酉，礼部尚书许康佐卒"，以此推算，当生于代宗大历二年（767）。如依《登科记考》定其为贞元十四年（798）进士及第，则为二十二岁。

《旧传》叙其早期仕历，概云："迁侍御史，转职方员外郎，累迁至驾部郎中，充翰林侍讲学士。"《新传》则更简，且有显误，谓"迁侍御史，以中书舍人为翰林侍讲学士"（其误，辨见后）。按据丁《记》，许康佐于大和元年（827）入院，则《旧传》所叙其仕迹，当在宪宗元和、穆宗长庆、敬宗宝历间。

经查，元稹有《酬许五康佐》诗，据杨军《元稹集编年笺注（诗歌卷）》①，系于元和五年（810）。元稹于元和五年三月贬江陵府士曹参军，约五、六月间已至任②。按元稹此诗题下注谓"次用本韵"，当为许康佐先寄以诗，元稹用其韵答之。唯许之原作已佚，未见。元稹诗中有云："蓬阁深沉省，荆门远慢州。课书同吏职，旅宦多乡愁。"按元稹于元和四、五年间在朝曾任监察御史，而许康佐有侍御史之任，元诗中之"课书同吏职"，当概指此。由此，则许

---

①杨军《元稹集编年笺注（诗歌卷）》，三秦出版社，2002年。
②《唐五代文学编年史》，傅璇琮主编；《中唐卷》，陶敏、傅璇琮撰，辽海出版社，1998年。

康佐当于元和初已任侍御史,元稹出贬,许康佐特作诗寄慰,元稹乃深感"旅宦多乡愁",并志谢情:"珠玉惭新赠,芝兰忝旧游。"①

《旧传》载许康佐由驾部郎中充翰林侍讲学士,但未记年。丁《记》记为:"大和元年四月二十三日,自度支郎中改驾部郎中,充侍讲学士。其月二十八日,赐紫。"其入院与赐紫,与郑澣同时(见前郑澣传)。这是文宗即位后首批召入学士,而召入者先为翰林侍讲学士。中晚唐时,以文宗朝翰林侍讲学士为数最多,这似与文宗拟加深儒学传统、弘扬君权,以抵制宦者有关,值得探索。

又《新传》谓许康佐"以中书舍人为翰林侍讲学士,与王起皆为文宗宠礼",则为显误。许康佐为中书舍人,乃在院任职期间之迁升,在大和四年(830)八月,大和元年(827)入院时为驾部郎中。又王起入院在开成三年(838)五月(见后王起传),而许康佐于大和九年(835)五月已出院,即王起、许康佐未同时在院。《新传》此处所记,当本《补国史》,《唐语林》卷六亦载有此则,其所据之《补国史》②,记文宗"在藩邸"时即"好读书",如《礼记》、《春秋》等儒家经典,即位后,更"取书便殿读之",后记云:"乃诏兵部尚书王起、礼部尚书许康佐为侍讲学士,中书舍人柳公权为侍读学士。

---

① 按杨军《元稹集编年笺注(诗歌卷)》于此诗注①中简介许康佐,中谓"穆宗即位,自扬州刺史入为京兆参军",后又云"迁侍御史",不知何据。实则扬州长官,只能称"淮南节度使、扬州大都督府长史",不能如一般之州称"刺史"。又检郁贤皓《唐刺史考全编》,中晚唐时,扬州长史从未有许康佐之名,两《唐书》本传亦未记许康佐曾节镇扬州者。且按唐官制,扬州大都督府长史,官阶为从三品,而京兆府参军仅为正七品上,何以许康佐返朝竟如此降阶?此注①当误。
② 见周勋初《唐语林校证》卷六,第859条,中华书局,1987年。

每有疑义,即召学士入便殿,顾问讨论,率以为常,时谓'三侍学士',恩宠异等。"据此所述,此三人即同时在院。而据前述,王起在许康佐出院三年后才入,且其入时为工部尚书判太常卿事,又柳公权虽于大和八年十月入,即许康佐出院前,但因其为书法家,故入院时称为侍书学士(见后柳公权传),非所谓侍读学士。可见《唐语林》所据之《补国史》,所记甚误。又宪宗朝翰林学士李肇曾著有《补国史》,经查,现传存之署名李肇《唐国史补》,也未有此记。李肇曾自称,此书乃记开元至长庆间事(参见前宪宗朝李肇传),而《唐语林》所据此条,当为晚唐时有缀异闻夹入者。北宋宋祁撰《新唐书》列传,多采小说笔记,虽可补辑史事,但亦多有误,故应加订正。

《旧传》记其入院后,云"历谏议大夫、中书舍人,皆在内庭",甚简,《新传》则更未有记。丁《记》所记较详,为:"(大和)二年六月一日,迁谏议大夫。三年八月二十三日,改充学士。四年八月二十七日,改中书舍人,充侍讲学士兼侍讲。七年七月二十五日,改户部侍郎、知制诰。八年五月八日,加承旨。"后至九年五月五日,改兵部侍郎出院。如此,则许康佐任两年侍讲学士后,改为学士,这也是唐翰林侍讲学士常例,前穆宗、敬宗朝即有。但丁《记》后又记大和四年(830)八月二十七日,既迁中书舍人,又"充侍讲学士兼侍讲"。岑氏《注补》对"兼侍讲"三字有疑,谓"盖既充侍讲学士,无取乎兼侍讲之职",此无理;但岑氏又谓此"兼侍讲"之"侍讲"当为"学士"之讹,即迁中书舍人后,又改充侍讲学士,而仍兼为学士,则不合实。中晚唐时,一般先由侍讲学士入,后有改为学士(即翰林学士),未有学士改为侍讲,而又再兼学士的。故丁《记》记大和四年八月二十七日迁改中书舍人,未能再有"充侍讲学士兼侍讲",此当为误记,应删。

又据前王源中传,王源中于大和三年十二月为承旨,八年四月出院,则许康佐当如丁《记》所记,于八年五月八日接为承旨。此时在院者共有五人(参见后"学士年表"),而以许康佐入院最早,资历最深,故依常例,接任承旨。

《通鉴》卷二四五,大和九年(835)四月,记文宗与李训、郑注谋诛宦官事,有《考异》,《考异》引《实录》所云"今年四月癸亥,许康佐进纂集《左氏传》三十卷。五月乙巳朔,以御集《左氏列国经传》三十卷宣付史馆"。又《新唐书》卷五七《艺文志》一,经部春秋类,著录有"许康佐等集《左氏传》三十卷",下注"一作文宗御集"。当系许康佐在院时,前期为侍讲学士,编纂儒家典籍为侍讲学士之职责,故编成献上,文宗则略改书名,以《左氏传》改为《左氏列国经传》,同为三十卷,而作为御著,宣付史馆。

又《通鉴·考异》所引《实录》所记,即与许康佐出院有关。《考异》引此《实录》前,又引有《补国史》,云:"许康佐进新注《春秋列国经传》六十卷,上问阍弑吴子馀祭事,康佐托以《春秋》义奥,臣穷究未精,不敢容易解陈。后上以问李仲言,仲言乃精为上言之。上曰:'朕左右刑臣多矣,馀祭之祸安得不虑?'仲言曰:'陛下留意于未萌,臣愿遵圣谋。'"《唐语林》卷六即据《补国史》有两条记,甚详。《旧传》未记此事,《新传》则有载,云:"帝读《春秋》至'阍弑吴子馀祭',问:'阍何人邪?'康佐以中官方强,不敢对,帝嘻笑罢。后观书蓬莱殿,召李训问之,对曰:'古阍寺,今宦人也。君不近刑臣,以为轻死之道,孔子书之以为戒。'帝曰:'朕迩刑臣多矣,得不虑哉!'训曰:'列圣知而不能远,恶而不能去,陛下念之,宗庙福也。'于是内谋翦除矣。康佐知帝指,因辞疾,罢为兵部侍郎。"文宗与李训(仲言)对语,是否属实,司马光于《通鉴·考异》中即有质疑,谓:"然文宗与(李)训语时,宦官必盈左右,恐亦未敢班班显言,如《补国史》所云也。"《补国史》此记,当为甘露事变后,晚唐人采摭轶闻写入。不过当因大和后期,党朋纷争①,宦官专横,许康佐当未敢有所为,故如王源中那样(见前王源中传),借疾辞出。

丁《记》记:"(大和)九年五月五日,改兵部侍郎,出院。"《旧传》:"以疾解职,除兵部侍郎,转礼部尚书,卒年七十二,赠吏部尚书。"《旧唐书》卷一七下《文宗纪》下,开成三年(838)二月,"乙酉,礼部尚书许康佐卒"。则许康佐出院后,即由兵侍转礼尚,为闲职,甘露事变前后,未有所作为。

其著述,《旧传》仅记为"撰《九鼎记》四卷",其《左氏传》后改为文宗御作,故传中未提。《新唐书》卷五八《艺文志》二史部,亦著录其《九鼎记》四卷。观《新志》此类前后所列之书,则为传记。其书后不存,南宋晁、陈二志亦未有著录。

《全唐文》卷六三三载文一篇:《宣尼宅闻金石丝竹之声赋》。《全唐诗》卷三一九载诗二首:《日暮碧云合》、《白云起封中》,皆五言排律,十二句。其《日暮碧云合》,《文苑英华》卷一八一已载,列省试、州府试行,则《白云起封中》当亦为科举应试时所作。

---

①可参傅璇琮《李德裕年谱》,河北教育出版社,2001年修订版。

李让夷

李让夷,两《唐书》有传,见《旧唐书》卷一七六、《新唐书》卷一八一。

《旧传》:"李让夷,字达心,陇西人。"《新传》同。《元和郡县图志》卷三九陇右道,有渭州陇西郡,所属有陇西县。渭州辖境相当今甘肃陇西、渭源等县。《旧传》又谓"祖悦,父应规",皆未记有官职。

《旧传》载其于"元和十四年擢进士第",清徐松《登科记考》卷一八即据《旧传》系于宪宗元和十四年(819)。但徐松又引《永乐大典》所辑《元一统志》记李让夷"第进士",即又将李让夷列于未记年之卷二七,则为重复误载。

及第后,《旧传》仅概云"释褐诸侯府",《新传》则具体记述为:"辟镇国李绛府判官,又从西川杜元颖幕府。"按《旧唐书》卷一六《穆宗纪》,李绛于长庆二年(822)八月,由前东都留守为华州刺史,充潼关防御、镇国军等使;又据郁贤皓《唐刺史考全编》卷三京畿道华州,崔群于长庆二、三年间,接为华州刺史。又据《旧唐书·穆宗纪》及《文宗纪》,杜元颖于长庆三年(823)十月至大和三年(829)十二月为剑南西川节度使。则李让夷当于元和末进士及第后,于长庆、宝历间先后供职于李绛华州、杜元颖成都幕府。

《旧传》接云"大和初入朝,为右拾遗,召充翰林学士"。丁《记》记为:"大和元年十二月二十二日,自左拾遗改史馆修撰。"

则李让夷当于文宗即位后,于大和元年由杜元颖幕入朝,先为左拾遗,后即以左拾遗入为翰林学士。《新传》则记其入院,为宋申锡之荐:"与宋申锡善,申锡为翰林学士,荐让夷右拾遗,俄拜学士。"按宋申锡于敬宗宝历二年(826)九月入院,为翰林侍讲学士,同年十二月十九日,即文宗登位后,改为学士,至大和四年(830)七月出院,在院时甚得文宗信重(见前宋申锡传)。则当正由于宋申锡之荐,李让夷能自西川远地返朝,入内廷。这也是唐时翰林学士互荐之一例。

又丁《记》记为左拾遗,两《唐书》本传记为右拾遗,此为小异。问题是,丁《记》云"自左拾遗改史馆修撰",按拾遗为官名,有官阶(从八品上),史馆修撰则为差职,无官阶。按例制,李让夷自左(右)拾遗(从八品上)入院,兼史馆修撰,在史馆供职,但仍为翰林学士,而不能云由左(右)拾遗改为史馆修撰。此当为丁《记》词语之误。

丁《记》记"大和元年十二月二十二日"入院,后接云:"六月二十七日,赐绯。"则为翌年,实为同月(十二月)二十七日赐绯,如前郑瀚、许康佐同于大和元年四月二十三日入院,又于同月二十八日赐紫。故岑氏《注补》谓丁《记》之"六"殆为"其"或"同"之讹,岑氏虽以意推之,当是。

《旧传》接云:"转左补阙。三年,迁职方员外郎、左司郎中。"《新传》未载。丁《记》记为:"(大和)二年二月五日,迁左补阙。三年十一月五日,加职方员外郎。"未记迁左司郎中。李虞仲有《授学士李让夷职方员外郎充职制》(《全唐文》卷六九三),首称"翰林学士、朝议郎、行左补阙、赐绯鱼袋李让夷",后谓"可行尚书职方员外郎,依前充翰林学士",与丁《记》合。制中称其"学务研精,文推轶拔。早飞声于戎幕,遂躐位于谏垣",与其早年仕历合。后又赞誉其在翰学之业绩:"忠言屡闻,密命斯委,果扬温雅之称,宜获持谦之效。亦既久次,所宜转迁,受遐宠于握兰,用酬劳于视草。"又,此制又载于《全唐文》卷三六六贾至名下,题亦作《授学士李让夷职方员外郎充职制》,按贾至为玄宗、肃宗时人,时代不合,此亦为《全唐文》之一显误。

丁《记》记李让夷出院,为:"(大和)五年九月十六日,守本官出院。"《旧传》却于"三年,迁职方员外郎、左司郎中充职"后,即云"九年,拜谏议大夫",未记出院,则以大和九年为谏议大夫时仍在翰林学士任,此当有缺文。《新传》则有记其出院事,云:"素善薛廷老,廷老不饬细检,数饮酒不治职,罢去,坐是亦夺职。累进谏议大夫。"《新传》明确记李让夷于出院后,才"累进谏议大夫",较《旧传》为妥。

关于其出院原因,《旧唐书·文宗纪》亦有记,大和五年(831)九月甲辰:"翰林学士薛廷老、李让夷皆罢职守本官。廷老在翰林,终日酗醉无仪检,故罢。让夷常推荐廷老,故坐累也。"此九月甲辰为九日,即薛与李同于大和五年九月九日罢职出院。而丁《记》记李让夷出院在此年九月十六日,记薛廷老出院在九月四日,各异,当以《旧纪》为是,详见后薛廷老传。

《旧传》、《新传》皆记李让夷出院,乃受薛廷老饮酒无仪俭之累,这可能仅为表面现象,实则有当时的政治背景。据《新传》,李让夷素与宋申锡善,李之入院,乃宋之推荐,而宋申锡于大和五年三月,因受宦官王守澄之诬害,被迫免相,后又出贬为开州司马

（见前宋申锡传）。数月后，李让夷罢职出院，当即与宋申锡事件有关。

李让夷出院后，仕历则有所升迁。《旧传》记其于大和九年（835）为谏议大夫，即由出院时从六品上之职方员外郎，迁为正五品上之谏议大夫，与中书舍人同阶。此后又涉于牛李两派之人事纷争。两《唐书》本传皆记，开成元年（836），起居舍人李褒因疾罢官，文宗乃使宰相李石、李固言、郑覃提名。据《新唐书·宰相年表》，李石等三人同在相位，为开成元年四月甲午至五月己巳。当时李石、郑覃推荐李让夷，此二人皆与李德裕交好。由此，文宗信从李石、郑覃之荐，任李让夷为谏议大夫兼起居舍人，开元二年又为中书舍人，但牛僧孺、李宗闵之党的李珏、杨嗣复于开成三年（838）正月为相，即抑制李让夷，《旧传》载："以郑覃此言，深为李珏、杨嗣复所恶，终文宗世官不达。"

正因如此，武宗于开成五年（840）正月即位，李德裕于九月为相，李珏、杨嗣复相继罢去，李让夷遂"骤加拔擢，历工、户二侍郎，转左丞。累迁检校尚书右仆射，俄拜中书侍郎、同平章事"（《旧传》）。任相在武宗会昌二年（842）七月（《旧唐书·武宗纪》、《新唐书·宰相年表》）。但正因涉及牛李人事纠纷，宣宗于会昌六年（846）三月即位，李德裕罢相出为荆南节度使，李让夷也于七月罢出为淮南节度使。

但《旧唐书》卷一八下《宣宗纪》却记：会昌六年"七月，以兵部尚书李让夷为剑南东川节度使"。按据《新唐书·宰相年表》，李让夷在相位时，未曾兼兵部尚书，两《唐书》本传也未记其罢相后为兵部尚书。又据《新表》等所载，李让夷罢相后乃出为淮南节度使,而《旧唐书·宣宗纪》却记为剑南东川节度使,竟有如此显误,真使人费解。

据《通鉴》卷二四八载,会昌六年(846)七月壬寅,淮南节度使李绅卒。表面看来,李让夷之出镇淮南,接替李绅,实则为已在相位之白敏中等所排挤。因此深受李德裕信重的郑亚,于大中元年(847)春亦受累由给事中出为桂州刺史,赴任后即托其幕僚李商隐撰书致李让夷,即《为荥阳公上淮南李相公状》(《樊南文集外编》卷三)。中云"即以今月七日赴任",刘学锴、余恕诚《李商隐文编年校注》即系于大中元年三月七日[1]。文中称:"某素无材术,谬窃宠荣。论驳靡效于掖垣,廉问更叨于藩服。此皆相公十一丈早回抡览,曲赐丹青。"意谓自己(郑亚)前之仕宦,多仗李相公(让夷)之擢助,特致谢忱,并对其罢相出镇深致慰勉。

《旧传》所记又有失实处,谓"宣宗即位,罢相,以太子宾客分司卒",未记出镇淮南事。《新传》所载则较实,在记"拜淮南节度使"后,云:"以疾愿还,卒于道。"据前引述之李商隐为郑亚所撰致李让夷状,郑亚于大中元年三月赴桂州任后向李让夷问候,称"上淮南李相公",则李让夷于会昌六年七月罢相出任淮南节度使,至大中元年三月尚在任。由此更可确证,《旧纪》记李让夷罢相出为剑南东川节度使,《旧传》记罢相后为太子宾客分司东都,均误。

《新唐书·艺文志》未著录其个人著作,仅于《艺文志》二载有《敬宗实录》十卷,注云:"陈商、郑亚撰,李让夷监修。"当于会昌朝李让夷任相时监修。由此亦可见李让夷曾举荐郑亚参与撰

---

[1]《李商隐文编年校注》(页 1226),中华书局,2002 年。

修《实录》。

《全唐诗》《全唐文》皆未载其所作。

柳公权

柳公权，两《唐书》有传，见《旧唐书》卷一六五、《新唐书》卷一六三。

柳公权于穆宗朝已入院，为翰林侍书学士，于元和十五年（820）三月二十三日入，为右拾遗，长庆四年（824）以右补阙出院（见前穆宗朝柳公权传）。丁《记》记大和后，接李让夷，为柳公权，云："大和二年五月二十一日，自司封员外郎充侍书学士。"此为柳公权第二次入院。

关于此次入院之时间及所具之官衔，两《唐书》本传所载皆有缺误。《旧传》记其于穆宗时入院，云："迁右补阙、司封员外郎。穆宗政僻，尝问公权笔何尽善，对曰：'用笔在心，心正则笔正。'上改容，知其笔谏也。历穆、敬、文三朝，侍书中禁。"《新传》略同，亦载其入院后再迁司封员外郎，后即记穆宗问其笔法。两《唐书》本传皆未记其曾出院，《旧传》且谓"历穆、敬、文三朝"，即意谓历此三朝，均在院内。

丁《记》明确记："（长庆）四年，出守本官。"即以右补阙出院。又《旧唐书》卷一七上《敬宗纪》，长庆四年（824）十二月："淮南节度使王播厚赂贵要，求领盐铁使，谏议大夫独孤朗、张仲方、起居郎孔敏行、柳公权、宋申锡、补阙韦仁实、刘敦儒、拾遗李景让、薛廷老等伏延英抗疏论之。"《通鉴》卷二四三长庆四年十二月亦记有此事,并称柳公权为起居郎,均未称其时为翰林侍书学士;且在院之学士是不能与外廷朝臣联名上疏的,时同为起居郎之孔敏行、宋申锡亦非为翰林学士。由此应确定,柳公权于长庆四年以右补阙(从七品上)出院,同年十二月已在起居郎(从六品上)任。两《唐书》本传皆漏载其出院事。

至于其任司封员外郎,则当在文宗即位后。《唐文拾遗》卷二八曾载其笔帖十一篇文,其中有据《三希堂帖》之《题王大令送梨帖》,末署"大和二年三月十日司封员外郎柳公权记"[①]。由此,则柳公权于文宗大和二年(828)三月在司封员外郎任,再过两月,如丁《记》所记,于五月二十一日即以司封员外郎入院。由此亦可证,两《唐书》本传记柳公权任司封员外郎为在穆宗朝,甚误。

关于柳公权入院后官阶之迁转及再次出院,丁《记》云:"(大和二年五月)二十三日,赐紫。十一月二十一日,改库部郎中。五年七月十五日,改右司郎中,出院。"

关于柳公权此次出院,《旧传》记云:"(柳)公绰在太原,致书于宰相李宗闵云:'家弟苦心辞艺,先朝以侍书见用,颇偕工祝,心实耻之,乞换一散秩。'乃迁右司郎中。"《新传》略同。据《旧唐书·柳公绰传》及《旧唐书·文宗纪》,柳公绰于大和四年(830)三月至六年(832)三月为太原尹、河东节度使,而李宗闵于大和三年八月为相,七年六月罢相,则柳公绰之上书于宰相李宗闵,当在

---

①《唐文拾遗》,清陆心源辑,中华书局影印,附于影印本《全唐文》后,中华书局,1983年。

大和四年三月后，七年六月前，与丁《记》所记柳公权于大和五年七月出院合。据《旧传》所载柳公绰所上书，可见当时对翰林学士院内另加侍书称号，评议不高，可能有类于翰林供奉。

此次柳公权在院，前后四年，无甚表现。但有一事可记，即《集古录目》卷九著录《丞相王播碑》，云："中书侍郎平章事李宗闵撰，翰林学士承旨柳公权书……碑以大和四年正月立。"下注据《宝刻丛编》。今检《宝刻丛编》（《丛书集成初编》本），卷十有此记，同卷又著录有《唐太尉王播墓志》，系据《金石录》，云："唐牛僧孺撰，柳公权正书，大和四年四月立。"今查《宋本金石录》①，卷九第一千七百九十二，有《唐太尉王播碑》："李宗闵撰，柳公权正书，大和四年正月。"后第一千七百九十三，有《唐王播墓志》，云："牛僧孺撰，柳公权正书，大和四年四月。"按王播，两《唐书》有传（《旧唐书》卷一六四、《新唐书》卷一六七），《旧传》记其卒于大和四年正月，则李宗闵于大和四年正月为其撰碑，与时合。唯《集古录目》记柳公权为其书写，署为"翰林学士承旨"，则甚误。因此时柳公权为侍书学士，侍书学士是不能任承旨的，且此时已有任承旨者，为王源中（见前王源中传）。又据丁《记》，柳公权于大和五年七月出院后，于八年十月又以侍书学士入院，至大和九年九月改为学士，开成三年九月乃任承旨（详后）。则《集古录目》误以柳公权后曾为翰林学士承旨署于大和四年之王播碑。《金石录》著录之《唐太尉王播碑》，仅云"柳公权正书"，当是。

又《全唐文》卷七一四载有李宗闵《故丞相尚书左仆射赠太尉

---

①《宋本金石录》，中华书局影印本，1991年。

太原王公神道碑铭并序》，牛僧孺所撰之墓志则未有传存，当后佚。不过据南宋陈思所纂之《宝刻丛编》（卷十），李《碑》、牛《志》，也都记由柳公权书。李宗闵于大和三年（829）八月已为相，牛僧孺则于大和四年（830）正月由武昌节度使入相，《通鉴》卷二四四大和四年正月记："李宗闵引荐牛僧孺；辛卯，以僧孺为兵部尚书、同平章事。于是二人相与排摈李德裕之党，稍稍逐之。"而王播则是善于结交宦官的，《旧唐书》卷一七上《敬宗纪》长庆四年（824）十二月即记："淮南节度使王播厚赂贵要，求领盐铁使，谏议大夫独孤朗、张仲方、起居郎孔敏行、柳公权、宋申锡、补阙韦仁实、刘敦儒、拾遗李景让、薛廷老等伏延英抗疏论之。"《通鉴》卷二四三又明确记："王播以钱十万缗赂王守澄，求复领利权。"《旧传》又记文宗即位后，"大和元年五月，自淮南入觐，进大小银碗三千四百枚，绫绢二十万匹"；正因此，即于此年六月加尚书左仆射、同平章事之宰相衔。李宗闵、牛僧孺二人均能为其作碑、志，可见也互有交结。正因此，《宝刻丛编》卷十于著录李《碑》、牛《志》后，又引《集古录目》，谓"（王）播以金钱附离，致位宰相，公权少其为人，□□对延英，发其倾邪关通状矣"，但却"复为播书碑"，甚为置疑，并加讥议。前已记述，柳公权于长庆四年十二月任起居郎时，曾与其他几位朝臣共奏劾王播，而于大和期间在院内为侍书学士时，却为碑、志书写，这或受学士职能之拘束，不得不应命。

柳公权于大和五年（831）七月以右司郎中出院后，《旧传》称其"累换司封、兵部二郎中、弘文馆学士"，实则其实职在弘文馆，司封、兵部二郎中为所具之官衔。

《旧传》后云："文宗思之，复召侍书，迁谏议大夫。俄改中书舍人,充翰林书诏学士。"此为柳公权于文宗时出院后再次入院,但未记年月。丁《记》记为:"大和八年十月十五日,自兵部郎中、弘文馆学士充侍书学士。九年九月十二日,加知制诰,充学士兼侍书。开成元年九月二十八日,迁中书舍人。二年四月,改谏议大夫、知制诰。"据此,则文宗仍重视柳公权之书法声誉,就于大和八年(834)仍以侍书学士召入,而于第二年即大和九年(835)九月,正式转为翰林学士,不过仍兼侍书之名;开成元年(836)九月,又迁为中书舍人,二年(837)四月,改谏议大夫(因中书舍人、谏议大夫皆为正五品上,故不必称迁)。而《旧传》则记刚入为侍书学士,已迁谏议大夫,后改中书舍人,在授中书舍人时,才改为翰林学士,又未记知制诰,颠倒疏失。

又《集古录目》(即《云自在龛丛书》本)卷十著录有《柳尊师墓志》,称"翰林学士、谏议大夫柳公权撰并书",并云"碑以开成二年立,在华原县"。可见柳公权确于开成二年(837)已改为谏议大夫,与丁《记》合;且仅称翰林学士,未提兼侍书,可见其正式为翰林学士后,即不再提侍书。

关于柳公权由中书舍人改谏议大夫,《旧传》有记云:"便殿对六学士,上语及汉文恭俭,帝举袂曰:'此浣濯者三矣。'学士皆赞咏帝之俭德,唯公权无言,帝留而问之,对曰:'人主当进贤良,退不肖,纳谏诤,明赏罚。服浣濯之衣,乃小节耳。'时周墀同对,为之股栗,公权辞气不可夺。帝谓之曰:'极知舍人不合作谏议,以卿言事有诤臣风彩,却授卿谏议大夫。'翌日降制,以谏议知制诰,学士如故。"按柳公权由中书舍人改谏议大夫、知制诰,丁《记》记为开成二年四月,而据本书书后之"学士年表",此时在院者仅陈夷行、柳公权、丁居晦、黎埴四人，且周墀于该年十二月二十五日才入院，亦非为翰林学士①。由此，则《旧传》所记之"对六学士"，亦不确。

丁《记》后云："（开成）三年九月十八日，迁工部侍郎、知制诰，加承旨。"谏议大夫为正五品上，工部侍郎为正四品下，故云迁。据丁《记》，则柳公权于迁工部侍郎、知制诰时，即加承旨。而《旧传》记为"开成三年，转工部侍郎，充职"，后云"累迁学士承旨"（《新传》略同）。即非同时，稍有异。按此前为陈夷行任承旨，于开成二年四月五日出守本官（见后陈夷行传）。陈夷行出院后，在院诸学士，柳公权资历最深，且距陈夷行出院已时隔年余，故即任其为学士承旨。

《集古录目》卷十又著录有《淄王傅元锡碑》，署云"中书侍郎平章事李宗闵撰，翰林学士承旨、工部侍郎柳公权书"，又云"碑以开成四年七月立"。此与丁《记》所记柳公权于开成三年九月已为工部侍郎、翰林学士承旨合。唯李宗闵已于大和九年（835）六月罢相，贬明州刺史，后累贬潮州司户，开成元年（836）量移衢州司马，三年（838）为杭州刺史，四年（839）冬改太子宾客、分司东都。即开成四年七月立碑时李宗闵未在中书侍郎平章事任，且《全唐文》亦未载此碑文。可见《集古录目》著录有误，此碑是否为李宗闵撰，未能定。

丁《记》后记其出院："（开成）五年三月九日，加散骑常侍出院。"《旧传》记为："武宗即位，罢内职，授右散骑常侍。宰相崔珙

---

① 不过据岑氏《注补》引《册府元龟》，周墀此时为考功员外郎、集贤殿直学士，"属承顾问"。或周墀虽非翰林学士，亦又以集贤殿直学士应召入对。

用为集贤学士,判院事。李德裕素待公权厚,及为珙奏荐,颇不悦,左授太子詹事,改宾客。"《旧传》此处所记,亦不合实。按文宗于开成五年(840)元月卒,武宗立,李德裕于此年九月由淮南入相,则柳公权于三月出院,与李德裕无关。又据《新唐书》卷六三《宰相年表》,此时任相者为崔郸、杨嗣复、李珏,崔珙则于五月入相。又《旧唐书》卷一七七《崔珙传》,李德裕于武宗时居相位时,"与珙亲厚"。后崔珙因与崔铉不合,于会昌三年(843)二月罢相,四年六月又贬为澧州刺史。宣宗即位后,因崔珙与李德裕善,终不得用①。如此,则《旧传》所载柳公权因崔珙所荐而为李德裕所抑,亦不合实。

柳公权出院后,据两《唐书》本传,累为太子宾客、金紫光禄大夫、左常侍、国子祭酒、太子少师,多为虚衔。懿宗咸通六年(865)卒,年八十八。

《新唐书·艺文志》对其著作未有著录。《全唐诗》卷四七九载其诗五篇。《全唐文》卷七一三仅载其文一篇:《百丈山法正禅师碑铭》;《唐文拾遗》卷二八则据《三希堂帖》等载其笔帖十一篇。

丁公著

丁公著,两《唐书》有传,见《旧唐书》卷一八八、《新唐书》卷一六四。按丁公著于文宗大和三年(829)任翰林侍讲学士仅三月,也未有业绩,唯两《唐书》记其事迹,甚有误,故特详记之,以订

---

① 参见傅璇琮著《李德裕年谱》,河北教育出版社,2001年修订新版。

史书之误。

两《唐书》本传皆记其为苏州吴郡人。《旧传》称其"祖衷，父绪，皆不仕"，当出身平民。《旧传》又记："年二十一，《五经》及第。"按据《旧唐书》卷一七下《文宗纪》下，大和六年（832）九月，"丁未，太常卿丁公著卒"，又《旧传》记其卒时年六十四，据此推算，则当生于代宗大历四年（769）。年二十一，即为德宗贞元五年（789）。清徐松《登科记考》卷一二，即据此系丁公著于贞元五年明经登第。《旧传》接云："明年，又通《开元礼》，授集贤校书郎。"则其于德宗贞元时已入仕。

《旧传》又接云："秩未终，归侍乡里，不应请辟。居父丧，躬负土成坟，哀毁之容，人为忧之，里闾闻风，皆敦孝悌。观察使薛苹表其行，诏赐粟帛，旌其门闾。"按据《旧唐书·宪宗纪》，薛苹元和五年（810）八月任为浙西观察使、润州刺史，后李脩于元和十一年（816）十月接任。则丁公著居父丧，在元和五年至十一年间。《全唐文》卷六〇有宪宗《旌前集贤殿校书郎丁公著诏》，云："丁公著辞官侍亲，不顾荣利，高行至性，人伦所称。今执丧致毁，又闻过礼，其所请旌表门闾宜依，仍委本州刺史亲自慰问，并量给粟帛。"此可与《旧传》参看。由此也可见他早年即以孝行闻世，故《旧唐书》列于卷一八八《孝友传》。

此后仕迹，据两《唐书》本传，概述如下：李吉甫于元和三年九月至六年正月任淮南节度使，曾表荐丁公著入朝为太子文学，兼集贤殿校理；后李吉甫于元和六年入朝为相，又表荐之，即授为右补阙。宪宗元和中后期，历水部员外郎，太子及诸王侍读。穆宗即位，因丁公著曾为东宫侍读，早已受穆宗信重，故即位后曾"以宰相许之"。丁公著辞之,于是迁为工部侍郎、集贤殿学士。此后,两《唐书》所叙有误。

《旧传》云:"公著知将欲大用,以疾辞退,因求外官,遂授浙江西道都团练观察使。"《新传》略同,谓"迁授浙西观察使"。而《旧唐书·穆宗纪》长庆元年(821)十月壬申则记为:"以工部尚书丁公著检校左散骑常侍,兼越州刺史、御史中丞,充浙东观察使。"此云浙东,非浙西。按白居易有《尚书工部侍郎集贤殿学士丁公著可检校左散骑常侍越州刺史浙东观察使制》(《白居易集笺校》卷五○"中书制诰")。长庆元年白居易正任为主客郎中、知制诰(十月十九日转中书舍人),故可撰此制。此制制题即称"越州刺史、浙东观察使",且制文中又云:"朕以浙河之左,抵于海隅,全越奥区,延袤千里。宜得良帅,俾之澄清。"即指浙东。由此可证两《唐书》本传所谓"浙江西道",显误。不过《旧唐书·穆宗纪》此处所记亦有误,即称丁公著时为工部尚书,而白居易制文则称为"尚书工部侍郎"。白居易又有《韦绶从右丞授礼部尚书、薛放从工部侍郎授刑部侍郎、丁公著从给事中授工部侍郎三人同制》,朱金城《白居易集笺校》卷五○亦系于长庆元年。《旧传》亦有记,谓穆宗即位后,本欲擢迁丁公著为相,后因丁公著恳辞,乃"超授给事中,赐紫金鱼袋;未几,迁工部侍郎"。可见《旧纪》记丁公著为浙东观察使,可纠两《唐书》本传之误,但将工部侍郎记为工部尚书,则另有一误[1]。

---

[1] 岑仲勉《唐史馀瀋》卷三《〈新丁公著传〉之纰缪》条,主要纠《新唐书·丁公著传》之误,也提及此浙西事。《唐史馀瀋》,上海古籍出版社,1960年。

又许浑有《送张厚浙东谒丁常侍》(《全唐诗》卷五三五),陶敏《全唐诗人名考证》(页794)及罗时进《丁卯集笺证》①卷八,皆考定此丁常侍即丁公著,是。据此,亦可佐证丁公著确任为浙东观察使。按此诗末二句云:"定知洛下声名士,共说膺门得孔融。"即许浑向丁公著推荐张厚能在浙东幕府供职者,由此亦可见丁公著与当时文士有交往。

此后,丁公著历任河南尹,尚书右丞,兵部、吏部侍郎,后于文宗时迁为礼部尚书,旋即入为翰林侍讲学士。《旧唐书》卷一七上《文宗纪》,大和二年(828)五月,"乙未,以吏部侍郎丁公著为礼部尚书"。丁《记》记为:"大和三年四月二十六日,自礼部尚书充侍讲学士。"据唐官制,礼部尚书为正三品,其官阶与门下侍郎、中书侍郎等同,以如此高之官阶入院,在当时翰林学士中是极少见的。而丁公著此次之入又非为翰林学士,而为翰林侍讲学士,这当与他曾为太子侍读时撰有《皇太子及诸王训》十卷(据《旧传》),后又撰有《礼志》十卷(据《新唐书》卷五七《艺文志》一,礼类)等有关。又大和三年,丁公著入院前,在院者已有六人,其中许康佐为侍讲,柳公权为侍书,而于九月,又召郑覃、路群为侍讲(参书后"学士年表"),可见文宗当时对以儒学为专职的侍讲学士是甚为看重的。

不过,丁公著在院仅三月,于同年七月又出任外镇。丁《记》未记出院年月,仅云:"改正户部尚书、浙西观察使。"《旧唐书·文宗纪》则于大和三年七月记为:"乙巳,以礼部尚书、翰林侍讲学士

---

①《丁卯集笺证》,江西人民出版社,1998年。

丁公著检校户部尚书,兼润州刺史,充浙江西道观察使。"何以在院仅三月,即出任浙西?《旧传》有谓:"上以浙西灾寇,询求良帅,命检校户部尚书领之。"不过据《旧纪》,丁公著出镇浙西前,时任浙西观察使为李德裕,而据《旧唐书·李德裕传》及《通鉴》卷二四四,当时任宰相的裴度荐李德裕为相,即得文宗同意,召李德裕入朝,改任丁公著(参傅璇琮《李德裕年谱》)。浙西也为当时重镇,丁公著乃接李德裕,由翰林侍讲学士出任,也可见文宗对他的看重。

又,《新传》记丁公著出院事又有显误,云:"四迁礼部尚书、翰林侍讲学士。长庆中,浙东灾疠,拜观察使。"按丁公著于文宗大和三年入为翰林侍讲学士,《新传》此处所记,乃列于穆宗长庆前,误一;丁公著由翰林侍讲学士出院,任外镇,在大和三年(七月),《新传》则记为"长庆中",误二;丁公著此次出镇,为浙西观察使,《新传》却记为浙东,误三。《新传》此处所记,仅数句,二十余字,竟有三误,真使人费解。

《旧唐书·文宗纪》于大和六年(832)五月又记:"壬子,浙西丁公著奏杭州八县灾疫,赈米七万石。"而前引《旧传》则记为:"上以浙西灾寇,询求良帅,命检校户部尚书领之。诏赐米七万石以赈给,浙民赖之。"即以下诏赐米七万石乃在丁公著受任之时。实则据《旧纪》,丁公著出任在大和三年七月,上奏浙西灾疫,朝中遂下诏赈米七万石,乃在大和六年五月,已时隔三年。此又为《旧传》一误。

又据《旧纪》,大和六年八月,"壬申,以前浙西观察使丁公著为太常卿"。参前所引《旧纪》,大和六年五月,丁公著仍在浙西任,当旋离职,同年八月改授太常卿。《旧传》记云:"改授太常卿,以疾请归乡里,未至而终,年六十四。"《旧纪》又于大和六年九月记:"丁未,太常卿丁公著卒。"则当为:丁公著于大和六年八月,先已离浙西任,被授为太常卿,但未返朝,以疾请归乡里,即由浙西治所之润州(今江苏镇江)返回乡里苏州,但未至而于途中病卒。而《新传》却叙为:"长庆中"出任浙东观察使,"久之,入为太常卿;大和中,以病丐身还乡里,卒",又将"入为太常卿"记于大和前,又一显误。

丁公著一生"清俭守道"。其著作,前已记述,有《皇太子及诸王训》、《礼志》,后皆未传存。《全唐诗》、《全唐文》均未载其诗文。

崔　郸

崔郸,两《唐书》皆附于其兄崔邠传后,见《旧唐书》卷一五五、《新唐书》卷一六三。

《旧唐书·崔邠传》记云"清河武城人",《新传》云"贝州武城人"。《新唐书》卷三九《地理志》三,河北道有贝州清河郡,所辖县有清河。《元和郡县图志》卷一六同。贝州,相当于今河北清河、临城及山东馆陶、威县等地。

《旧唐书·崔郸传》记其祖名结,父名倕,谓"官卑"。而《新唐书》卷七二下《宰相世系表》二下,记崔倕官御史中丞。刘禹锡曾为崔倕撰有神道碑:《唐故朝散大夫检校尚书吏部郎中兼御史中丞赐紫金鱼袋清河县开国男赠太师崔公神道碑》①,记其于德宗贞元时仕为吏部郎中兼御史中丞。按吏部郎中为从五品上,御史中丞则为正五品上,与中书舍人同阶,为中上层官员,不能说"官卑"。又《新唐书·崔郸传》记崔倕,虽未言"官卑",却更有误,云:"至德初,献赋行在,肃宗异其文,位吏部侍郎。"即肃宗于至德元年(756)在西北行在时见崔倕所献赋,异之,即授以吏部侍郎(正四品下),较后德宗时所授之吏部郎中、御史中丞更高好几阶,且时在前十余年。刘禹锡为崔倕所作的神道碑,确也记献赋事,云:"至德中,戎羯猾夏,王师出征。公少有奇志,思因时以自奋,乃作《伐鲸鲵赋》上献。既闻尔矣,果器之。"碑文即记授以盐铁使寮属,临晋县丞,太子司仪郎,均为低级官员,何能为吏部侍郎?《新唐书》撰者竟有此显误,确使人费解。

此仅就崔郸之父崔倕,就两《唐书》记事之误,顺加辩正,以供两《唐书》全面整理参考。《旧唐书·崔郸传》记其早年仕迹甚简,云:"登进士第,累迁监察御史,三迁考功郎中。大和三年,以本官充翰林学士。"何年进士登第,未有记,后迁监察御史、考功郎中,亦不详其时。《新传》补记一事,则可稍知其时,云:"及进士第,补渭南尉。累除刑部郎中,出副杜元颖西川节度府。"据《旧唐书》卷一六《穆宗纪》,长庆三年(823)十月,杜元颖罢相,出为剑南西川节度使;《旧唐书》卷一七下《文宗纪》,大和三年(829)十二月,因南蛮侵陷成都,杜元颖被贬为韶州刺史(详见前宪宗朝杜元颖传)。则崔郸当于穆宗、敬宗朝在杜元颖西川节度幕府,文宗

<hr>

① 见瞿蜕园《刘禹锡集笺证》卷三,上海古籍出版社,1989年。

大和初入朝，为考功郎中，后于大和三年（829）五月以考功郎中入为翰林学士。

但《新传》于此却另有一误，于"出副杜元颖西川节度府"后，接云："召入为工部侍郎、集贤殿学士。"即由西川幕府召入朝，任为工部侍郎、集贤殿学士。而据丁《记》，崔郸乃于"大和三年五月七日，自考功郎中充"。《旧传》亦记其迁考功郎中后，"大和三年，以本官充翰林学士"。又据丁《记》，崔郸于大和六年（832）以本官（中书舍人）出院。《旧传》亦记其于"六年，罢学士"，接云："八年，为工部侍郎、集贤殿学士，权知礼部。"清徐松《登科记考》卷二一，即据此系崔郸于大和九年（835）知贡举，其所带官衔为工部侍郎，由此，则《新传》之失，一为将崔郸于大和八年由中书舍人（正五品上）迁为工部侍郎（正四品下），误记为自西川幕府召还时，二为缺记自西川幕府召还，旋于大和前期任翰林学士（《新传》一字未提及崔郸曾任翰林学士）。

丁《记》记崔郸："大和三年五月七日，自考功郎中充。八月十二日，加知制诰。四年九月十六日，拜中书舍人。六年，以疾陈请出守本官。"此大致与《旧传》合。《旧传》："大和三年以本官充翰林学士，转中书舍人。六年，罢学士。"按崔郸在院，前后历时三年余，但无论参政、撰诏，均未有记载。大和五年，宋申锡应文宗之命，谋诛宦官，事泄，被贬责，当时外廷有谏议大夫、给事中等朝臣多人上疏请予覆审（详见前宋申锡条），而崔郸等在内廷的翰林学士却无一人议及此事。又，崔郸后于文宗开成四年（839）七月任相（详后），《全唐文》卷七〇载有文宗《授崔郸平章事制》，中叙其在翰学时业绩，有云："乃者入典训词，出司俊造，能用周密，靡混妍媸。"评价亦较一般。

崔郸出院后,仕历则甚顺速。据两《唐书》本传及纪、表,大致为:大和八年(834)为工部侍郎、集贤殿学士;九年(835),知贡举,后又累为兵部、吏部侍郎。开成二年(837)正月,出为宣歙观察使、宣州刺史;四年(839),入为太常卿,同年七月,以本官同中书门下平章事,即任相。武宗会昌元年(841)十一月,出为剑南西川节度使。按此时李德裕亦在相位,《旧传》称:"会昌初,李德裕用事,与郸弟兄素善。"崔郸此次出镇时,李德裕有诗相送,但李德裕此诗后未存,可就杜牧、姚合之和作诗得悉。杜牧有《奉和门下相公送西川相公兼领相印出镇全蜀诗十八韵》[1]。李德裕时为门下侍郎、同中书门下平章事,故杜牧诗题称"门下相公"。姚合有《和门下李相公饯西蜀相公》(《姚少监诗集》卷九),中云:"圣朝同舜日,作相有夔龙。理化知无外,烝黎尽可封。燮和皆达识,出入并登庸。"称颂李德裕、崔郸任相之政绩。姚合于文宗开成四年八月由给事中为陕虢观察使,开成五年,入朝为秘书监,会昌元年当亦在长安[2]。此次崔郸出镇,有两位著名诗人作诗相送,亦可见其与当时文士之交往。

《旧传》末云:"郸在相位累年,历方镇,太子师保,卒。"《新传》则另有记:"宣宗初,以检校尚书右仆射同平章事,节度淮南,卒于军。"即宣宗即位后,崔郸又曾为淮南节度使,卒于任。

其著作未见著录,诗文未有载记。

---

①《樊川文集》卷二,陈允吉点校,上海古籍出版社,1978 年。
②参见傅璇琮主编《唐才子传校笺》卷六《姚合传》吴企明笺,中华书局,1990 年。

郑 覃

郑覃，两《唐书》有传，见《旧唐书》卷一七三、《新唐书》卷一六五。

《旧传》谓："郑覃，故相珣瑜之子。"按珣瑜，《旧唐书》无传，《新唐书》卷一六五有传，郑覃即附于传后。《新传》称"郑州荥泽人"。据《元和郡县图志》卷八河南道郑州，有荥泽县，在郑州西北（黄河北）。

郑珣瑜，据《新唐书》卷六二《宰相年表》，德宗贞元十九年（803）十二月，任相；顺宗时王叔文施行新政，郑珣瑜未予合作，于永贞元年（805）七月罢相，旋卒，郑覃以其父曾居相位，即以父荫补弘文馆校书郎，当在贞元后期。

《旧传》接云："历拾遗、补阙、考功员外郎、刑部郎中。元和十四年二月，迁谏议大夫。"后于穆宗长庆元年（821）转为给事中；四年（824），迁御史中丞，后又权知工部侍郎，升迁甚速。敬宗宝历元年（825），又为京兆尹。刘禹锡于大和五年（831）曾作有《高陵县令刘君遗爱碑》[1]，记京都畿县高陵县令刘仁师，有鉴于泾水经流之地，乡里豪族，倚恃权势，垄断水源，乃立意于更新水道，上奏。刘《碑》记云："居二岁，距宝历元年，端士郑覃为京兆，秋九月，始具以闻。"后即施行。此与郑覃于宝历元年闰七月为京兆尹

---

[1]参见瞿蜕园《刘禹锡集笺证》卷二，上海古籍出版社，1989年。

合。刘《碑》特称郑覃为"端士"，也可见时人对郑覃守正、仗义的赞誉。

文宗即位不久，郑覃即召入为翰林侍讲学士。《旧传》："文宗即位，改左散骑常侍。三年，以本官充翰林侍讲学士。"丁《记》具体记有时日，云："大和三年九月二十一日，自右散骑常侍充侍讲学士。"按路群亦与郑覃同时入为翰林侍讲学士（见后路群传），丁公著于同年四月亦自礼部尚书入为翰林侍讲学士（见前丁公著传），文宗于一年之内即召有三位为侍讲学士，也可见其对儒学的重视。

丁《记》又记："（大和）四年三月三十日，改工部尚书。"《旧传》则记为："四年四月，拜工部侍郎。"《新传》未记年月，但亦谓"进工部侍郎"。按《旧唐书·文宗纪》大和四年四月有记："丙午，以右散骑常侍、翰林侍讲学士郑覃为工部尚书。"是月乙巳朔，丙午为初二日，则与丁《记》所记之三月三十日改为工部尚书，日期稍有差异，问题在于两《唐书》本传记为工部侍郎，则为显误。又，郑覃此时改为工部尚书，实与此后出院有关，这又与当时的牛李党争有关。

李德裕于穆宗长庆二年（822）九月由御史中丞出为浙西观察使，文宗大和三年（829），时居相位的裴度推荐李德裕为相，遂于是年八月入朝任兵部侍郎，但此时李宗闵因得宦官之助，遂于是年八月入相，就排挤李德裕①。《通鉴》卷二四四大和三年九月即记："壬辰，以李德裕为义成节度使。李宗闵恶其逼己，故出之。"

①参《李德裕年谱》，傅璇琮著，河北教育出版社，2001年修订新版。

《旧唐书》卷一七四《李德裕传》亦记有此事，并提及郑覃，云："德裕为(李)逢吉所摈，在浙西八年，虽远阙庭，每上章言事。文宗素知忠荩，采朝论征之。到未旬时，又为宗闵所逐，中怀于悒，无以自申。赖郑覃侍讲禁中，时称其善，虽朋党流言，帝乃心未已。"可见郑覃此时在院中虽任为侍讲学士，并不拘泥于儒典的研索，仍关心时政，且敢于直言，为李德裕申述自己的政见。

郑覃也正因此，而被排挤出院。《旧唐书·郑覃传》记："（大和）五年，李宗闵、牛僧孺辅政，宗闵以覃与李德裕相善，薄之。时德裕自浙西入朝，复为闵、孺所排，出镇蜀川，宗闵恶覃禁中言事，奏为工部尚书，罢侍讲学士。"中唐时，翰林学士多受党争之牵累，如前穆宗、敬宗朝之李绅、蒋防等也均因此而被迫出院的。

不过《旧传》此处所述，记时有误。据《新唐书·宰相年表》及两《唐书》有关纪传，大和三年八月甲戌，李宗闵由吏部侍郎任相，四年正月辛卯，牛僧孺又继为相，大和五年，李宗闵、牛僧孺确均在相位。但李德裕于大和三年八月已由浙西观察使入为兵部侍郎，旋又被挤，出为义成节度使、滑州刺史；大和四年十月，改为西川节度使，即均在大和五年之前。而丁《记》记郑覃于大和"四年三月三十日，改工部尚书"后，即于同年"六月十七日，出守本官"。由此，则《旧传》记郑覃为李宗闵所奏，使郑覃罢侍讲学士出院，在大和五年，则为显误。

郑覃在院时另一突出表现，即曾有一大项文化项目计划，建议全面校订儒学经书，并加以刊石。《旧传》云："覃长于经学，稽古守正，帝尤重之。覃从容奏曰：'经籍讹谬，博士相沿，难为改正。请召宿儒奥学，校定六籍，准后汉故事，勒石于太学，永代作则,以正其阙.'从之."后郑覃于大和九年为相(详后),又兼判国子祭酒,更采取实际措施,起用起居郎周墀等,"校定九经文字,旋令上石".《旧唐书·宣宗纪》于开成二年(837)十月记:"癸卯,宰臣判国子祭酒郑覃进《石壁九经》一百六十卷."

这就是传于后世的著名"开成石经".这是唐翰林侍讲学士有代表性的职能表现.

郑覃在文宗朝曾两次入院,其于大和四年六月以工部尚书出院后,丁《记》记为:"大和六年三月十四日,自工部尚书充侍讲学士."《旧传》亦记云:"文宗好经义,心颇思之,六年二月,复召为侍讲学士."此云二月,当据丁《记》,为三月.

不过郑覃第二次入院,在院仅一年余,又出院.丁《记》:"(大和)七年六月十六日,改御史大夫出院."《旧唐书·文宗纪》所记同,于大和七年六月壬申记:"以工部尚书、翰林侍讲学士郑覃为御史大夫."此年六月壬申,即十六日,与丁《记》合.不过郑覃此次出院与第一次出院不同,第一次出院为宰相李宗闵排斥,而第二次出院则受到宰相李德裕重用.《旧传》记云:"七年春,德裕作相.五月,以覃为御史大夫."按大和六年十二月,李德裕由西川节度使入朝为兵部尚书,七年二月,以兵部尚书守本官同中书门下平章事,即任相.李德裕任相后,即擢用其所信重的人,如李回、沈传师、韦温、王质,亦即有郑覃(参见傅璇琮著《李德裕年谱》).翰林侍讲学士,其主要职责为讲经学,编儒典,而御史大夫则为议政言事之实职,故李德裕特使其出任御史大夫.

不过此后,大和八年十月,李宗闵复入相,与李训、郑注同谋,排斥李德裕、李绅,李德裕又出任外镇(先为山南西道节度使,后又为浙西观察使)。《旧唐书·郑覃传》于此亦有记:"其年,德裕罢相,宗闵复知政,与李训、郑注同排斥李德裕、李绅,二人贬黜,覃亦左授秘书监。"秘书监与御史大夫虽同为从五品,但为虚衔,未如御史大夫有实际职责,故云"左授"。此又可参证宋王应麟《困学纪闻》卷一四《考史》:"奸臣惟恐其君之好学近儒,非独仇士良也,吴张布之排韦昭、盛冲,李宗闵之排郑覃、殷侑,亦士良之术也。"可见郑覃又一次受李宗闵之排抑。

郑覃后仕为刑部尚书、尚书右仆射、兼判国子祭酒。大和九年十一月甘露事变后,文宗则擢其为相。《旧传》:"(李)训、(郑)注伏诛,召覃入禁中草制敕,明日以本官同平章事。"郑覃任相至开成四年(839)五月(据《新唐书·宰相年表》)。《旧传》后记:"武宗即位,李德裕用事,欲援为宰相,固以足疾不任朝谒。会昌二年,守司徒致仕,卒。"《旧唐书》卷一八上《武宗纪》,会昌二年(842)五月:"太子太师致仕郑覃卒。"

郑覃著作未有著录。《全唐文》卷七二一载《谏穆宗疏》一文,即穆宗新即位,郑覃时任谏议大夫,奏谏穆宗"内耽宴嬉,外盘游畋"。《旧传》有具体记述。

路　群

路群,两《唐书》无专传,皆附于其子路岩传(《旧唐书》卷一七七、《新唐书》卷一八四),甚简。《旧传》称其阳平冠氏人,《新传》谓魏州冠氏人。冠氏,即今河北馆陶。其父季登,代宗大历六年（771）登进士第，后官至左谏议大夫（又见于《新唐书》卷七五下《宰相世系表》五下）。路群子岩，懿宗朝翰林学士，后曾任相（见后传）。

《旧传》记路群字正夫，《新传》同，而《新唐书·宰相世系表》作"字正大"，疑"大"字讹。中华书局点校本未有校。

《旧传》仅云"既擢进士"，未记年，清徐松《登科记考》即列于已登第而未知其年之卷二七。今按韩愈有《唐银青光禄大夫守左散骑常侍致仕上柱国襄阳郡王平阳路公神道碑铭》①。此路公为路应。据《新唐书·宰相世系表》，路应与路群父季登同辈，为同族兄弟。据韩《碑》，路应于宪宗元和前期曾为宣歙池观察使，后卒于元和六年（811）九月，元和七年葬。文末记其卒后，云："既，其子临汉县男贯，与其弟赏贞谋曰：'宜有刻也。'告于叔父御史大夫鄜坊丹延观察使恕，因其族弟进士群以来请铭，遂以其事铭曰。"则韩愈此文作于元和七年，称路群为"进士"，当已科试及第。但未称其衔，当及第不久，尚未解褐入仕，其及第当在元和前期。此可补唐登科记。

《旧传》于其进士及第后，概述云："又书判拔萃，累佐使府。入朝为监察御史。"皆未记时。按《全唐诗》卷四八六载有鲍溶《淮南卧病感路群侍御访别》诗，云："西台御史重难言，落木疏篱绕病魂。一望青云感骢马，款行黄草出柴门。"则此时鲍溶正寓居淮南，路群当因公出使，途经淮南，特为访问，鲍溶甚有所感，作诗进赠。按《册府元龟》卷一三六有记："穆宗以元和十五年正月即

①马其昶《韩昌黎文集校注》卷六，上海古籍出版社，1986年。

位,二月,命监察御史杨虞卿、卢周仁、高铢、路群分往京西、京北监赏设将士。"则路群确于穆宗即位初在监察御史任,曾出使监察。其往淮南,是否亦为元和十五年(820)二月之行,未可定。又,鲍溶,两《唐书》无传。宪宗元和四年(809)进士及第(《郡斋读书志》卷四中《鲍溶集》提要及《唐才子传》卷六《鲍溶传》),与当时文士多有交往,《唐诗纪事》卷四一记其"与韩愈、李正封、孟郊友善"。《郡斋读书志》又谓:"张荐谓溶诗气力宏赡,博识清度,雅正高古,众才无不备具。"但虽于元和前期已进士登第,仕途仍不顺,《唐才子传》卷六称其"初隐江南山中,避地,家苦贫,劲气不扰,羁旅四方"。则其于元和末、长庆初寓居淮南时,亦仍清贫,故路群以监察御史访之,特有感志。由此可见路群于早期亦对文士甚为重视。

又《全唐文》卷七三〇载有路群文一篇,题为《劾韩愈斋宿违例奏》,有云:"今月九日,孟秋飨太庙,摄太尉、国子祭酒韩愈,准式合令起今月六日于太庙致斋,今于国子监宿,有违格令。"此事亦记于《唐会要》卷一八《缘庙裁制》,云:"长庆元年七月,监察御史路群奏:今月九日孟秋,享太庆庙,摄太尉、国子祭酒韩愈,准式于太庙致斋,今于本寺监省,有违格式。敕,宜罚一季俸。"按韩愈确于元和十五年(820)十一月就任国子祭酒,至长庆元年(821)七月庚申(二十六日),后为兵部侍郎[1]。《唐会要》所记长庆元年七月韩愈在国子祭酒任,与韩愈事迹合,唯有关韩愈生平事迹材料,皆未载韩愈此时又摄太尉;且《唐会要》及《全唐文》所载路群文,所谓"斋宿违例",文意亦不明,其事之本身待考。不过据此则可

---

[1]参见张清华《韩愈年谱汇证》,江苏教育出版社,1998年。

考知,路群于穆宗长庆元年,任为监察御史。

《旧传》接云:"大和二年,迁谏议大夫,以本官充侍讲学士。"丁《记》记为:"大和三年九月二十一日,自右谏议大夫充侍讲学士。"即与郑覃同时入为翰林侍讲学士。第二年即大和四年(830),三月三十日,郑覃由散骑常侍改为工部尚书,皆正三品,官阶相当高,但仍为侍讲学士,而路群则于大和四年八月二十七日改为学士,仍为右谏议大夫(正五品上)。又据丁《记》,五年九月五日,改中书舍人(仍为正五品上);七年十二月十七日,出守本官,即出院仍任为中书舍人。《新传》记路群事甚简,且又有误,云:"累官中书舍人、翰林学士承旨。"岑氏《注补》指出:王源中已于大和二年十二月加为承旨,至八年四月二十日始出院,中间不容有两承旨。又丁《记》及《旧传》亦均未记路群曾任承旨者,《新传》当误。

路群在院,前后历有五年,《旧传》称其"精经学,善属文",《新传》谓"文宗优遇之"。但在院业绩未有具体记载。《新唐书·艺文志》也未有著录;《全唐文》卷七三〇除前已引述之《劾韩愈斋宿违例奏》外,别无他篇。

《旧传》评其"历践台阁,受时君异宠,未尝以势位自矜。与士友结交,荣达如一"。故《旧传》末云:"(大和)八年正月病卒,君子惜之。"

薛廷老

薛廷老,两《唐书》有传,皆附其父薛存诚传后,见《旧唐书》

卷一五三、《新唐书》卷一六二。

《旧传》称薛存诚为河东人，《新传》则云河中宝鼎人。宝鼎本汾阴县，今为山西万荣县西南宝鼎。

薛存诚于宪宗时历任监察御史、殿中侍御史、给事中、御史中丞，直言敢谏，对弊政屡有谏奏，"毅然不可夺"（《新传》）。《旧唐书·薛廷老传》即称"廷老谨正有父风，而性通锐"。薛廷老即因此屡被宦官、权臣斥责，亦由此而被贬斥出院者。

《新传》谓薛廷老"及进士第"。清徐松《登科记考》即据《新传》列于已及第而未能记年之卷二七。今按唐文宗开成年间陈翱所撰之《卓异记》①，其《门生为翰林学士撰座主白麻》条，有云："唯廷老翰林时，座主庾公拜兖海节度，廷老为门生，得为麻制。时代荣之。"岑仲勉《登科记考订补》②，即引及《卓异记》此数句，谓此庾公即庾承宣，并云："今《登科记考》一八元和十三、四年承宣两知举，不列廷老，唯于卷二十七附记之，是徐氏未考及《卓异记》也。"岑氏说是。但庾承宣于元和十三、十四年（818、819）两年知举，岑氏未再考述薛廷老在何年及第。孟二冬《登科记考补正》卷一八亦引及岑氏《订补》，列薛廷老于元和十三年，但未考述为何列于此年。

按据《旧传》，薛廷老后于文宗大和四年（830）入翰林学士院，乃因李让夷之荐，李让夷时亦为翰林学士（见前李让夷传），而薛

---

①《卓异记》，见泰山出版社2000年出版之《中华野史》点校本。
②岑仲勉《登科记考订补》，附见于赵守俨点校《登科记考》后，中华书局，1984年。

廷老于大和五年（831）九月因事出院，李让夷也受累外出（详后）。如此，则薛廷老与李让夷交谊甚切，而李让夷亦于庾承宣知举下，元和十四年及第者。按唐惯习，同年及第者即有深交，故薛廷老当亦于元和十四年及第。此亦为唐登科记之一补。

两《唐书》本传皆记薛廷老"宝历中为右拾遗"。按《旧唐书》卷一七上《敬宗纪》，长庆四年（824）十二月，记淮南节度使王播"厚赂贵要，求领盐铁使"，朝臣多人抗疏论之，其中有"拾遗李景让、薛廷老等"（《通鉴》卷二四三所记同）。由此则宝历（825—826）前，长庆四年（824）薛廷老已为右拾遗，两《唐书》本传则记为"宝历中"，不当。

不过长庆四年十二月，已为敬宗时（敬宗于此年二月接位）。《旧传》称"敬宗荒恣"，《新传》云"敬宗政日僻"，于是薛廷老数与同僚"入阁奏事"，敬宗则常以"厉声"、"厉语"对之。此后，薛廷老即受权臣、宦官嫉害，出贬。两《唐书》本传皆有记，《旧传》记云："时李逢吉秉权，恶廷老言太切直。郑权因郑注得广州节度，权至镇，尽以公家珍宝赴京师以酬恩地。廷老上疏请按权罪，中人由是切齿。又论逢吉党人张权舆、程昔范不宜居谏列，逢吉大怒。廷老告满十旬，逢吉乃出廷老为临晋县令。"此亦未记其时。按据《新唐书·宰相年表》，李逢吉于穆宗长庆二年（822）六月任相，至敬宗宝历二年（826）十一月出为山南东道节度使。而郑权于长庆三年（823）四月为岭南节度使（《通鉴》卷二四三），四年十月卒于任（《旧唐书·敬宗纪》）。《通鉴》于长庆三年四月记穆宗时已有疾，宦官王守澄乃"专制国事，势倾中外"，郑注则"日夜出入其家，与之谋议，语必通夕，关通赂遗"，而时为工部尚书的郑权,"即因(郑)注通于守澄,以求节镇"。《旧唐书》卷一六二《郑权传》接云:"初权出镇,有中人之助,南海多珍货,权颇积聚以遗之,大为朝士所嗤。"据郑权于长庆三年四月出镇岭南,四年十月卒,则薛廷老"上疏请按权罪",当在长庆三、四年间,其贬责为临晋(在今陕西大荔县东)县令,当在敬宗宝历初李逢吉尚在相位时。

有一事值得提出、注意,即郑权出任岭南节度使时,韩愈曾作序送之:《送郑尚书序》①。此序先叙岭南所辖之境广,镇帅所治不易,"故选帅常重于他镇",于是盛称郑权此前历任方镇,颇有治绩,"皆有功德可称道",后云:"及是命,朝廷莫不悦,将行,公卿大夫士苟能诗者咸相率为诗以美朝政。"韩愈此处之记序,与当时朝议时论完全相反。又张籍亦有诗相送,为《送郑尚书出镇南海》(《全唐诗》卷三八四)、《送郑尚书赴广州》(同上,卷三八五),称"班行争路送","共知公望重"。此当韩愈序中所称当时"公卿大夫士","相率为诗以美朝政",实则当为郑权以某种特殊方式邀名人所作。这也可见文学创作的一种复杂情况。

《旧唐书·薛廷老传》接云:"文宗即位,入为殿中侍御史。大和四年,以本官充翰林学士,与同职李让夷相善,廷老之入内署,让夷荐挈之。"丁《记》记为:"大和四年,自御史充。"未记月日,并以殿中侍御史略记为"御史"。按李让夷于文宗大和元年(827)十二月入为翰林学士,大和四年(830)仍在院,为职方员外郎(见前李让夷传)。薛廷老约于敬宗时即出贬为县令,而于文宗即位时

①见马其昶《韩昌黎文集校注》卷四,上海古籍出版社,1986年。

即召入为殿中侍御史（从七品上），可能也出于李让夷大和元年入院后之荐，后李让夷又于大和四年再荐薛廷老入院，如前所述，当于往昔同年登第有关。又前所引《卓异记》，记庾承宣出任兖海节度使，薛廷老为草撰制文，据《旧唐书·文宗纪》，庾之任命在大和四年十一月癸巳，则薛廷老入院当在此年十一月前。

但薛廷老不到一年，即出院。丁《记》："五年九月四日，改刑部员外郎出院。"《旧唐书·文宗纪》，大和五年九月甲辰，有具体记述："翰林学士薛廷老、李让夷皆罢职守本官。廷老在翰林，终日酣醉无仪检，故罢。让夷常推荐廷老，故坐累也。"《旧传》亦记为："廷老性放逸嗜酒，不持检操，终日酣醉，文宗知之不悦。五年，罢职，守本官，让夷亦坐廷老罢职，守职方员外郎。"《新传》略同。按《旧·文宗纪》记薛、李同于五年九月甲辰罢出，九月甲辰为九日，而丁《记》记薛之出院在九月四日，记李让夷出院为九月十六日，稍有小异。问题在于出院之原由，按两《唐书》本传，叙薛廷老仕迹，在此之前，均无嗜酒酣醉之记，《旧传》且称其"当官举职，不求虚誉，侃侃于公卿之间，甚有正人风望"，《新传》也有同评，称其"推为正人"，此皆与所谓"日酣饮，不持检操"，完全相反。据本书李让夷传所记，大和五年三月，宋申锡因受宦者王守澄之诬陷，被迫免相，后又出贬为开州司马，而李让夷之入院，乃受宋申锡之荐，即李让夷与宋申锡关系密切，又李让夷与李德裕之亲信李石、郑覃亦甚有交结，而大和五年居相位者有李宗闵、牛僧孺，李、牛二人与宦者王守澄亦密相勾结，又薛廷老于穆宗、敬宗时因直言进谏，"中人由是切齿"。由此考述，当为：薛廷老、李让夷二人于大和五年九月被迫出院，实为王守澄与李宗闵、牛僧孺相结,出于朋党政见纠纷,使二人排出;所谓"日酣饮,不持检操",仅为一种借口。

据两《唐书》本传,薛廷老此后仕历,为刑部员外郎,刑部郎中,给事中。开成三年(838)年卒,赠刑部侍郎。其著作未著录,诗文也未有载记。前所引述之《卓异记》,在院时撰有授庾承宣兖海节度使制文,也未存。唐时翰林学士所撰制诏,多未有传存者,未能如陆贽、白居易等保留有相当部分制文,甚可惜。

李　珏

李珏,两《唐书》有传,见《旧唐书》卷一七三、《新唐书》卷一八二。

《旧传》:"李珏字待价,赵郡人。父仲朝。"《新传》:"其先出赵郡,客居淮阴。"所谓赵郡人,当如李吉甫、李德裕,为赵郡赞皇(在今河北),仅为郡籍,实际上皆客居外地。又《新唐书》卷七二下《宰相世系表》二下,记李珏父名仲塾,与《旧传》所记之"仲朝"有异。

《旧传》记李珏"大中七年卒",《新传》云卒年六十九。按李珏应卒于宣宗大中六年(852),《旧传》误(详后)。依此推算,则李珏生于德宗兴元元年(784)。就此,又可纠《新传》之误。按《旧传》云"珏进士擢第,又登书判拔萃科",未记年。《新传》则具体记为:"甫冠,举明经,李绛为华州刺史,见之,曰:'日角珠廷,非庸人相,明经碌碌,非子所宜。'乃更举进士高第。"此云"甫冠",

据前关于其生年推算，当为德宗贞元十九年（803），而李绛于宪宗元和十年（815）为华州刺史（《旧唐书》卷一六四《李绛传》），元和十一年（816）二月返朝为兵部尚书（《旧唐书·宪宗纪》）。如此，则李绛为华州刺史时，李珏已为三十二、三十三岁，何能曰"甫冠"？

《新传》所记此事，本于晚唐昭宗时裴廷裕之《东观奏记》（见后昭宗朝裴廷裕传），其书卷上有记云："珏字待价，赵郡赞皇人。早孤，居淮阴，事母以孝闻，弱冠，徒步（下缺六字），举明经，李绛为华州刺史，一见谓之曰：'日角珠庭，非常人也，当掇进士科。明经碌碌，非子发迹之路。'一举不第，应进士，许孟容为宗伯，擢居上第。"①《东观奏记》即云"弱冠"举明经，《新传》即沿此误。至于许孟容知举，据清徐松《登科记考》卷一八，在元和七年（812），亦列李珏于此年。李珏此年已为二十九岁。

两《唐书》本传记李珏于穆宗时曾任右拾遗，因"穆宗荒于酒色"，"珏与同列上疏论之"。《旧传》又记长庆元年（821），"盐铁使王播增茶税，初税一百，增之五十"，此乃"王播希恩增税，奉帝嗜欲"，李珏即又上疏论之。《通鉴》卷二四一记此于长庆元年五月，称穆宗"不从"。李珏即"以数谏不得留，出为下邽令"（《新传》）。此当在长庆后期，不久，即受牛僧孺之辟，入其武昌军节度使幕。《新传》于记"出为下邽令"后，称："武昌牛僧孺辟署掌书记。"此亦据《东观奏记》（卷中）所记："牛僧孺为武昌节度使，奏章先达银台，授殿中侍御史内供奉、武昌掌书记。"牛僧孺任武昌

---

① 《东观奏记》，中华书局点校本，1994年。

节度使,自敬宗宝历元年(825)正月,至文宗大和四年(830)正月(见《旧唐书》之《敬宗纪》、《文宗纪》)。李珏后为牛僧孺所撰之神道碑(《全唐文》卷七二〇),曾叙有此事,云:"小子不佞,早栖门墙,考选第叨殊等之科,开宾筵忝入幕之吏,国士相遇,笔札见知。"此后,李珏即屡受牛僧孺荐援,由此也参与牛李党争之列。

李珏后还朝,累任殿中侍御史、吏部员外郎,转司勋员外郎、知制诰,旋即召入为翰林学士。两《唐书》本传皆记李珏之入,实出于牛僧孺、李宗闵之荐援。《新传》谓"(牛)僧孺还相,以司勋员外郎、知制诰为翰林学士";《旧传》称:"大和五年,李宗闵、牛僧孺在相,与珏亲厚,改度支郎中、知制诰,遂入翰林充学士。"按牛僧孺于大和四年(830)正月由武昌节度使入相,李宗闵则于前大和三年(829)八月已由吏部侍郎擢迁为相。《通鉴》卷二四四大和三年八月记:"会吏部侍郎李宗闵有宦官之助,甲戌,以宗闵同平章事。"大和五年,二人皆在相位,即引李珏入,这也是唐代文士之入为翰林学士出于宰相所举之一例。

《旧传》谓李珏以度支郎中、知制诰入,《新传》则记以司勋员外郎、知制诰入,丁《记》记为:"大和五年九月十九日,自库部员外郎、知制诰充。"均异。裴廷裕《东观奏记》(卷上)谓改司勋员外、库部郎中,文宗召充翰林学士,即先为司勋员外郎,后迁库部郎中,旋即以库部郎中(加知制诰)入院。清劳格《唐尚书省郎官石柱题名考》卷一三度支郎中,于石刻、补遗中皆未记李珏名,仅于"附存"中列有李珏,但加按云:《旧传》度支,当从《奏记》、《壁记》作'库部';《壁记》员外郎,当从《旧传》、《奏记》作'郎中'。"即李珏入院时所具之官衔,应为库部郎中,非度支郎中、库部员外郎,岑氏《注补》是首肯此说的,可从。不过此仅为小异,主要应注意《东观奏记》所云:"李宗闵为相,以品流程式为己任,擢掌书命。"此可与两《唐书》本传所记李宗闵、牛僧孺"与珏亲厚"相参证。

据丁《记》及两《唐书》本传,李珏于大和五年(831)九月十九日入院,同月二十三日赐紫;七年(833)三月二十八日,迁中书舍人;九年(835)五月六日,加承旨;同月十九日,迁户部侍郎、知制诰,八月五日,出院。《东观奏记》(卷上)记文宗对其极为信重:"文宗召充翰林学士,珏风格端肃,属词敏赡,恩倾一时。"这几年,正是郑注、李训因宦官之助,甚得势,并利用牛李党争,对李宗闵等既有结联,又有排斥。如大和六年十二月,牛僧孺罢相,出为淮南节度使,李德裕由西川节度使入为兵部尚书,第二年二月,即任为相;而同年六月,李宗闵罢相,出为兴元节度使。大和八年十月,李训、郑注又与宦官交结、协议,命李宗闵再入相,李德裕罢相,出为浙西观察使。李珏于九年五月六日加承旨,同月十九日又迁户部侍郎、知制诰,当与李宗闵时在相位有关。但不久,李训、郑注又与李宗闵有利害矛盾,遂使其罢相,并于大和九年六月,使其连续贬为明州刺史、处州刺史。《旧唐书·李珏传》即记为:"(大和九年)七月,宗闵得罪,珏坐累,出为江州刺史。"丁《记》记为:"(大和九年)八月五日,贬江州刺史。"《旧传》云七月,丁《记》云八月,此亦为小异。中晚唐时,翰林学士多因受朋党交争之累而受贬的。

此后,李珏则更涉入牛李党争。据两《唐书》有关纪、传,李珏于大和九年(835)八月出贬为江州刺史,开成元年(836)四月,改为太子宾客、分司东都,又迁河南尹,这可能与李训、郑注事败被诛有关,即前所贬者逐步量移。正因此,开成二年(837)五月,入朝为户部侍郎。三年(838)正月,牛党派杨嗣复入相,即援引李珏亦任为相。《新唐书·李珏传》叙云:"开成中,杨嗣复得君,引珏同中书门下平章事,与李固言皆善。三人者居中秉权,乃与郑覃、陈夷行等更持议,一好恶,相影和,朋党益炽矣。"《旧传》更明确记为:"珏与固言、嗣复相善,自固言得位,相继援引,居大政,以倾郑覃、陈夷行、李德裕三人。"

武宗即位后,会昌元年(841),李珏就与杨嗣复罢相,并出贬。《新唐书》卷一七四《杨嗣复传》记:"帝之立,非宰相意,故内薄执政臣,不加礼。"关于此事,《通鉴》卷二四六有具体记述,即开成五年(840)正月,文宗病危,宦者、知枢密刘弘逸、薛季棱与杨嗣复、李珏密议,仍立年尚幼的太子成美嗣位,而另一派宦者、中尉仇士良、鱼弘志拟另立颍王李瀍,遂谋杀刘弘逸及太子成美,颍王接位,即武宗。如此,武宗即位后,仇士良等又进一步谋害杨嗣复、李珏,开成五年八月,连续罢杨嗣复、李珏相位;会昌元年(841)三月,又贬杨嗣复为潮州刺史,李珏为昭州刺史。《通鉴》卷二四六会昌元年三月具体记述为:李珏先出为桂管观察使,宦官仇士良劝武宗将杨嗣复、李珏杀之,时已任宰相的李德裕则未受党争的牵累,极力上奏解救,结果即贬杨为潮州刺史,李为昭州刺史①。又,据此,则《旧传》记李珏"出为桂州刺史、桂管观察使;三年,长流骠州",于"桂管观察使"后漏载贬昭州刺史,而"长流骠州",更

---

① 可参傅璇琮《李德裕年谱》,河北教育出版社,2001年修订新版。

失实。《新传》又有误记，谓"终以议所立，贬江西观察使，再贬昭州刺史"，将"桂管"误为"江西"。可参本人所作另一专文《两〈唐书〉记事辨误》（载《文史》2006年第3辑，中华书局，2006年8月）。

此后事迹，《旧传》记为："大中二年，崔铉、白敏中逐李德裕，征入朝为户部尚书，出为河阳节度使。入为吏部尚书。"后又为淮南节度使。但《旧传》记其卒年，又有一误，云"大中七年卒"。按杜牧有《李珏册赠司空制》（《樊川文集》卷一七）①，记李珏因病卒于扬州淮南节度使任上，朝廷乃遣使"持节册赠尔为司空，魂而有知，鉴兹诚意"。而此册文首云："维大中六年，岁次壬申，五月丁卯朔，十六日壬午。"则当卒于大中六年（852）五月。《新传》未记卒于何年，唯云"年六十九"。

《新唐书·艺文志》未著录其著述。蒋伸《授李珏扬州节度使制》（《全唐文》卷七八八），中云："文章穷三变之风，学术洞九流之奥。"则对其文章、学术有较高之评议。当时确有好几位诗文名家有诗进赠李珏的，但都在李珏后期，即翰林学士出院、任相后好几次坎坷境遇，如刘禹锡《奉送李户部侍郎自河南尹再除本官归阙》②，《奉和吏部杨尚书太常李卿二相公策免后即事述怀赠答十韵》③。白居易有《旱热》诗，末句"迁客向炎州"，句下自注："时杨、李二相，各贬潮、韶。"朱金城《白居易集笺校》卷三五④，笺云

---

①《樊川文集》卷一七，陈允吉点校，上海古籍出版社，1978年。
②陶敏、陶红雨《刘禹锡全集编年校注》卷十，岳麓书社，2003年。
③同上卷一一。
④《白居易集笺校》，上海古籍出版社，1988年。

此诗作于会昌元年,白居易时在洛阳;又谓"各贬潮、韶"之"韶",《全唐诗》所载亦作"韶",应作"昭",因李珏所贬为昭州刺史。另姚合有《和厉玄侍御题户部李相公庐山西林草堂》(《全唐诗》卷五○一);许浑有《闻韶州李相公移拜郴州因寄》(《全唐诗》卷五三四;按此"韶州"亦为"昭州"之误)、《寄郴州李相公》(同上卷五三七)、《和李相国》(同上卷五三七,有自序,云:蒙宾客相国李公见示《和宣武卢仆射以吏部高尚书自江南赴阙贶大梨白鹇因赠五言六韵》攀和),赵嘏有《舒州献李相公》(同上卷五四九)、《泗上奉送相公》(同上卷五五○)。按,就上所引诗,李珏有与时人和作者,即自己亦有诗,惜《全唐诗》未载其所作。《全唐文》卷七二○载文四篇,中即有《牛公(僧孺)神道碑》。

陈夷行

陈夷行,两《唐书》有传,见《旧唐书》卷一七三、《新唐书》卷一八一。

两《唐书》本传皆称其颍川人,据《元和郡县图志》卷七河南道,颍川汝阴,秦时为颍川郡地,治今安徽阜阳县。

《旧传》记其字周道,"祖忠,父邑"。《新唐书》卷七一下《宰相世系表》一下,记其祖名忠,父名邕,此"邕"与《旧传》之"邑",稍有异。

《旧传》又记"元和七年登进士第",清徐松《登科记考》卷一八即据此系于宪宗元和七年(812)进士及第。《新传》未有记。

《旧传》此后述云："宝历末,由侍御史改虞部员外郎,皆分务东都。大和三年,入为起居郎、史馆修撰,预修《宪宗实录》。四年献上,转司封员外郎。五年,迁吏部郎中。"后即记其入为翰林学士(但记时有误,详后)。《新传》所记则甚简,云:"由进士第,擢累起居郎、史馆修撰。以劳迁司封员外郎,凡再岁,以吏部郎中为翰林学士。"按《旧唐书》卷一七下《文宗纪》,大和四年(830)三月记:"丁酉,监修国史、中书侍郎、平章事路随进所撰《宪宗实录》四十卷,优诏答之,赐史官等五人锦绣银器有差。"此史官五人,即《全唐文》卷七一所载文宗《答路随等上宪宗实录诏》有记,其中有"起居舍人陈夷行",而两《唐书》本传所载,称陈夷行时为起居郎。起居舍人与起居郎皆为史官,亦皆为从六品上,但起居郎属门下省,主要"掌起居注,录天子之言动法度,以修记事之史",起居舍人属中书省,为"录天子之制诰德音,如记事之制,以记时政损益"(据《旧唐书》卷四三《职官志》二)。即虽皆为史官,但职责有所不同,据《全唐文》卷七一所载诏文,陈夷行当为起居舍人。

陈夷行于大和四年三月《宪宗实录》修成上奏后,转司封员外郎,此后,《旧传》记为:"五年,迁吏部郎中。四月,召充翰林学士。"意即大和五年四月入为翰林学士。而丁《记》记为:"大和七年,自吏部员外郎充。"按陈夷行入院在李珏、郑覃后,而李珏于大和五年九月入,郑覃为六年三月入,按丁《记》所列时序,陈夷行既在李珏、郑覃后,就不可能于大和五年四月入,《旧传》所记误。又,陈夷行入院在郑涯前,郑涯于大和七年四月八日入,参《旧传》所记,陈夷行可能于大和七年四月八日与郑涯同时入,或较郑涯稍早,为四月初。《旧传》当于"四月,召充翰林学士"前缺"七年"

二字。又丁《记》记以吏部员外郎入，两《唐书》本传则记为吏部郎中。岑氏《注补》以为应据丁《记》，作吏外，备考。

丁《记》接云："八月二十三日，授著作郎、知制诰，兼皇太子侍读。八年九月六日，赐绯。七日，迁谏议大夫。"则此"八月二十三日"乃在大和八年前。而《旧传》记云："（大和）八年，兼充皇太子侍读，诏五日一度入长生院侍太子讲经。上召对，面赐绯衣牙笏，迁谏议大夫、知制诰，余职如故。"《新传》亦记此事，唯未记年。依此，则可据《旧传》补丁《记》，于"八月二十三日"前加"八年"二字，后之"八年九月六日"，"八年"二字可去。据《旧唐书·职官志》，著作郎与尚书诸司郎中同为从五品上，谏议大夫为正五品上。则陈夷行于大和八年（834）八月二十三日授著作郎，逾月即又迁为谏议大夫，并加知制诰。

丁《记》接云："九年二月十六日，罢侍读。开成元年五月二十二日，改太常少卿。二十九日，兼太子侍读。"岑氏《注补》谓此处记"开成元年"云云，而后又谓"其年五月二十三日，加承旨"，"其年"即开成元年，相重，岑氏又引两条材料，一为《册府元龟》卷七〇八："王起为兵部尚书判户部事，大和九年七月，以起及翰林学士、太常少卿、知制诰陈夷行并充皇太子侍读。"二为《旧唐书》卷一七下《文宗纪》大和九年七月戊午，记工部侍郎、充皇太子侍读崔侑贬为洋州刺史，考功郎中、皇太子侍读苏涤贬为忠州刺史。岑氏即谓"夷行复兼侍读，似在崔、苏既贬之后"。据此，则丁《记》所记，应为：陈夷行于大和九年（835）二月十六日，罢太子侍读，但仍在院；同年五月二十二日，由谏议大夫（正五品上）迁为太常少卿（正四品）；七月，与王起复兼太子侍读。丁《记》之"开成元年五月二十二日，改太常少卿"，"开成元年"四字应删，并于"二十九日，兼太子侍读"前加"七月"二字。

《旧传》所记，为"九年八月，改太常少卿，知制诰、学士侍讲如故"。此"八月"应为"七月"，特别是"侍讲"必须改为"侍读"，即陈夷行乃兼太子侍读，非一般之翰林侍讲学士。

丁《记》后记于开成元年（836）五月二十三日，加承旨。按归融于大和九年（835）八月一日入为翰林学士，同月五日加承旨，开成元年五月十五日出院（参见后归融传），陈夷行当接归融为承旨。因开成元年在院者六人，以陈夷行入院时日最早（参见本书"学士年表"），资历最深，故依例可接为承旨。又，郑覃自去年甘露事变后，复任为相，开成元年仍在相位，郑覃与李德裕亲近，陈夷行亦与李德裕有交往，可能也出于郑覃之举荐，在归融出院不到十天，陈夷行就接任承旨。

丁《记》又于同年（开成元年）记云："六月二十四日，迁工部侍郎、知制诰。八月七日，赐紫。二年四月五日，出守本官平章事。"《旧传》于"九年八月改太常少卿，知制诰、学士侍讲如故"后接云："开成二年四月，以本官同平章事。"其间缺记工部侍郎，所谓"以本官"，则为以太常少卿同平章事，不合官制。《旧唐书·文宗纪》开成二年四月戊戌即记为："诏将仕郎、守尚书工部侍郎、知制诰、充翰林学士、兼皇太子侍读、上骑都尉、赐紫金鱼袋陈夷行可本官同中书门下平章事。"《新唐书》卷八《文宗纪》开成二年四月戊戌亦记陈夷行原为工部侍郎。《唐大诏令集》卷四九《陈夷行平章事制》（亦载《全唐文》卷七〇）称为："顷在郎署，雅有名称，是用擢居禁密，俾辅导元良，论辨见贤人之业，教谕得名臣之体"；

又赞誉云:"孝友为修己之具,文学诚润身之余,众推全才,时号端士。"陈夷行是文宗朝由翰林学士直接擢任宰相之首例。

此时郑覃亦仍在相位,如前所述,陈夷行于上年即开成元年五月为承旨,当由郑覃推荐,而此次任相,当更为郑覃举荐。可能正因此,杨嗣复、李珏于开成三年(838)正月亦入相,就与郑覃、陈夷行多次争议。《旧传》记云:"(开成)三年,杨嗣复、李珏继入辅政,夷行介特,素恶其所为,每上前议政,语侵嗣复,遂至往复。"特别是关于李德裕、李宗闵事,更有争执。按大和八年(834)十一月,李宗闵与郑注交结,谋使李德裕罢相,使其出为浙西观察使;后李宗闵又与郑注、李训有利害矛盾,大和九年(835)六月,李宗闵则累被贬为明州、处州刺史,潮州司户。《旧唐书·文宗纪》开成三年二月记:"乙未,上谓宰臣曰:'李宗闵在外数年,可别与一官。'郑覃、陈夷行曰:'宗闵养成郑注,几覆朝廷,其奸邪甚于李林甫。'杨嗣复、李珏奏曰:'大和末,宗闵、德裕同时得罪,二年之间,德裕再量移为淮南节度使,而宗闵尚在贬所。凡事贵得中,不可但徇私情。'"双方另有其他事相争者。《旧唐书·陈夷行传》后即云:"上竟以夷行议论太过,恩礼渐薄,寻罢知政事,守吏部尚书。"《旧唐书·文宗纪》、《新唐书·宰相年表》皆记郑、陈罢相在开成四年(839)五月丙申。《通鉴》卷二四六开成四年五月记郑、陈罢相时,云:"覃性清俭,夷行亦耿介,故嗣复等深疾之。"元胡三省于此处注云:"史言小人排君子,不遗余力。"即意为陈夷行与郑覃此次罢相,亦出于杨嗣复之谋。

此后仕迹,据史书所载,大致为:开成四年九月,出为华州刺史。五年九月,武宗在位时,李德裕任相,即召陈夷行入朝;会昌元年(841)三月,复任为相。二年(842)六月,罢相,为太子太保;三年(843),出为河中节度使。四年(844)八月,卒。但《旧唐书·武宗纪》于会昌四年八月,记为"河东节度使陈夷行卒",此"河东"当为"河中"之误。又,陈夷行卒后,李德裕撰有《赠陈夷行司徒制》(《李德裕文集校笺》卷四),极称其"言必体要,行归于周,得壶遂之深忠,持颜子之极乐"。李德裕时在相位,也能如翰林学士那样草撰制词,值得研究。

《新唐书》卷五八《艺文志》二,著录有《宪宗实录》,纂修者有陈夷行。《全唐文》卷七四五载其文一篇:《条覆馆驿事宜疏》;《唐文拾遗》卷十载有《仆射上仪依三公奏》一篇。《全唐诗》未载其诗。

郑　涯

郑涯,两《唐书》无传。《新唐书》卷七五上《宰相世系表》五上,有记,记其官职为"检校左仆射,同中书门下平章事"。又据《新表》,郑涯为郑覃从兄弟。郑涯与郑覃同在翰林学士院任职两月余,即郑涯于大和七年(833)四月八日入,而郑覃于七年六月十八日出院。

丁《记》所记为:"(使相)郑涯:大和七年四月八日,自左补阙充。八年九月七日,加司勋员外郎;十六日,赐绯。九年十一月十九日,加知制诰。十二月十五日,守本官出院。"

郑涯入院前,事迹不详,亦未知其是否曾应科举试。至于其出院,岑氏《注补》以为郑覃于九年(835)十一月二十二日入相,"涯之出院,岂避亲欤"。此亦未能定,因郑涯、郑覃未为亲兄弟,岑说备参。又丁《记》记其为"使相",《通鉴》卷二五〇懿宗咸通二年(861)有记云:"冬十月,以御史大夫郑涯为山南东道节度使;十一月,加同平章事。"(按《通鉴》此处记郑涯于咸通二年十月任山南东道节度使,不确,详见后考。)即郑涯未曾在朝中为相,而任外镇山南东道节度使时加同平章事,故云"使相"。

郑涯在院三年期间,正为文宗朝牛李党争及郑注、李训事件高潮事(详见后李训、郑注等传),但郑涯对此似无甚参预。《全唐文》卷七九宣宗《授郑涯山南东道节度使制》中云:"自承明晓对,建礼晨趋,参密命于北门,演纶言于西掖。相如雄丽,咸推视草之工;孔光庄重,空闻言树之诚。"《全唐文》卷七二八封敖《批郑涯谢上表》,有云:"内庭西掖,留重价于雄文;宪府南宫,蔼余芳于嘉话。"对其在翰学之业绩,主要赞誉其撰制文辞之优美,任职之慎恪,不涉及对政事之参预。

郑涯以司勋员外郎、知制诰出院,此后数年仕迹不详。现可知者,武宗会昌三年(843)七月在兵部侍郎任。按此时朝廷已立意征讨河北节镇刘稹,《旧唐书》卷一八上《武宗纪》会昌三年:"秋七月戊子,宰相奏:'秋色已至,将议进军,幽州须早平回鹘,镇、魏须速诛刘稹,各须遣使谕旨,兼侦三镇军情。今日延英面奉圣旨,欲遣张贾充使。臣等续更商量,张贾干济有才,甚谙军中体势,然性刚负气,虑不安和,不如且命李回。若以台纲缺人,即兵部侍郎郑涯久为征镇判官,情甚精敏,虽无词辩,言事分明,官重事闲,最似相称。'"按此"宰相奏",即李德裕《幽州镇魏使状》①，中即称"兵部侍郎郑涯久充戎镇判官，性甚精敏"，《旧纪》当即本此。于此可见，李德裕对郑涯之才干，甚为称赏，其在朝任兵部侍郎，或亦为李德裕荐引。状中称郑涯"久充戎镇判官"，则郑涯入任翰林学士前，当长期在方镇幕府任职。

又前所引述之封敖《批郑涯谢上表》(《全唐文》卷七二八)，前叙其任翰林学士、谏官之业绩，云："出入更践，便蕃宠荣，所莅有声，溢于闻听。是用授之钺钺，镇以荆蛮，压江汉之上游，总吴蜀之都会。苟非良干，其谁付焉。知已下车，故多劳止，勉宏政术，必副忧勤。所谢知。"即郑涯出镇时，按例上谢表，封敖乃代皇上草撰批文。郁贤皓《唐刺史考全编》卷一八九山南东道襄州，据《通鉴》咸通二年(861)所记"冬十月，以御史大夫郑涯为山南东道节度使"，即系郑涯于咸通二年至四年为山南东道节度使。但《全唐文》卷七九载有宣宗《授郑涯山南东道节度使制》，即称郑涯先任为御史大夫，现任为襄州刺史、山南东道节度使，则在宣宗时。又《文苑英华》卷四六八"翰林制诏"亦收载封敖此文，封敖于武宗会昌时任翰林学士，但于会昌五年(845)三月出院，为工部侍郎、知制诰，后宣宗大中初为御史中丞、礼部侍郎，《全唐文》卷七二八载其所撰《懿安皇太后哀册文》，作于大中二年(848)十一月；后于大中四年(850)出为兴元尹、山南西道节度使，又曾为淄青节度使，约大中末卒(详后武宗朝封敖传)。由此，则封敖《批郑涯谢上表》绝不可能作于懿宗咸通二年，结合《全唐文》所载宣宗《授郑涯山南东道节度使制》，郑涯当于宣宗初为山南东道节度

①《李德裕文集校笺》卷一五，傅璇琮、周建国校笺，河北教育出版社，2000年。

使,《通鉴》所载咸通二年十月,未有所据,当不确,《唐刺史考全编》亦当为沿袭《通鉴》之误。

唐末康骈《剧谈录》①,卷上《洛中大水》条,记"咸通四年秋,洛中大水,苑囿庐舍,靡不淹没",称"时郑相国涯留守洛师,闻之,以为妖妄"。如此,则懿宗咸通前期,郑涯在洛阳,当任为东都留守。后无记载,当不久即卒。

《全唐文》卷七六一载其所作《武宗祔庙议》、《武宗祔庙合祧迁议》。前文首云:"会昌六年五月,礼仪使奏,武宗昭肃皇帝祔庙,并合祧迁者。"后文又继议此事。《通鉴》卷二四八会昌六年(846)十月记:"礼院奏禘祭祝文于穆、敬、文、武四室,但称'嗣皇帝臣某昭告',从之。"当作于会昌六年,时或已任为御史中丞。

《新唐书·艺文志》未著录其著述,《全唐诗》亦未载其诗作。

高　重

高重,为敬宗时翰林侍讲学士,见前敬宗朝高重传。据丁《记》,高重与崔郾同于长庆四年(824)六月四日入院,为敬宗即位后不到半年首次召入的翰林侍讲学士。在院期间,他与崔郾合作,抄撮儒家经籍中的嘉言要道,分类编排,纂成《诸经纂要》十卷,供帝王阅览,也是唐代翰林侍讲学士有代表性的著作。后于

---

① 《剧谈录》,上海古籍出版社《唐五代笔记小说大观》点校本,2000年。

宝历三年也即大和元年（827）正月出院，为给事中。

　　高重，仅《新唐书》卷九五有传，附于其五世祖高俭传后，所记甚略，仅百余字。《新传》未记其出院年月及所任官职。据丁《记》，出院后，任给事中。此后出任同州刺史，李虞仲有《授高重同州刺史兼防御使制》（《全唐文》卷六九三），有叙其此前仕履，主要即为翰林侍讲学士："属者侍周禁署，驳议琐闱，重席有戴凭之名，通经得陈邵之美。"李虞仲，《旧唐书》卷一六三有传，记其于敬宗宝历时为兵部郎中、知制诰，后迁中书舍人，大和四年（830）出为华州刺史，则作此制，当在大和初期。又《旧唐书》卷一六五《徐晦传》："（宝历）二年，入为工部侍郎，出为同州刺史、兼御史中丞。大和四年，征拜兵部侍郎。"又《旧唐书》卷一七下《文宗纪》大和四年十二月癸亥，记云："以同州刺史高重为潭州刺史、兼御史中丞，充湖南观察使。"据此，则高重当于大和四年（830）初由给事中出任同州刺史，同年十二月，又改为湖南观察使。据《元和郡县图志》卷二，同州属关内道，在今西安市东，相当于今陕西大荔、合阳等地，为关中通关东等地要道，故李虞仲所撰制文中称"襟带山川，接畛甸服，掌离宫之管钥，领近关之式遏"，故"俾扬风化，思得兼材"，乃授高重为同州刺史，当考虑到高重在敬宗朝曾任翰林侍讲学士，"以礼法为践履之途，以学行为游泳之地"，可见文宗对他的信重。

　　可能正因此，高重旋又自湖南调回，任国子祭酒，而于大和七年（833）复又召入为翰林侍讲学士。丁《记》记为："大和七年十月十二日，自国子祭酒充侍讲学士。"《新传》则未记其出任同州、湖南事，在记敬宗时为侍讲学士后，即谓"再擢国子祭酒"。意即高重未曾出院,在院期间又再擢迁为国子祭酒。由此亦可见《新传》之缺漏。另,《册府元龟》卷五九九《学校部·侍讲》记高重此事,亦有误,云:"高重,开成七年十月,以国子祭酒充翰林侍讲学士,诏令每月一日、十日入院,不绝本司常务。"岑氏《注补》亦引此,指出开成未有七年(开成仅五年),当依丁《记》作大和七年。不过《册府元龟》所记亦提供一种信息,即高重此次虽入学士院,但仍兼国子祭酒之职,"不绝本司常务",每月逢一日、十日入院即可,此当与一般翰林学士须经常值班、撰诰不同。此亦为唐翰林侍讲学士之一特殊点。

高重此次在院,仍如前在敬宗朝时,颇着重于编儒学典籍。《新传》记:"文宗好《左氏春秋》,命分列国各为书,成四十篇。与郑覃刊定《九经》于石。"按高重在敬宗时,曾与崔郾合编《诸经纂要》十卷,《新唐书·艺文志》三,列于子部儒家类,而此次则为高重独自就《左氏春秋》分类编纂,《新唐书·艺文志》一,著录为《春秋纂要》四十卷,列于经部春秋类。郑覃后于大和九年(835)为相,亦兼判国子祭酒,起用起居郎周墀等,"校定九经文字,旋令上石"(《旧唐书》卷一七三《郑覃传》)。后即于开成二年(837)十月"进《石壁九经》一百六十卷"(《旧唐书·文宗纪》)。此当即《新唐书·高重传》所云"与郑覃刊定《九经》于石"。这也是高重第二次入为侍讲学士的具体业绩,而于当时外廷的党派纷争,则未涉及。

丁《记》后记:"(大和)九年九月十八日,改御史大夫、鄂岳观察使。"《旧唐书·文宗纪》大和九年七月辛酉记为:"以鄂岳观察使崔郾充浙西观察使,以国子祭酒高重为鄂岳观察使。"岑氏《注补》云:"辛酉,十八日也,若在九月,则辛酉为十九日,然则(丁氏)记之九月必七月之讹。"此仅为小异,备参。值得注意的是,大和七、八年间,郑注、李训结纳宦官王守澄等,渐次得到文宗的宠信,大和八年(834)十月,郑、李与王守澄合谋,召入李宗闵为相,李德裕罢出;九年(835)六月,郑、李又因与李宗闵有利害矛盾,又使李宗闵罢相、出贬,时连累排出者不少。宋孙甫《唐史论断》卷下,曾论其时朝政纷乱,评文宗"又听(李)训、(郑)注所潜,朝之善士,每日为二党而逐之,此所谓君明不足"。这可能亦为高重此次外出之政治背景。

《旧唐书·文宗纪》后于开成三年(838)五月记云:"癸未,以吏部侍郎高锴为鄂岳观察使,代高重;以重为兵部侍郎。"时郑覃在相位,高重入朝,可能与此有关。

《新传》后云:"久之,拜太子宾客,分司东都。卒,赠太子少保。"皆未记时,可能在武宗时。

《新唐书·艺文志》除著录其《诸经纂要》、《春秋纂要》外,未记其他。又《新唐书·艺文志》一,经部春秋类,著录高重《春秋纂要》四十卷,注云"别名《经传要略》",而同卷经解类,又著录"高重《经传要略》十卷"。既为"别名",当为一书,不必再列,而《新志》则于《春秋纂要》四十卷外,又另录《经传要略》,且标为十卷,不当。

元　晦

元晦,两《唐书》无传,仅《新唐书》卷七五下《宰相世系表》五下,有记其名,但未记其字号及官职;另记其父洪,饶州刺史。此外,两《唐书》皆未有记元晦者。

今检元稹有《唐故京兆府盩厔县尉元君墓志铭》,云:"讳某,字某,姓元氏,于有魏昭成皇帝为十四世孙。……享年五十五,以疾殁于衢州。元和十五年四月某日,归祔于咸阳县之某乡某里。……是月二十一日,犹子晦跪于予曰:'某日孤子震襄祔事,请铭于季父。'由是铭。"(《全唐文》卷六五四)则元晦为元稹下一辈,同族,元和十五年(820)时尚为少年。元稹又有《寒食日毛空路示侄晦及从简》诗,杨军《元稹集编年笺注(诗歌卷)》[1],系于元和十五年。此诗首二句云:"我昔孩提从我兄,我今衰白尔初成。"则元晦确为其侄。时元稹在京,任膳部员外郎;五月,迁为祠部郎中、知制诰(见前穆宗朝元稹传)。

敬宗宝历元年(825)四月,元晦应制举试,登贤良方正能直言极谏科。《唐会要》卷七六《制科举》,即记宝历元年四月,贤良方正能直言极谏科,有元晦。又《全唐文》卷六八敬宗《处分贤良方正等科举人制》,第三等(即甲等)为舒元褒等三人,第四等为萧敞等六人,第四次等为韦縠等五人,第五上等为元晦等四人。此次科举登科,应入仕,唯不知其官职。

此后即丁《记》所记,于文宗大和八年(834)入为翰林学士,丁《记》记云:"大和八年八月九日,自殿中侍御史充;九月十六日,赐绯。九年八月二十日,加库部员外郎。九月十一日,出守本官。"则元晦入院前,即文宗大和时,已在朝中任职,大和八年八月前为

---

[1]参见杨军《元稹集编年笺注(诗歌卷)》,页837,三秦出版社,2002年。

殿中侍御史（从七品上），九年（835）九月出院时为库部员外郎（从六品上），官阶均不高。

又，元晦后于武宗会昌三年（843）二月任右谏议大夫（详见后），李德裕有《授元晦谏议大夫制》①，中有叙其在学士院供职情况："往在内廷，尝感先顾，奋发忠恳，不私形骸，俯伏青蒲，至于雪涕。数共工之罪，不蔽尧聪；辨垣平之诈，益彰文德。"清劳格《唐尚书省郎官石柱题名考》卷三吏部郎中记有元晦，亦引及李德裕此制中数语，加按云："忤李训辈，故罢内职也。"劳格此说有见。李德裕所撰此制，极赞述其"奋发忠恳"，敢于直言，以至"俯伏青蒲，至于雪涕"。大和九年，正为郑注、李训得势之时，李珏、高重均于大和九年七、八月被迫出院的。

元晦出院后之仕迹，可就杜牧《荐韩乂启》得一信息。杜牧此启，载《樊川文集》卷一六②，中云："韩乂第后，归越中，佐沈公江西宣城。府罢，唐扶中丞辟于闽中。罢府归，路由建州，妻与元晦同高祖，扶恶晦为人，不省之。及晦得越，乃弃产避之，居常州。"据《旧唐书·文宗纪》，沈传师于大和四年（830）九月为宣歙观察使，七年四月返朝为吏部侍郎（可参前宪宗朝沈传师传）；又唐扶于开成元年（836）五月为福建观察使，开成四年（839）闰正月卢贞由大理卿为福建观察使，开成四年十一月壬申"前福建观察使唐扶卒"。又《旧唐书》卷一九○下《唐扶传》，载"（开成）四年十一月卒于镇"，即开成四年闰正月由卢贞接任福建观察使，但唐扶仍

①傅璇琮、周建国《李德裕文集校笺》卷四，河北教育出版社，2000年。
②杜牧《樊川文集》，陈允吉点校，上海古籍出版社，1978年。

在镇,于同年十一月卒,故《旧唐书·文宗纪》称其为"前福建观察使"。如此,参合前所引述之杜牧荐文,韩又当于开成四年闰正月因唐扶罢任,他即离幕职,返越中(韩为越人),路过建州,时元晦在建州,当为建州刺史,因某种人事关系,未往见之。

据上所考,元晦当于大和九年九月由库部员外郎出院后,约开成前期改任建州刺史。

又前所引述之李德裕《授元晦谏议大夫制》,称"吏部郎中元晦",与《唐尚书省郎官石柱题名考》卷三吏部郎中所记合。《册府元龟》卷四五七《台省部·选任》有记:"元晦为吏部郎中,会昌三年二月除右谏议大夫,制曰……"此"制曰",即李德裕《授元晦谏议大夫制》,故《李德裕文集校笺》即系于会昌三年(843)二月。就此,元晦于大和九年九月以库部员外郎出院,不久即发生甘露事变,当于开成初出任建州刺史;武宗即位,李德裕入相后,约于会昌初入朝为吏部郎中(从五品上),至会昌三年二月,又擢迁为右谏议大夫(正五品上),此或亦出于李德裕之荐引,故李德裕虽居相位,亦特为草撰此制文。

据李德裕制文,元晦于会昌三年二月任为右谏议大夫。而《唐刺史考全编》卷二七五岭南道桂州却系元晦于会昌二年为桂州刺史、桂管观察使,其所据为《全唐文》卷七九五孙樵《唐故仓部郎中康公墓志铭并序》所云:"三举进士登上第,是岁会昌元年也。……明年临桂元公以观风支使来辟。"即以明年为会昌二年,而未注意有李德裕制文。孙樵所记之"明年",当误,亦如著于唐末莫休符《桂林风土记》,于《越亭》条,云:"会昌初,前使元常侍名晦,搜达金貂,翱翔翰林,扬历台省,性好岩沼,时恣盘游。"以元晦任桂州误为"会昌初"。

据此,则元晦当于会昌三、四年间出任桂州刺史;又据《会稽掇英总集·唐太守题名》,元晦于会昌五年七月改为越州刺史、浙东观察使,大中元年(847)五月又返朝,后改除卫尉、分司东都。此后不详。

《全唐文》卷七二一载其文两篇:《叠彩山记》、《四望山记》,皆记桂林山水,文虽短,颇有文采。前文记于叠彩山西门筑一齐云亭,"北人游此,多轸乡思"。文末署"(会昌)四年七月功既",当为将赴越时所作。又《全唐诗》卷五四七亦载诗二首:《越亭二十韵》、《除浙东留题桂郡林亭》。此二诗当皆本莫休符《桂林风土记》之《越亭》条,记云"金貂从此府除浙东,留题曰",即《全唐诗》之《除浙东留题桂郡林亭》,七律,亦有文采,后四句云:"西邻月色何时见,南国春光岂再游。莫遣艳歌催客醉,不堪回首翠蛾愁。"《桂林风土记》同卷又记:"越亭初成,金貂有二十韵长诗。"即《全唐诗》之《越亭二十韵》。

《新唐书·艺文志》未著录其著述。

李　训

李训、郑注,于大和八、九年间曾先后为翰林侍讲学士,但后因大和九年(835)十一月甘露事变,为宦官仇士良等所杀,而丁居晦之《重修承旨学士壁记》(即丁《记》)撰于开成二年(837)五月,当因避嫌,将李训、郑注及王涯、顾师邕,均未列入。岑氏《注补》

则据两《唐书》有关记载,略有补记。

李训、郑注与宦官冲突而遭致甘露事变,历史上评议有所不同。清王鸣盛《十七史商榷》卷九一认为"训、注皆奇士,特奇功不成耳"(《训注皆奇士》条)。实则李训、郑注之大半时期皆依附于宦者的。李训、郑注虽按照文宗意旨,谋诛宦官,实纯从个人利害出发,并未如顺宗时王叔文之抑制宦官,主要在施行新政(参见前顺宗朝王叔文传)。范文澜《中国通史简编》即明确认为,"唐文宗将心事密告李训、郑注,李训、郑注二人认为有大利可图",即只从个人权益考虑(见《中国通史简编》第三册,第三编《隋唐五代时期》,页215,人民出版社,1965年)。晚唐朝士,一般对李训、郑注的政治行为多有恶感,甘露之变后,对李、郑也并不表示同情,甚至还加谴责(可参董乃斌《唐人看甘露之变》,《中华文史论丛》1981年第1辑,上海古籍出版社)。

严格说来,李训、郑注并不符合翰林侍讲学士之职责规定的(可参另文《唐翰林侍讲侍读学士考论》,见前《唐翰林学士传论》上编);且入院时间亦不长,郑注仅五十天。二人之被召入院,完全出于文宗的特殊政治要求。不过此二人既曾为侍讲学士,就此依例记入,着重于记叙其甘露事变前的政治行迹,以有利于作全面了解。甘露事变,两《唐书》的有关纪、传,及《通鉴》,均有详记,就不再赘述。

李训,两《唐书》有传,见《旧唐书》卷一六九、《新唐书》卷一七九。《旧传》:"李训,肃宗时宰相揆之族孙也。"《新传》亦称"故宰相揆族孙"。故《全唐文》卷六九文宗《授舒元舆李训守尚书同平章事制》,称李训有云:"轩缨鼎族,河岳间贤。"两《唐书》本传又称李逢吉为其从父，《新唐书》卷一七四《李逢吉传》亦称"从子训"。可见较有门第，未如郑注之家世微贱。

又《旧传》云"始名仲言"；《新传》记："李训字子垂，始名仲言，字子训。"

两《唐书》本传皆称其进士擢第，但未记何年。清徐松《登科记考》卷一九载王起曾于穆宗长庆二年、三年知贡举，又据《旧唐书·王播传》载李训为王起贡举门生，姑附于长庆三年（823）。

《新传》记李训擢进士第后，"补太学助教，辟河阳节度府"，当即在长庆年间。长庆四年（824）即依附李逢吉，参与谋害李绅，这是他参预政事的第一件事。《通鉴》卷二四三长庆四年，记正月壬申穆宗卒，丙子敬宗即位，时李逢吉为相，因鉴于穆宗原留李绅，李逢吉甚忌之，使李绅族子李虞，"与补阙张又新及从子前河阳掌书记（李）仲言等，伺求绅短，扬之于士大夫间"。二月癸未，乃贬李绅为端州司马（详见前穆宗敬宗朝李绅传）。李逢吉实际上是结交宦官王守澄，谋害李绅的。《旧唐书》卷一七三《李绅传》："中尉王守澄用事，逢吉令门生故吏结托守澄为援以倾绅，昼夜计画。"《通鉴》卷二四三长庆四年四月又记："时李逢吉用事，所亲厚者张又新、李仲言、李续之、李虞、刘栖楚、姜洽及拾遗张权舆、程昔范，又有从而附丽之者，时人恶逢吉者，目之为八关、十六子。"长庆四年二月，李绅之贬同时，翰林学士庞严、蒋防亦被贬，即出于李逢吉亲厚者张又新等之谋。

由此可知，李训（仲言）于长庆三年进士登第，后供职于河阳节度幕府（掌书记），长庆四年正月前已离任至长安，依附于李逢吉，为其党羽。

李逢吉后历仕内外，文宗大和五年（831）八月任为东都留守，为闲职。时李训亦居于洛阳。《旧唐书·李训传》记云："时（李）逢吉为留守，思复为宰相，且深怨裴度，居常愤郁不乐。训揣知其意，即以奇计动之，自言与郑注善，逢吉以为然，遗训金帛珍宝数百万，令持入长安，以赂注。注得赂甚悦，乘间荐于中尉王守澄，乃以注之药术，训之《易》道，合荐于文宗。"即李训受李逢吉之托，向郑注进赂，实则李逢吉未副其愿，未授实职，于大和后期致仕卒，而李训则因通过郑注，与宦官王守澄交结，又因王守澄之荐，为文宗所知。《通鉴》卷二四五，大和八年（834）六月，记云："（郑）注引仲言见王守澄，守澄荐于上，云仲言善《易》，上召见之。"

文宗后即欲召李训入院。《通鉴》同卷于大和八年八月记："仲言既除服，秋八月辛卯，上欲以仲言为谏官，置之翰林。"但受到时为宰相李德裕的反对，王涯时亦居相位，却设法使文宗之意发下。此时，郑注亦自昭义节度副使入朝，《通鉴》记："王守澄、李仲言、郑注皆恶李德裕，以山南西道节度使李宗闵与德裕不相悦，引宗闵以敌之。"于是于本年十月庚寅，任李宗闵为相；甲午，李德裕罢相，出为山南西道节度使（后改为镇海节度使），"是日，以李仲言为翰林侍讲学士"①。

---

① 按《旧唐书》卷一七下《文宗纪》，于大和八年九月甲午记："以助教李仲言为国子《周易》博士，充翰林侍讲学士。"《旧纪》所记此年九月后未有十月，后即为十一月，则《旧纪》此处所记九月李训事，应为十月。因据《新唐书·宰相年表》，李德裕即于此年十月甲午罢相，任为山南西道节度使。又可参见武秀成《〈旧唐书〉辨证》页240（上海古籍出版社，2003年）。

按李德裕于大和四年(830)十月为西川节度使,治蜀有功,成绩斐然,颇受朝中重视,为文宗所知,即于大和六年十二月召入为兵部尚书,七年二月即擢任为相,任相期间,对朝政颇有创革,特别是科举考试制(参见傅璇琮著《李德裕年谱》)。可能即因此遭致宦官的不满,于是李训、郑注即与王守澄相谋,利用李德裕与李宗闵早有朋党纷争,即援用李宗闵,排除李德裕,李训当也想由此更得到文宗的宠用。

文宗召李训为翰林侍讲学士,"两省谏官伏阁切谏,言训奸邪,海内闻知,不宜令侍宸扆;终不听"(《旧传》)。《通鉴》更具体记为:"给事中高铢、郑肃、韩佽、谏议大夫郭承嘏、中书舍人权璩等争之,不能得。"文宗之所以召为侍讲学士,据《旧传》所记,为:"帝犹虑宦人猜忌,乃疏《易》五义示群臣,有能异训意者赏,欲天下知以师臣待训。"即按唐惯例,唐翰林侍讲学士,主要偏重于为君主讲述经书,编纂典籍,未有如翰林学士代皇帝起草制诏,参预政事(参见另文《唐翰林侍讲侍读学士考论》)。文宗谓"以师臣待训",即以此想掩饰其政治意图。

实际上,李训入为翰林侍讲学士后,并未实施所谓讲学、编籍职责,而是直接参预政事,今略记如下:一、大和八年十二月己卯,朝廷正式任郑注由昭义节度副使、检校库部员外郎为太仆卿(《旧纪》)。即由从六品上之库部员外郎擢迁为从三品之太仆卿,与御史大夫、京兆尹同阶,这是极少见的。之所以能如此,李训即与之谋,即使郑注更能参预中朝政事。二、大和九年五月,进擢另一宦官仇士良为左神策军中尉,以分王守澄之权。《通鉴》卷二四五大和九年,记:"上之立也,右领军将军兴宁仇士良有功,王守澄抑之,由是有隙。训、注为上谋,进擢士良以分守澄之权。五月乙丑,以士良为左神策中尉。"三、大和九年六月,郑注与李训谋,罢李宗闵相位,又出贬为明州、处州刺史、潮州司户(详见《通鉴》及《旧唐书》之《李宗闵传》《杨虞卿传》)。此次之贬,除李宗闵、杨虞卿外,另有宗闵之党如萧瀚、李汉等人,及既非李德裕党,也非李宗闵党者,如工部侍郎、皇太子侍读崔侑,吏部郎中张讽,考功郎中、皇太子侍读苏涤,户部郎中杨敬之,侍御史李甘,殿中侍御史苏特(《旧纪》)。这是李训、郑注乘势对朝官,特别是对言官的一次打击(参傅璇琮著《李德裕年谱》)。

此时,文宗即与之密谋,排诛宦官。《通鉴》卷二四五即谓:"初,宋申锡获罪,宦官益横,上外虽包容,内不能堪。李训、郑注既得幸,揣知上意,训因进讲,数以微言动上,上见其才辩,意训可与谋大事,且以训、注皆因王守澄以进,冀宦官不之疑,遂密以诚告之。训、注遂以诛宦官为己任。"文宗由此于大和九年七月改训为翰林学士,以示提高其地位,并于八月又召郑注为翰林侍讲学士。

《旧唐书·李训传》:"(大和)九年七月,改兵部郎中、知制诰,充翰林学士。"《新传》同。《旧唐书·文宗纪》则记为:大和九年七月"甲子(二十一日),以《周易》博士李训为兵部郎中、知制诰,依前充翰林侍讲学士"。岑氏《注补》又据《旧纪》记九月任李训为相时亦称其"翰林侍讲学士",即谓九年七月虽迁官阶,但仍为侍讲学士。今检《唐大诏令集》①,卷四九《舒元舆李训平章事

---

①《唐大诏令集》,商务印书馆点校本,1959 年。

制》，即称"守兵部郎中、知制诰、充翰林学士、赐绯鱼袋李训"，《全唐文》卷六九所载此制，亦称为"充翰林学士"，则《旧纪》所谓"依前充翰林侍讲学士"，误。

郑注则于此年八月入为翰林侍讲学士。《旧纪》大和九年八月"丁丑（四日），以太仆卿郑注为工部尚书，充翰林侍讲学士"。

九月，李训又擢迁为相，《旧纪》系于九月己巳（二十七日）①。李训虽居相位，仍可"三五日一入翰林"（《旧传》）。

此后即谋议分诛宦官，最终遭致甘露事变，被杀。甘露事变，两《唐书》及《通鉴》所记甚详，此处即不复述，并可参考今人卢向前《李训郑注矛盾与甘露之变》（《文史》2001 年第 3 辑，中华书局）。

郑　注

郑注，两《唐书》有传，见《旧唐书》卷一六九、《新唐书》卷一七九。两《唐书》本传皆称其绛州翼城人。《元和郡县图志》卷一二河东道绛州有翼城县（今属山西省）。

《旧传》："始以药术游长安权豪之门。本姓鱼，冒姓郑氏；故时号鱼郑。"《新传》："世微贱，以方伎游江湖间。"则其出身为一

---

①按《旧纪》、《新纪》及两《唐书》本传，皆记李训由兵部郎中为礼部侍郎、同中书门下平章事，唯《新唐书·宰相年表》记为由兵部郎中为兵部侍郎，似非。

般平民,但长于医术,后即以此入仕。《新唐书》卷五九《艺文志》三,子部医术类,著录有郑注《药方》一卷,则其对药术确有一定专长。

《旧传》:"元和十三年,李愬为襄阳节度使,注往依之,愬得其药力,因厚遇之,署为节度衙推。从愬移镇徐州,又为职事,军政可否,愬与之参决。"据《旧唐书》卷一五《宪宗纪》,李愬于宪宗元和十二年(817)十一月为襄州刺史、襄邓等州观察使,十三年(818)七月为徐州刺史,在征讨淮西吴元济、淄青李师道等叛镇中立有战功,得到宪宗的信重。此时徐州监军使为宦官王守澄,郑注即因李愬之荐,与王守澄交结,且又作药献之,《旧唐书》卷一八四《宦官·王守澄传》即记为:"愬与守澄服之,颇效。"郑注依附于王守澄,即始于此。王守澄后入朝,参与弑宪宗、立穆宗事,而李愬于长庆元年(821)十月卒,郑注当即离李愬幕府,入朝随从于王守澄。《旧传》记云:"及守澄入知枢密,当长庆、宝历之际,国政多专于守澄。注昼伏夜动,交通赂遗。"后即与其配合,参预谋害宋申锡,这是郑注第一次参与政事活动。

宋申锡事,详见前宋申锡传。《通鉴》卷二四四大和五年(831)二月,记:"上与宋申锡谋诛宦官,申锡引吏部侍郎王璠为京兆尹,以密旨谕之,璠泄其谋,郑注、王守澄知之,阴为之备。上弟漳王凑贤,有人望,注令神策都虞候豆卢著诬告申锡谋立漳王;戊戌,守澄奏之。"宋申锡由此获罪被贬。由此可见,宋申锡之事,郑注是起主要策划作用的,其意图也是想进一步与宦官勾结。此事,当时的舆论对郑注是极为谴责的。《旧唐书》卷一六七《宋申锡传》称:"有郑注者,依恃守澄为奸利,出入禁军,卖官贩利,中外咸扼腕视之。"《旧唐书》卷一七一《李中敏传》更有具体记述。此传称李中敏"元和末登进士第,性刚褊敢言;与进士杜牧、李甘相善,文章趣向,大率相类";后叙大和六年夏旱,"时王守澄方宠郑注,及诬构宋申锡后,人侧目畏之。上以久旱,诏求致雨之方。中敏上言曰:'仍岁大旱,非圣德不至,直以宋申锡之冤滥,郑注之奸弊。今致雨之方,莫若斩郑注而雪申锡。'"《全唐文》卷七一六更详载李中敏《大和六年大旱上言》,认为宋申锡"陷不测之辜,狱不参验,衔恨而没,天下士皆指目郑注"。可见当时确以为宋申锡之冤狱,郑注乃起主要作用,以附结于宦者王守澄。许浑有《闻开江宋相公申锡下世二首》(《全唐诗》卷五三六),首句即云"权门阴进夺移才"。实即指王守澄、郑注。

大和七年九月,又有谏臣上奏,弹劾郑注。《通鉴》卷二四四,大和七年,"九月丙寅,侍御史李款阁内奏弹(郑)注内通敕使,外连朝士,两地往来(元胡三省注,两地谓南牙、北司),卜射财贿,昼伏夜动,干窃化权,人不敢言,道路以目,请付法司。旬日之间,章数十上"。朝论虽如此频繁,而王守澄仍"言注于上而释之"。时王涯为宰相,《通鉴》称"王涯之为相,注有力焉,且畏王守澄,遂寝李款之奏",即王涯将李款之奏压住,不上奏。

由此,郑注不受朝论之影响,又有所升迁。《旧唐书·文宗纪》记李款奏后,仍授郑注通王府司马、兼侍御史,充神策军判官,"中外骇异"。大和八年十二月,郑注又以太仆卿兼御史大夫。九年八月丁丑(四日),又"为工部尚书,充翰林侍讲学士"。

郑注此次之任为翰林侍讲学士,受到好几位朝臣的抨责,而这几位直言者则被贬外出。《通鉴》卷二四五,大和九年七月已记有："时人皆言郑注朝夕且为相,侍御史李甘扬言于朝,曰:'白麻出,我必坏之于庭。'癸亥,贬甘封州司马。"又八月:"丁丑,以太仆卿郑注为工部尚书充翰林侍讲学士。……注之初得幸,上尝问翰林学士、户部侍郎李珏曰:'卿知有郑注乎?亦尝与之言乎?'对曰:'臣岂特知其姓名,兼深知其为人。其人奸邪,陛下宠之,恐无益圣德。臣忝在近密,安敢与此人交通。'戊寅,贬珏江州刺史。"同月又记:"郑注之入翰林也,中书舍人高元裕草制,言以医药奉君亲。注衔之,奏元裕尝出郊送李宗闵。壬寅,贬元裕阆州刺史。"《旧唐书·文宗纪》皆记有李珏、高元裕等受贬事。

郑注后于九月下旬出院。《旧纪》记九月丁卯(二十五日),"以翰林侍讲学士、工部尚书郑注检校右仆射,充凤翔陇右节度使"。据两《唐书》载,郑注之出镇,有受李训之嫉,李训怕郑注在朝,会影响他之专权。此后即发生十一月甘露事变,不复述。

丁居晦

丁居晦,两《唐书》无传。其字号、籍贯及早期事迹,均不悉。

清徐松《登科记考》卷一九记丁居晦于穆宗长庆二年(822)登进士第,所记甚略,仅于丁居晦名下注云"见《文苑英华》",并于该年末录本年进士所试诗赋,为丁居晦《琢玉诗》、浩虚舟《琢玉诗》,及浩虚舟《木鸡赋》,但亦仅署据《文苑英华》,未注理由。孟二冬《登科记考补正》亦未有补记。今稍补有关材料。

据《旧唐书》卷一七六《周墀传》,周墀"长庆二年擢进士第"。

是年知举者为王起(据徐松《登科记考》卷一九)。唐末五代初王定保《唐摭言》卷三,记武宗会昌三年(843)王起再知贡举,时周墀任华州刺史,"墀以诗寄贺",诗中有"曾忝木鸡夸羽翼",并自注"墀初年《木鸡赋》及第"(《唐诗纪事》卷五四亦载此,当即据《唐摭言》)。这是长庆二年进士试赋题之唯一材料,也当是可信之资料。但周墀此赋后未存世,《文苑英华》卷一三八则载有浩虚舟《木鸡赋》。《文苑英华》、《全唐文》所载,以此为题之赋,亦仅浩虚舟此篇,徐松《登科记考》卷一九即据此系浩虚舟与周墀同年,为长庆二年进士登第者。又《文苑英华》卷一八六"省试、州府试"诗,载有丁居晦与浩虚舟之《琢玉诗》。浩虚舟既以《木鸡赋》为长庆二年进士赋试,徐松即以《琢玉诗》为长庆二年进士试之诗题,并据此系丁居晦亦为长庆二年进士及第。

又据徐松《登科记考》及孟二冬《补正》,此年进士及第者尚有李训、白敏中等。

丁居晦于长庆二年进士及第,其后仕历不详,现可知者,为文宗大和五年(831)二月在拾遗任。《旧唐书》卷一七下《文宗纪》下,大和五年二月,"戊戌,神策中尉王守澄奏得军虞候豆卢著状,告宰相宋申锡与漳王谋反,即令追捕。庚子,诏贬宋申锡为太子右庶子。壬寅,左常侍崔玄亮及谏官等十四人伏奏玉阶:'北军所告事,请不于内中鞫问,乞付法司。'"《旧唐书》卷一六七《宋申锡传》载此事,具体记述谏官姓名,其中即有丁居晦,所任为拾遗(唯未记左、右)。按左、右拾遗为从八品上,官阶并不高,距其登第时已近十年。

此后,即入为翰林学士。丁《记》:"大和九年五月三日,自起居舍人、集贤院直学士充。"起居舍人为从六品上,与尚书诸司员外郎同阶。由此,则丁居晦于大和五年二月参与宋申锡奏议事,虽未听从,但本身未受影响,且又有所升迁,大和九年五月前已为起居舍人。丁《记》记为"起居舍人、集贤院直学士",即起居舍人为其所带之官衔,实在集贤院供职,为直学士(按唐官制,集贤殿书院,五品以上可为学士,六品以下则为直学士)。

又,岑氏《注补》曾转引《全唐文》卷七五七丁居晦小传"大和中官起居舍人、集贤院直学士,擢拾遗,改司勋员外郎",谓:"按起居舍人、员外郎均从六上、拾遗止从八上,平添'擢拾遗'三字于起人、员外间,大误。"岑氏说是。但岑氏就官阶加以辨析,未提及两《唐书·宋申锡传》所记大和五年丁居晦曾任拾遗。

丁《记》接云:"(大和九年)十月十八日,赐绯;十九日,迁司勋员外郎。开成二年九月十一日,加司封郎中、知制诰。三年八月十四日,迁中书舍人。十一月十六日,拜御史中丞出院。"《唐尚书省郎官石柱题名考》卷八司勋员外郎、卷五司封郎中均列有其名。按起居舍人与司勋员外郎为从六品上,司封郎中为从五品上,中书舍人与御史中丞同为正五品上,如此,则丁居晦此次在院四年间,其官阶迁转是较为顺利的。

丁居晦在文宗朝曾两次入院,开成三年(838)十一月十六日出院后,又于开成四年(839)闰正月入(详见后)。第一次在院期间,其主要业绩,则为编撰有唐一代最为详切的翰林学士年表。

宋陈振孙《直斋书录解题》卷六职官类有著录此书,题为"《重修翰林壁记》一卷",而同为南宋人之洪遵,其《翰苑群书》卷六,编录其书,则题为《重修承旨学士壁记》。按洪遵《翰苑群书》

先已收元稹《承旨学士院记》，丁氏此书列于其后，加"重修"二字，如仅以书名而言，则当为继元稹之书，续记翰林承旨学士，而实际上所记大多非承旨学士，而为一般的翰林学士，包括翰林侍讲、侍读、侍书学士。故岑氏《注补》以为应如《直斋》所录，当作《重修翰林壁记》。岑氏说是，但因此书编于《翰苑群书》，《翰苑群书》影响较大，故后世引述时大多皆沿称为《重修承旨学士壁记》，为方便起见，本书亦沿袭此称。

丁氏此书书名所以称为"重修"，如前所述，当非传承元稹之《承旨学士院记》，而实为继韦执谊之《翰林院故事》，因《翰林院故事》所记即自唐玄宗朝翰林学士院创建时首批学士吕向、尹愔等开始，丁氏此记也自吕向、尹愔等起。不过丁《记》之特点，一为时段长，二为记事确。韦执谊《翰林院故事》撰于德宗贞元二年（786），其所记学士姓名，即自玄宗朝起，至贞元初，现存之本则尚记此后三十余位学士名录，至宪宗元和末，当为后继者所作（详见前德宗朝韦执谊传）。而丁居晦作此《壁记》，自署为文宗开成二年（837）五月十四日，其所记即至开成初，后亦又有继记者（如《翰林院故事》），至懿宗咸通末，即自玄宗开元后期翰林学士建置开始，至懿宗朝，历时一百三十余年，所记学士近一百八十人，是有唐一代所记翰林学士最多的。又，韦执谊所记，于姓名后，仅略记其官阶迁转（间有缺略），丁居晦所记，则自德宗朝起，就具体记述入院、出院及在院期间官阶迁转之年月日，有些所记，即与两《唐书》本纪之日期切合，极有史料价值。

当然，丁氏此书也有缺漏。首先是受当时政事影响，有意未列几个翰林学士之名，即丁氏作此书在开成二年，而在此之前，大和九年（835）十一月发生甘露事变，当时遭致杀害的王涯、李训、郑注，均曾任翰林学士，以及时任翰林学士的顾师邕也被杀，丁居晦因忌讳，即未列此四人。其他可能因客观原因，也有缺误，详参本书前册《唐翰林学士史料研究劄记》，及其他有关传记考述，此处不复述。

丁《记》记其于开成三年（838）"十一月十六日，拜御史中丞出院"。《旧唐书》卷一七下《文宗纪》下，开成三年十一月亦有记，云："庚午，以翰林学士丁居晦为御史中丞。"据陈垣《二十史朔闰表》①，此年十一月庚午，即十六日；由此亦可见丁《记》所记，当据当时学士院中之壁记题名。又《册府元龟》卷一〇一《帝王部·纳谏》有记："（开成三年）十一月庚午，帝于麟德殿召翰林学士柳公权、丁居晦对，因便授居晦御史中丞，翼日制下。"柳公权时确在院，柳、丁是当时在院学士资历最深的，故文宗特召二人密谈。《册府元龟》系此事于《帝王部·纳谏》，则当为文宗召柳公权、丁居晦议事，丁居晦有所谏议，文宗有所看重，故特授以御史中丞之实职。

不过，丁居晦出院后仅三月，又召入院。丁《记》记为："开成四年闰正月，自御史中丞改中书舍人。"此当为由御史中丞改为中书舍人，又召其入院。岑氏《注补》谓丁《记》之"中书舍人"下应补"充"字，是。

丁居晦此次复入，《册府元龟》亦有记，卷五一五《宪官部·刚正》二，云："丁居晦为御史中丞，颇锐志当官，不畏强御，然而措置

---

①陈垣《二十史朔闰表》，中华书局，1963年新1版。

或乖中道，执政请移易，遂复旧官。帝疑与当轴者不叶，故复旧职。"据《旧唐书》卷四四《职官志》三，称"（御史）大夫、中丞之职，掌持邦国刑宪典章，以肃正朝廷"，"凡中外百僚之事，应弹劾者，御史言于大夫"。由此，则丁居晦出院为御史中丞，当时"中外百僚"，多有弹劾，为执政者所忌，文宗当即使其重新入院，并以为中书舍人。又《旧唐书·文宗纪》记开成四年闰正月甲申朔，"以谏议大夫高元裕为御史中丞"。则当为高元裕接丁居晦为御史中丞，丁居晦即由御史中丞改为中书舍人，入院，即在闰正月甲申朔，丁《记》亦与此合。

丁居晦于开成四年闰正月甲申朔再次入院后，丁《记》接云："五年二月二日，赐紫。其年三月十三日，迁户部侍郎、知制诰。其月二十三日，卒官，赠吏部侍郎。"按文宗于开成五年（840）正月四日卒，武宗于此月十四日接位，则丁居晦于五年二月二日赐紫，三月十三日由中书舍人（正五品上）迁为户部侍郎（正四品下），已在武宗时。武宗刚即位，对前朝翰林学士大多赐迁，如丁居晦于二月二日赐紫前，黎埴即于前一日（二月一日）赐紫（黎埴时亦为中书舍人）。又丁居晦于三月十三日由中书舍人迁为户部侍郎、知制诰，周墀也于同一日由职方郎中、知制诰迁为工部侍郎、知制诰（见后周墀传）。本年自三月二十日后，又连续召有七人入院（参书后"学士年表"），由此亦可见武宗对翰林学士的重视。

丁居晦再次入院期间，堪可注意者有二事，一为李商隐代泾原节度使王茂元上书，二为诗人刘得仁献诗。

据《旧唐书·文宗纪》，王茂元于大和九年十月癸未，由前广州节度使为泾原节度使，后李商隐在其幕府。《全唐文》卷七七六载有李商隐《为濮阳公贺丁学士启》，首赞颂丁居晦"学士位以才升，官由德举，光扬中旨，润饰洪猷"，后云"墨丸赤管，岂滞于南宫；黄纸紫泥，聊过于禁掖"，即含喻丁居晦由尚书省郎官升迁为中书舍人，故特为祝贺①。时当在丁居晦于开成三年八月十四日司封郎中、知制诰迁中书舍人后，十一月十六日为御史中丞前。启文有不满于现职，愿有所擢迁："某烧烽边郡，题鼓军门；仰鸾鹤于烟霄，空悲路阻。"而于丁居晦再次入院后，李商隐又代王茂元草撰《为濮阳公与丁学士状》（《全唐文》卷七七三），首云："近频附状，伏计相次达上。"即自前次贺启后，又曾数次进上。后云："自学士罢领南台，复还内署，朝委攸重，时论愈归。"即离御史中丞之职，复入内廷之学士院，这既为"朝委攸重"，又为"时论愈归"。此状之意望较前启更为明显，谓"某才谢适时，仕无明略，久乘亭障，长奉鼓鼙"，企希"当依余眷，庶惬后图，仰望音徽，不胜丹赤"。可见当时地方节镇，也是很看重翰林学士参预政事的作用的。

刘得仁当时以诗闻名，《郡斋读书志》卷四著录《刘得仁诗》时，称其"五言清莹，独步文场"。晚唐张为所作《诗人主客图》举孟郊为"奇僻苦主"，"及门"二人，其一即刘得仁。丁居晦在院供职时，刘得仁写有好几首诗呈献之，其《上翰林丁学士》（《全唐诗》卷五四五），对翰林学士之声望极为称扬，谓"官自文华重，恩因顾问生；词人求作称，天子许和羹"，于是特为标出："时辈何偏羡，儒流此最荣。"正因如此，就能国理治平："终当闻燮理，寰宇永

---

①刘学锴、余恕诚《李商隐文编年校注》，页220，中华书局，2002年。

升平。"儒流此最荣",这是唐代对翰林学士之社会声望最高的评价。

按刘得仁虽被誉为"贵主之子"(《唐摭言》卷十),实际上长期应科试,未能得举:"自开成至大中三朝,昆弟皆历贵仕,而得仁苦于诗,出入举场三十年,竟无所成。"(同上)可能正因此,他渴望与丁居晦有文字交往,望其荐引。其《山中舒怀寄上丁学士》(《全唐诗》卷五四五),即云:"五字投精鉴,惭非大雅词。本求闲赐览,岂料便蒙知。幽拙欣殊幸,提携更不疑。弱苗须雨长,懒翼在风吹。"自比"弱苗",希望能沾以恩雨,予以"提携"。又此诗后有自注:"学士有禁中诗,早春曾命和。"即同卷刘得仁之《禁署早春晴望》,此当是丁居晦原作之诗题。由此,则丁居晦在院时即作有此诗,并赠予刘得仁,命其和作。此亦为翰林学士与其他文士诗文交往之一例。惜丁居晦原诗已佚,未存。

丁居晦卒后,刘得仁又有《哭翰林丁侍郎》诗(《全唐诗》卷五四五),对丁居晦生前对其荐引甚表感激:"相知出肺腑,非旧亦非亲。每见云霄侣,多扬鄙拙身。"

《新唐书·艺文志》未著录其著述。《全唐诗》卷七八〇载其诗一首,即应进士试之《琢玉诗》。《全唐文》卷七五七载其《重修承旨学士壁记》之前记。

归　融

归融,两《唐书》有传,见《旧唐书》卷一四九、《新唐书》卷一六四,皆附于其祖归崇敬传后。归崇敬,苏州吴郡人,德宗时翰林学士,官至兵部尚书。归融父归登,德宗时曾任右拾遗,顺宗时超拜给事中,宪宗时为兵部侍郎、国子祭酒、工部尚书。

《新传》记:"融字章之,元和中及进士第。"《旧传》则所载甚简,未记字号,仅云"进士擢第"。清徐松《登科记考》卷一八记归融于宪宗元和七年(812)进士及第,系据《永乐大典》所辑之《苏州府志》:"融登元和七年第。"

《旧传》记其进士及第后,云:"自监察、拾遗入省,拜工部员外郎,迁考功员外。"《新传》则仅记云:"累迁左拾遗。"后即记为"事文宗为翰林学士",未载工部、考功员外郎。《唐尚书省郎官石柱题名考》卷十考功员外郎即列有归融,融之前为权璩;劳格笺乃据刘禹锡有关诗文,谓权璩任考外,在大和四年(830)。据此,则归融任考功员外郎,当亦在大和四年、五年间。

丁《记》记归融入院,为:"大和九年八月一日,自中书舍人充。"而《旧传》却于"进士擢第"后谓"自监察、拾遗入省,拜工部员外郎,迁考功员外",接云:"六年,转工部郎中,充翰林学士;八年,正拜舍人。""六年"前缺记年号,当为大和六年,如此,则归融乃于大和六年以工部郎中为翰林学士,大和八年再转为中书舍人。此与丁《记》有明显差异。按丁《记》所列名次乃以入院先后为序,归融列于陈夷行、郑涯、高重、柳公权、丁居晦后,此数人皆分别于大和七、八、九年入,如归融于大和六年入,就不可能在此数人后。此为《旧传》显误。

丁《记》接云:"□年□月五日,加承旨。"年、月前有缺字。按许康佐于大和八年(834)五月八日接王源中为承旨,九年(835)五月五日出院,李珏于同年五月六日接为承旨,但李珏又于同年八月五日出贬江州刺史(许康佐、李珏见前传,并本书后"学士年表")。岑氏《注补》亦据此,谓归融当接李珏任,于大和九年八月五日加承旨。按归融于此月一日才入院,何以仅数日即加任承旨;且此时在院较归融年历较深者有陈夷行、郑涯、元晦、柳公权、丁居晦,皆甚有声望,何以独着意于归融,此可作进一步考索。

丁《记》接云:"八月二十日,迁工部侍郎、知制诰;二十四日,赐紫。"岑氏《注补》以为"上文均是九年八月事,此处'八'字疑误,否则'八月'字亦是衍文矣"。按以"八"字为误,无据,所谓"八月"二字为衍文,亦是小异,当仍可定为八月二十日。不过丁《记》所记之"工部侍郎",有误。清劳格《唐尚书省郎官石柱题名考》卷十考功员外郎,于归融名下列《旧传》"九年,转户部侍郎",谓应如丁《记》作"工部","疑《传》误"。岑氏《注补》则引《旧唐书·文宗纪》开成元年十二月丙申朔"以户部侍郎兼御史中丞归融为京兆尹",谓《旧传》与《旧纪》均称为户侍,则"工"字之误无疑。又《唐会要》卷五八《户部侍郎》条,有记云:"开成元年,湖南观察使卢周仁进羡余钱十万贯,户部侍郎归融奏曰。"则此时归融尚在院中,亦为户部侍郎之确证①。

丁《记》记归融之出院,云:"开成元年五月十五日,出守本官兼御史中丞,出院。"《旧唐书·文宗纪》开成元年(836)五月亦记:"癸亥,以翰林学士归融为御史中丞。"五月癸亥,即十五日,与

①两《唐书》本传载归融奏议此事,乃在"开成元年兼御史中丞"后,即已出院后,不确。

丁《记》合。归融在院仅八个月，而官阶升迁甚速，且入院仅五日即加任承旨，似尚可考。又《全唐文》卷七四七载归融草撰之《郑覃平章事制》，据《旧唐书·文宗纪》，大和九年十一月壬戌甘露事变，翌日癸亥，即"诏以银青光禄大夫、尚书左仆射、上柱国、荥阳郡开国公郑覃以本官同中书门下平章事"（又载《唐大诏令集》卷四九，唯未署撰者）。当时正当紊乱之际，文宗任郑覃为相，亦想稳定政局，而命归融草此制文，这可见其对归融之信重。但此后仅半年，归融即出院，似亦出于人事纠纷。

据《新唐书》卷六三《宰相年表》，李固言于开成元年（836）四月甲午由山南西道节度使入相。又《旧唐书·归融传》载，归融出为御史中丞后，旋又任京兆尹，而"李固言作相，素不悦融，罢尹"。所谓"素不悦"，即二人不和已久，则当为李固言于开成元年四月入居相位，即于五月使归融出院，后又罢其京兆尹任。李固言与归融同于元和七年进士及第，可见虽为同年，也可能由于某种人事纠纷，形成无可回避的冲突。

《旧传》记归融罢京兆尹后，"月余授秘书监，俄而（李）固言罢，杨嗣复辅政，以融权知兵部侍郎"。据《旧纪》，开成二年六月庚戌，崔珙为京兆尹，同月乙亥，"以前京兆尹归融为秘书监"。则归融罢京兆尹当在开成二年（837）五月，"月余"，即六月丁亥，改为秘书监。而李固言于开成二年十月罢相，杨嗣复于开成三年（838）元月入相，则归融权知兵部侍郎当在开成三年春。后又改为吏部侍郎（《旧传》）。

此后仕历为：开成四年（839）二月，由吏部侍郎改为检校礼部尚书，出为山南西道节度使①。后改为剑南东川节度使（《新传》，未记年）。武宗会昌五年（845），正月，在兵部尚书任（《旧唐书·武宗纪》、《唐会要》卷三八《服纪》条）。宣宗大中三年（849）十二月，仍在任（《唐会要》卷一《帝号》条）。大中七年（853）正月壬辰卒：《旧唐书》卷一八下《宣宗纪》大中七年正月，"壬辰，金紫光禄大夫、守太子少傅分司、上柱国、晋陵郡开国公、食邑二千户归融卒，赠右仆射"。《新传》亦记于大中七年，但云赠左仆射。左、右，有小异。

归融卒后，杜牧草有《归融册赠左仆射制》（《樊川文集》卷一七），甚为赞誉，其中称其任翰林学士之业绩，云："发于文华，扬历清近，业冠前辈，才高当时。"可见归融在院时间虽不长，但仍有时誉。按归融在院时，对政事之弊确敢于直言，如《旧唐书》本传载，"湖南观察使卢周仁违敕进羡余钱十万贯"，归融即评奏，"臣恐天下放效，以羡余为名，因缘刻剥，生人受弊"。又《旧唐书》卷一六四《王播传》，记王播子王式，"转殿中，亦巧宦。大和中，依倚郑注，谒王守澄，为中丞归融所劾，出为江陵少尹"。《新唐书》卷一六七《王式传》亦载，略同。唯《旧唐书·王播传》此处记归融时在御史中丞任，误，因据前所述，归融于开成元年五月出院才改任御史中丞，而王守澄则于大和九年十月已被杀。《旧唐书·王播传》所载归融责劾事，当在大和九年八、九月间在院时，尚未任御史中丞。

《全唐文》卷七四七载其文四篇：《郑覃平章事制》、《劾卢周

①《旧传》云："三年，检校礼部尚书、兴元尹，兼御史大夫，充山南西道节度使。"云"三年"，误。

仁进羡余状》,前已述;《顺宗加谥至德宏道大圣大安孝皇帝议》、《宪宗加谥昭文章武大圣至神孝皇帝议》,为大中三年任兵部尚书时作,见前所引《唐会要》。《全唐诗》未载其诗。

黎埴

黎埴,两《唐书》无传,记其事者仅《新唐书》卷一七九《李训传》,及卷一八〇《李德裕传》。

《元和姓纂》记黎埴为黎幹孙。《旧唐书》卷一一八《黎幹传》,记为"戎州人,始以善星纬数术进,待诏翰林",后历任京兆尹、兵部侍郎,为代宗时;后德宗即位,以其交结宦官刘忠翼,长流,赐死。《旧唐书·黎幹传》未提及黎埴。

丁《记》记黎埴:"大和九年十月十二日,自右补阙充。开成二年二月十日,加司勋员外郎。三年正月十日,加知制诰。其年十二月十八日,赐绯。其月二十一日,加兵部郎中。四年十一月六日,迁中书舍人。五年二月一日,赐紫。三月十六日,拜御史中丞,出院。"记黎埴仕迹,以丁《记》最详,如无丁《记》,唐翰林学士即未有其名。

《新唐书》卷一七九《李训传》,记文宗大和九年(835)十一月甘露事发,宦者率军"大索都城,分掩(王)涯、(李)训等第,兵遂大掠,入黎埴、罗让"等家,"资产一空"。则黎埴亦受其累,但仕历未受影响,仍在院供职,直至开成五年(840)三月十六日,以御史中丞出院,时武宗已于该年元月即位。

《新唐书》之另一记述为卷一八〇《李德裕传》："开成初,帝从容语宰相:'朝廷岂有遗事乎?'众进以宋申锡对,帝俯首涕数行下,曰:'当此时,兄弟不相保,况申锡邪?有司为我襃显之。'又曰:'德裕亦申锡比也。'起为浙西观察使。后对学士禁中,黎埴顿首言:'德裕与宗闵皆逐,而独三进官。'帝曰:'彼尝进郑注,而德裕欲杀之,今当以官与何人?'埴惧而出。"按李德裕于开成元年十一月二十日由太子宾客分司东都之闲职改授浙西观察使,这是文宗有鉴于郑注、李训对李德裕之排斥、诬害,而黎埴则为李宗闵进言,则黎埴较倾向于李宗闵。

据丁《记》,黎埴于开成五年三月以御史中丞出院,今检《唐会要》卷三一《内外官章服·杂录》条,有云:"(开成)五年六月,御史中丞黎埴奏①:'伏以朝官出使,自合驿马,不合更乘檐子,自此请不限高卑,不得辄乘檐子。'"此即《全唐文》卷七五九所载之《出使官不得乘檐子奏》。可见其出院后,于同年六月仍在御史中丞任。

《太平广记》卷一七五《林杰》,据《闽川士传》,记当地士子林杰,幼即善诗,"至九岁,谒卢大夫贞、黎常侍埴②,无不嘉奖"。卢贞,据《旧唐书·文宗纪》,于开成四年闰正月丙午任福建观察使。《闽川士传》将卢贞、黎埴连叙,则黎埴当接卢贞为福建观察使,或即在武宗会昌时(可参见《唐刺史考全编》卷一五一江南东道福

①"御史中丞黎埴"之"埴",原误作"植",今改。
②"黎常侍埴"之"埴",中华书局1961年出版之点校本《太平广记》,原作"殖",误,今据傅璇琮等编撰之《唐五代人物传记资料综合索引》(中华书局,1987年)黎埴条改。

州）。

又《宝刻类编》卷六《浯溪题名》，记有黎埴，为大中元年（847）七月二日。《唐刺史考全编》卷一五一江南东道福州亦引此，谓："当是外任行此，抑罢福刺时路出此处？"按浯溪在今湖南，元结有《浯溪铭并序》（《全唐文》卷三八二），云："浯溪在湘水之南，北汇于湘。爱其胜异，遂家溪畔。"铭中又有"湘水一曲"之句。据此，则距福州甚远，不可能因赴任或离任而途经此处者。但据此《浯溪题名》，当可知黎埴于宣宗初尚在世，或出任江南某节镇。

黎埴此后仕迹不详。《全唐诗》未载有其诗。《全唐文》卷七五九载文一篇，即前所述之《出使官不得乘檐子奏》。又周绍良所编《唐代墓志汇编》①，辑有其文二篇：《唐故河南府士曹参军黎公（燧）墓志铭》（页 2173）、《唐故赠陇西郡夫人董氏墓志铭》（页 2174）。

顾师邕

顾师邕亦为文宗大和时翰林学士，但因甘露事变时为宦官所杀，丁居晦于开成二年（837）作《壁记》，当因避讳，与王涯、李训、

---

① 《唐代墓志汇编》，周绍良编，上海古籍出版社，1992 年。按《黎公志》为开成二年撰，署"左补阙内贡奉"，《董氏志》亦开成二年撰，署"司勋员外郎"，即开成二年初由左（右）补阙迁勋外，与丁《记》合。

郑注皆未列入。

顾师邕,《新唐书》卷一七九有传,附于《王璠传》后。《新传》云:"顾师邕,字睦之,少连子。"按顾少连,《新唐书》卷一六二有传,苏州吴人,德宗时翰林学士(见前德宗朝顾少连传)。《新唐书·顾少连传》末云:"始,少连携少子师闵奔行在,有诏同止翰林院,车驾还,授同州参军。"所谓"奔行在",当为建中四年(783)十月因泾师之乱,德宗出奔奉天事。此云少子师闵,未记其长子。按顾少连于贞元十九年癸未(803)十月四日卒于洛阳,第二年二月十五日"葬于亳邑",杜黄裳应约为作神道碑:《东都留守顾公神道碑》(《全唐文》卷四七八),碑中记:"有子曰师闵,克家光烈,早岁继明,以拔萃甲科历咸阳尉;次曰师安,太常寺太祝;次曰宗彧、宗宽。"宗彧、宗宽未记官职,当于贞元末尚未入仕。碑中记顾少连卒后,"师闵等考卜先远,以明年二月十五日奉公洎夫人之裳帷合葬于亳邑",如此,师闵当为其长子,而《新唐书·顾少连传》称"少子师闵",当误。又杜《碑》记顾少连四子,甚详切,但未记有师邕。岑氏《注补》亦引及此碑文,云:"无师邕,岂为后来改名欤,抑少连之侄行而《新传》误曰子欤?"备参。

《新传》云:"性恬约,喜书,寡游合。第进士,累迁监察御史。"清徐松《登科记考》卷一九长庆三年(823)进士第有顾师邕,乃据《永乐大典》所辑《苏州府志》:"长庆三年,顾师邕登第。"

《新传》接云:"李训荐为水部员外郎、翰林学士。"按据《登科记考》卷一九,王起于长庆二年、三年知贡举,徐《考》列李训于长庆三年,乃据《旧唐书·王播传》所载李训为王起贡举门生,"故附此年"。而孟二冬《登科记考补正》却系李训于长庆二年状元。按

《新唐书·顾师邕传》载顾之入院,乃受李训之荐,当为登第同年之故,李训当如徐《考》,在长庆三年。

李训于大和八年(834)十月入为翰林学士,九年(835)九月二十七日拜相(见前传),顾师邕既受李训之荐而入,则当在大和九年上半年或李训任相后,即九年十月间。

但顾师邕很快就受甘露事变之累而被害。《新传》叙"李训荐为水部员外郎、翰林学士"后,接云:"训遣宦官田全操、刘行深、周元稹、薛士幹、似先义逸、刘英誧按边,既行,命师邕为诏赐六道杀之,会训败,不果。师邕流崖州,至蓝田赐死。"此事,《通鉴》所记较详,卷二四五大和九年十一月记甘露事后,云:"初,王守澄恶宦者田全操、刘行深、周元稹、薛士幹、似先义逸、刘英誧等,李训、郑注因之遣分诣盐州、灵武、泾原、夏州、振武、凤翔巡边,命翰林学士顾师邕为诏书赐六道,使杀之。会训败,六道得诏,皆废不行。丙寅,以师邕为矫诏,下御史狱。"按李训、郑注先为附结宦官王守澄,后因有交结中的纠纷,又听文宗之命,于十月辛巳,"遣中使李好古就第赐酖,杀之"(《通鉴》卷二四五)。李训、郑注所谓遣宦者田全操等巡边,当在王守澄死前,命顾师邕草撰诏书,使盐州等六道杀之。则顾师邕因李训之荐入院,即听从李训之命。

据前所述,《通鉴》记大和九年十一月丙寅,下狱,后记:"十二月壬申朔,顾师邕流儋州,至商山,赐死。"《新传》记为:"师邕流崖州,至蓝田赐死。"儋州、崖州均在今海南岛,邻接,蓝田、商山亦在西安东南,实为一地。

顾师邕任翰林学士约仅数月。无诗文传世,《新唐书·艺文志》亦未有著录。

袁　郁

袁郁,两《唐书》无传,亦无一字记述。现可知者,唯丁《记》所记,云:"大和九年十二月二十七日,自礼部员外郎、集贤院直学士充。开成元年正月十四日,转库部员外郎。二年三月十一日,丁忧。"其字号、籍贯,早年经历,出院后仕迹,均不详。清劳格《唐尚书省郎官石柱题名考》卷二〇礼部员外郎列有其名,其备考材料亦仅丁《记》。

据丁《记》,袁郁为大和九年(835)十一月甘露事变后最早召入的翰林学士。

岑氏《注补》对袁郁之名有考,其引《旧唐书》卷一八五下《袁滋传》所记"子都,仕至翰林学士",谓"若依《旧唐书》,则'郁'乃'都'之讹也"。又引《新唐书》卷一五一《袁滋传》"子均,右拾遗,郊,翰林学士",又云:"若依《新唐书》,则'郁'又'郊'之讹也。"又引《新唐书》卷七四下《宰相世系表》袁滋有五子:炯、宴、均、都、郊,及《新唐书》卷五八《艺文志》著录袁郊《二仪实录衣服名义图》下注:"字之仪,滋子也,昭宗时翰林学士。"岑氏谓各互有异,但谓:"总之'郁'字必讹,论字形则《旧唐书》传之'都'近,将以俟征实也。"

又陈尚君有《袁郊未任翰林学士》一文(载《中华文史论丛》1985年第1期,上海古籍出版社),认为据《新唐书·艺文志》及《唐诗纪事》等所记,袁郊既为昭宗时翰林学士,则与袁滋卒于元和十三年(818)，已近八十年，"揆之传理，恐无除翰林学士事"。但陈文仍以为丁《记》所记"郁"显误，与岑氏之说近，以为"都"字之讹。

按《旧唐书》卷一五《宪宗纪》，元和十三年(818)六月，"乙丑，湖南观察使袁滋卒"，而据丁《记》，袁郁于文宗开成二年(837)三月十一日丁忧出院，已在袁滋卒后近二十年，何以能为袁滋子？又岑氏《注补》与陈尚君文，均引有《千唐志斋藏石》所辑大和九年《礼记博士赵口直墓志》，署"将仕郎守右补阙集贤殿直学士袁都撰"。按据丁《记》，袁郁于大和九年十二月入院时，为礼部员外郎，官阶为从六品上，较右补阙(从七品上)高好几阶，皆为同年，则袁郁、袁都应为二人。又今检宋陈思《宝刻丛编》卷八，据《京兆金石录》，有《唐内侍少监第五从直碑》，注云："唐袁郁撰，朱玘行书，毛伯贞篆额，开成元年立。"(《丛书集成初编》本)开成元年为袁郁仍在院中，与唐时翰林学士累应命为宦者撰写墓碑情形合。则《宝刻丛编》著录此碑，所署撰者姓名与丁《记》合，则当为同一人，丁《记》所记袁郁，名并不误，当非袁滋子。

柳 璟

柳璟，《旧唐书》卷一四九附于《柳登传》后，《新唐书》卷一三二附于《柳芳传》后。据《旧唐书·柳登传》，柳登弟冕，冕子璟，则柳璟为柳登侄。而《新唐书·柳芳传》，柳芳二子，为登、冕，又谓登子璟，则柳璟为柳登子，柳冕侄。《新唐书》卷七三上《宰相世系表》三上，记柳芳子登，登子璟，又登弟冕，冕下未记有子，与《新传》同。由此，则《旧传》于此所记不确。

据两《唐书》传，柳芳于肃宗时曾任史官，撰有《国史》一百三十卷，上自唐高祖，下止肃宗乾元时（758—760）；后又采高力士口述，记开元、天宝时政事，别撰《唐历》四十卷，"颇有异闻"（《新传》）；柳登则"与弟冕咸以该博著称"（《旧传》）。故晚唐时赵璘《因话录》（卷三）①，称柳璟"自祖父郎中芳以来，奕世以文学居清列"。

《旧传》记："璟，宝历初登进士第。"《新传》同。明徐应秋《玉芝堂谈荟》卷二"历代状元"，记"宝历状元柳璟"。又《因话录》（卷三）亦称其"及攉第，首冠诸生"。清徐松《登科记考》卷二〇即据此系柳璟于敬宗宝历元年（825）登进士第，状元。又《因话录》并云"当年宏词登高科"，《新传》当本此，即谓"第进士、宏词"。

两《唐书》本传于此后云"三迁监察御史"，未记年，实则柳璟于进士及第、宏词登科后，即释褐入仕，为校书郎。此见许浑诗《赠柳璟冯陶二校书》（《全唐诗》卷五三一）："霄汉两飞鸣，喧喧动禁城。桂堂同日盛，芸阁间年荣。香掩蕙兰气，韵高鸾鹤声。应怜茂陵客，未有子虚名。""桂堂"，唐代科举试时，多以喻为试院，此句即称柳璟与冯陶同年登第；"芸阁"，即芸台，亦喻秘书省机构，即称二人后又为秘书省校书郎。此诗首二句称誉二人同时及第、登科，且柳璟又为状元，故"喧喧动禁城"。冯陶，《旧唐书》

---

①《因话录》，上海古籍出版社《唐五代笔记小说大观》点校本，2000年。

卷一六八《冯宿传》末有记:"子图、陶、韬,三人皆登进士,扬历清显。"《太平广记》卷一八〇《冯陶》,据《传载》《故实》,亦记有:"冯宿之三子陶、韬、图,兄弟连年进士及第,连年登宏词科,一时之盛,代无比焉。"虽皆谓登进士第,但未有记年,故徐松《登科记考》系于卷二七,今据许浑诗,可确定冯陶与柳璟同年登第[1]。

　　由此可知,柳璟于宝历元年及进士第,后即仕为秘书省校书郎。秘书省校书郎官阶并不高,为正九品上,为唐代科试及第,释褐入仕后初授之官,亦为时人重视。又,许浑,两《唐书》无传,生平可参《唐才子传校笺》卷七谭优学笺[2]。谭笺谓许浑生年,诸书均未载,闻一多《唐诗大系》订为德宗贞元七年(791),虽未详所据,但大致可信。如此,则许浑于大和元年(827)作此诗时,已三十七岁。此前许浑多次应试,皆未中第,南北奔走,至大和六年(832)才登第。就此,则许浑作此诗,有求柳、冯举荐之意:"应怜茂陵客,未有子虚名。"许浑诗于晚唐时亦颇有声誉,唐末韦庄曾有《题许浑诗卷》,称之为"江南才子许浑诗,字字清新句句奇"(《全唐诗》卷六九六)。有如此声望的诗人,特称柳、陶二人"香掩蕙兰气,韵高鸾鹤声",也可见柳璟早年与文士之交往。

　　如前所述,两《唐书》本传记其登进士、宏词后,"三迁监察御史",缺记秘书省校书郎事,亦未记任监察御史之时间。按《唐会

---

①陶敏《全唐诗人名考证》(页787),李立朴《许浑研究》(贵州人民出版社,1994年)中篇《京洛风尘》,罗时进《丁卯集笺证》(江西人民出版社,1998年)卷四,皆有此说。由此可补《登科记考》,列冯陶于宝历元年进士。孟二冬《登科记考补正》未及。
②《唐才子传校笺》第三册,中华书局,1990年。

要》卷六〇《监察御史》条，有云："大和二年，郊庙告祭，差摄三公行事，多以杂品。监察御史柳璟监祭，奏曰……从之。"此即《旧传》所云："时郊庙告祭，差摄三公行事，多以杂品，璟时监察，奏曰……从之。"如此，则柳璟于大和元年在秘书省校书郎任（正九品上），大和二年已任为正八品上之监察御史。

《旧传》接云："再迁度支员外郎，转吏部。开成初，换库部员外郎、知制诰，寻以本官充翰林学士。"《新传》亦略云："累迁吏部员外郎。文宗开成初，为翰林学士。"皆未记时，《新传》更缺记库部员外郎、知制诰。丁《记》记为："开成二年七月十九日，自库部员外郎、知制诰充。"与《旧传》合，且更记有时日。

不过丁《记》此后所记，字句有缺。丁《记》记其入院后，接云："二年四月十四日，加驾部郎中、知制诰。二月九日，迁中书舍人。"按前已云"二年七月"，何以又云"二年四月"？年份既重，月份时序亦倒。此"二年四月"当为"三年四月"（岑氏说同）。而"四月十四日"后，又记云"二月九日"，亦不合。按《旧传》曾记柳璟续修《永泰新谱》，此后，云："五年，拜中书舍人充职。"《新传》略同，虽未记"迁中书舍人"之年，但亦记于续修之后。此即可补正丁《记》。又《册府元龟》卷六二一《卿监部·司宗》，记开成"四年闰正月，翰林学士柳璟奏，今月十二日面奉进止，以臣先祖所撰《皇室永泰新谱》，事颇精详，令臣自德宗皇帝至陛下御极已来①，依旧式修续。伏请宣付宰臣，诏宜令宗正寺差图谱官与柳璟计会

①按此句"至陛下御极已来"之"至"字，原无。《册府元龟》卷五六〇《国史部·谱牒》亦载此事，有"至"字，今补。

修撰,仍令户部量供纸笔。璟续成十卷,以附前谱"。又《唐会要》卷三六《修撰·氏族》条,亦记:"其年(开成四年)闰正月,敕翰林学士柳璟修续皇室永泰新谱。"皆记为开成四年闰正月,则《旧传》记此事后云"五年,拜中书舍人充职",当由柳璟修成此谱,即为擢迁。此亦为柳璟此次在院时之主要业绩。

丁《记》于"二月九日,迁中书舍人"后,云:"五年十月,改礼部侍郎出院。"则"二月九日"前,缺"五年"二字,后之"五年十月",此"五年"应移于"二月九日"前。如此,则柳璟入院、任职,应为:开成二年七月十九日,自库部员外郎、知制诰充。三年四月十四日,加驾部郎中、知制诰。五年二月九日,迁中书舍人。十月,改礼部侍郎出院。

按开成五年正月,文宗卒,武宗立。是年九月,李德裕入居相位。则柳璟于开成五年十月改礼部侍郎出院,翌年即知贡举,主持科试,可能与李德裕有关,李德裕是很关注科举试的,并对科试屡有所改革(参见拙作《李德裕年谱》)①。

另可注意的是,柳璟于出院前仍任中书舍人时,李商隐特献一文,望求荐引,即《献舍人河东公启》(《全唐文》卷七七八)。刘学锴、余恕诚《李商隐文编年校注》,谓"此启当上于开成五年九、十月间,正当辞尉移家从调时"②。按李商隐于开成二年进士登第,后释褐为秘书省校书郎,开成四年调补弘农尉,开成五年辞弘农尉,移家从调,即待再仕。正因如此,李商隐即上书于翰林学

①参见傅璇琮《李德裕年谱》,河北教育出版社,2001年修订新版。
②见《李商隐文编年校注》(页473),中华书局,2002年。

士、中书舍人柳璟,这也是当时文士有求于翰林学士期望荐引之一例。此启首云:"前月十日,辄以旧文一轴上献,即日补阙令狐子直至,伏知猥赐披阅,今日重于令狐君处伏奉二十三日荣示,特迁尊严,曲加褒饰,捧缄伸纸,终惭且惊。"令狐子直为令狐绹,时为左补阙、兼史馆修撰(详后令狐绹传),时亦在朝中任职,故柳璟通过令狐绹与李商隐作文字交往。李商隐启中详抒自己不遇之心情,乃仰望于柳璟:"方今外无战伐,内富英贤,阁下文为世师,行为人范,廓至公之路,优接下之诚,是愿窃望门闱,仰干闺侍。"一再表示"是当延望,实在深诚","伏惟念录"。《旧唐书》卷一四〇《文苑下·李商隐传》记"会昌二年,又以书判拔萃"。柳璟于会昌二年(842)亦知贡举(见后),书判拔萃虽为吏部试,其能通过此关,恐亦与柳璟当时主持进士试有关。

又《因话录》卷三商部下,有记:"尚书(指柳公权)与族孙璟,开成中同在翰林,时称大柳舍人、小柳舍人。"可见柳璟当时确有名声,与名家柳公权并称。

《旧传》:"武宗朝,转礼部侍郎,再司贡籍,时号得人。"《新传》称:"武宗立,转礼部侍郎。璟为人宽信,好接士,称人之长,游其门者它日皆显于世。会昌二年,再主贡部。"又《太平广记》卷一五五《郭八郎》条据《野史》,有云:"会昌之二年,礼部柳侍郎璟再司文柄。"即会昌元年、二年,见《登科记考》卷二二①。《因话录》卷三商部下,亦记其知举之识拔人才:"性喜汲引后进,出其门者,

---

①按宋王谠《唐语林》卷八记"神龙元年已来累为主司者",亦记有柳璟,但记为开成五年、会昌元年,误。

名流大僚至多。以诚明待物,不妄然诺,士益附之。"此亦为唐翰林学士出院后接知举试之一例。

但《新传》云:"坐其子招贿,贬信州司马,终郴州刺史。"《旧传》未载此事,仅言"子韬,亦以进士擢第"。如此,则柳璟知举时,其子招贿,柳璟即受累出贬。《新唐书·宰相世系表》记其为郴州刺史,当为其终官,但未定于何时。《因话录》卷六羽部,记宣宗大中九年(835)沈询知举时,其登第门生聚会,有右司郎中李从晦曾提及柳璟,《因话录》称即"谓郴州柳侍郎也"。

柳璟著述,《新唐书·艺文志》著录为《永泰皇室续谱》十卷,后未存。《全唐文》卷七四四载文一篇:《郊庙告祭请准开元元和敕例差官奏》,即《唐会要》、《旧传》所载者,前已述。

周 墀

周墀,两《唐书》有传,见《旧唐书》卷一七六、《新唐书》卷一八二。另杜牧有《唐故东川节度使检校右仆射兼御史大夫赠司徒周公墓志铭》(《樊川文集》卷七)①,记事较详。

《旧传》:"周墀字德升,汝南人。"《新传》同。《新唐书》卷三八《地理志》三,河南道,有蔡州汝南郡,相当于今河南淮河以北,有汝南县。《旧传》又云"祖颐,父霈",则有误。《新唐书》卷七四下《宰相世系表》四下,记周墀之祖名沛,右拾遗,父名颐,左骁卫

---

① 《樊川文集》,陈允吉点校,上海古籍出版社,1985年。

兵参军。杜《志》云:"祖沛,左拾遗;皇考颙,右骁卫兵曹参军,赠礼部侍郎。"与新《表》同(官名,"左"、"右"有小异)。则《旧传》乃将其祖、父名误倒。

《旧传》记周墀"长庆二年擢进士第",《新传》、杜《志》亦皆言其登进士第,但未记年。清徐松《登科记考》卷一九即据《旧传》系周墀于穆宗长庆二年(822)进士及第者。是年知举者为王起。《全唐文》卷七三九载周墀《贺王仆射诗序》,有云:"在长庆之间,春闱主贡,采摭孤进,至今称之。"又云"墀忝沐深恩",即指长庆二年登第事。是年登第者有白敏中、丁居晦等,后皆为翰林学士(见白、丁等传)。

又据杜《志》,周墀卒于宣宗大中五年(851)二月十七日,年五十九,则当生于德宗贞元九年(793)。长庆二年(822)进士及第,当为三十岁。

又《全唐文》卷七三九载有周墀《国学官事书》,记郭彪之于元和七年(812)为国学助教,颇有声誉,中云:"墀元和十年,德彪之道于国学,仰其风。"则元和十年(815),周墀曾入读于国学,时年二十三岁。此为两《唐书》本传及杜《志》均未记。

周墀及第后之早期仕历,《新传》云:"及进士第,辟湖南团练府巡官,入为监察御史、集贤殿学士。长史学,属辞高古,文宗雅重之。李宗闵镇山南,表行军司马,阅岁召还。"《旧传》未叙仕湖南及供职于李宗闵幕府事,于进士及第后,即云:"大和末,累迁至起居郎。墀能为古文,有史才,文宗重之,补集贤学士,转考功员外郎,仍兼起居舍人事。"《新传》当本杜《志》,杜《志》云:"举进士登第,始试秘书正字,湖南团练巡官。"丁母忧,"后自留守府监察真拜御史、集贤殿学士。李公宗闵以宰相镇汉中,辟公为殿中侍御史、行军司马。后一年,复以殿中书职征归"。这里应指正的是,两《唐书》本传及杜《志》均谓周墀以监察御史充集贤殿学士,而按唐制,五品以上官始能为集贤学士,六品以下只能称集贤直学士,监察御史为正八品上,起居郎为从六品上,均不能称集贤学士。周墀当以监察御史兼集贤殿直学士。

又,李德裕于文宗大和五、六年间任剑南西川节度使,因有治绩,文宗"注意甚厚,朝夕且为相"(《通鉴》卷二四四),乃于大和六年(832)十二月召入朝为兵部尚书,七年(833)二月为相,而李宗闵于是年六月罢相,出为山南西道节度使,当出于当时朋党之争。大和八年(834),郑注、李训交结宦官王守澄,渐次得到文宗的宠信,而与李德裕不合,遂合谋劝文宗于九月召李宗闵入,十月使其为相,李德裕则罢相,又出为浙西观察使(参傅璇琮著《李德裕年谱》)。据此,则周墀当于大和七年六月后应李宗闵之辟,仕于山南西道幕府,为行军司马、殿中侍御史;"后一年,复以殿中书职征归",此"后一年",即大和八年九月李宗闵入相,周墀当亦随其返朝。周墀由此即归属于李宗闵党。

《新传》接云:"大和末,训、注乱政,以党语污搢绅有名士,分逐之,独墀虽尝为宗闵所礼,不能以罪诬也。迁起居舍人,改考功员外郎,兼舍人事。"此亦本于杜《志》:"时大和末,注、训用事。夏六月,始逐宰相宗闵,立朋党语,钩挂名人,凡白日逐朝士三十三辈,天下悼慑以目。受意附凶者,屡以公为言,注、训曰:'如去周殿中,恐人益惊。'竟不敢议,注、训取公为起居舍人。"按据前所述,郑注、李训交结宦官王守澄,于大和八年九月召李宗闵入朝,十月为相,同月罢斥李德裕出外。而大和九年,郑、李又与李宗闵有人事矛盾,就又排斥之,屡贬为潮州司户。当时黜贬者甚多,《通鉴》卷二四五大和九年七月载:"是时李训、郑注连逐三相(按指李德裕、路随、李宗闵),威震天下,于是平生丝恩发怨无不报者。"后又云:"时(郑)注与李训所恶朝士,皆指目为二李之党,贬逐无虚日,班列殆空,廷中恟恟。"周墀之所以未受其累,有一事可以注意,即据前所述,周墀于长庆二年进士及第,李训于长庆三年及第,而长庆二年、三年皆为王起知举,即皆为王起门生,李训可能正因此而对周墀特予照顾。

后周墀也未受甘露事变影响,并于开成二年(837)入为翰林学士。《旧传》:"开成二年冬,以本官知制诰,寻召充翰林学士。"丁《记》具体记为:"开成二年十二月二十五日,自考功员外郎、知制诰充。"即大和九年十一月前李训、郑注荐引其为起居舍人,后文宗又改任为考功员外郎(与起居舍人同为从六品上)。杜《志》:"数月,以考功掌言。"即以考功员外郎兼知制诰,亦即《新传》所谓"改考功员外郎,兼舍人事",唐人常称知制诰为中书舍人。

丁《记》记入院后,云:"三年十一月十六日,加职方郎中。"当仍兼知制诰。此后所叙官阶迁转,文字有所缺误,谓:"四年□月十二日,赐绯。五月十三日,改工部侍郎、知制诰。六月十日,守本官出院。"则均为开成四年,且于四年六月十日出院。杜《志》仅云"迁职方郎中、中书舍人",未记年月,后云"武宗即位,以疾辞,出为工部侍郎、华州刺史",则应为开成五年,因武宗于开成五年正月即帝位。《旧传》于"三年,迁职方郎中"后,有云:"四年十月,正拜中书舍人,内职如故。"(《新传》未记)后即云:"武宗即位,出为华州刺史。"亦未记改工部侍郎事。可见均互有所缺。不过据杜《志》、《旧传》,周墀在职期间当任有中书舍人。中书舍人为正五品上,尚书诸司侍郎为正四品下,则周墀当先为中书舍人,后迁为工部侍郎。岑氏《注补》亦有论及,谓:"意赐绯当在迁舍人前,赐绯下夺去十月迁舍人事。"当可从。如此,则开成四年十月既为中书舍人,而"五月十三日,改工部侍郎、知制诰"前,应有"五年"二字。其出院亦即为开成五年六月十日。由此亦可见,丁居晦作此《壁记》,止于开成二年五月(见前丁居晦传),此后为他人续编,难免有所疏失。

周墀在院期间值得一提的,是李商隐为泾原节度使王茂元上书,即《为濮阳公与周学士状》(《全唐文》卷七七四①)。开成三年秋冬,李商隐正在泾原节度使王茂元幕,当于此时作此书状。状文首称誉翰林学士:"学士时仰高标,世推直道,果当清切,以奉恩私。"又云:"地接蓬山,居遥阆苑;敢期尘路,获望冰容。"可以体现当时对翰林学士清高地位的仰望心情。后接叙周墀对王茂元之关怀与荐引:"然前者犹蒙问以好音,致之尺牍,是何眷遇,孰可钦承? 某自领藩条,累蒙朝奖,皆因学士每于敷奏,辄记姓名。"刘学锴、余恕诚笺,谓此数语,"盖指其既加工部尚书,又加兵部尚书之事",故后云:"状当上于开成三年春夏间茂元加兵部尚书之后,是

---

① 按《全唐文》卷七七四、《樊南文集补编》卷四,题内"濮阳"均作"河东",误,应作"濮阳"。参刘学锴、余恕诚《李商隐文编年校注》(页297),中华书局,2002年。

年十一月十六日周墀加职方郎中之前。"按前句是,后句似可商,因周墀于十一月十六日加职方郎中,仍在院中,而云"之前",则似谓加职方郎中后已出院,未能如题中所称之"周学士"。不过,从此状中,仍可见王茂元对周墀既致谢忱,又有企望再为荐引之意,故末云:"空余深恋,贮在私诚,伏惟特赐信察。"李商隐后于开成四年春又曾为王茂元上书致翰林学士丁居晦:《为濮阳公与丁学士状》,也渴望丁居晦为其援荐(见前丁居晦传)。由此也可见当时地方节镇对翰林学士政治作用的重视。

又,李商隐另又为人撰文提及并赞誉周墀在院时之业绩者。《全唐文》卷七七三载李商隐《为尚书渤海公举人自代状》,所举人有周墀。过去李集笺注本多谓为高元裕任京兆尹时作,刘学锴、余恕诚《李商隐文编年校注》(页1161),详加考证,谓此"尚书渤海公",非高元裕,而为韦正贯。韦正贯于会昌六年四月至大中元年间为京兆尹,此文乃作于会昌六年三至八月间,时周墀在江西观察使任(见后)。其荐周墀,乃赞誉云:"前件官庄栗以裕,简严而宽,玉无寒温,松有霜雪。顷居内署,实事文皇,引裾而外朝莫知,视草而中言罔漏。"

周墀在院,时间并不长,仅两年余,杜牧所撰《墓志》中曾有评论:"政事细大,必时被顾问,公终身不言,事故不传。"即以为周墀对当时政事"不言",故其参预政事亦"不传"。按此期间,同时先后为相者有陈夷行、李石与杨嗣复、李珏,陈、李与杨、李议政事多不合,朋党之争又起,且当时朝政主要仍为宦官操持,这也使翰林学士未能有所作为。而武宗于开成五年正月接位,李宗闵之党杨嗣复于五月罢相,李德裕于七月由淮南节度使入朝,九月拜相。可能由此气氛,周墀即"以疾辞"(杜《志》)。丁《记》记为"六月十日,守本官出院",即出为工部侍郎,旋又改为华州刺史。

据杜《志》及两《唐书》有关纪、传,周墀后历任江西观察使,郑滑节度使,兵部侍郎;宣宗大中二年(848)正月任相,三年(849)四月出为东川节度使;大中五年(851)二月十七日卒,年五十九,赠司徒。卒后,杜牧为作《墓志》,《志》中可注意者,有两处讯及李德裕:一为记周墀出刺华州后,"李太尉德裕伺公纤失,四年不得,知愈治不可盖抑,迁公江西观察使,兼御史大夫"。即当时李德裕任相,欲伺索周墀缺失,但未得,还是改徙于外地。二为记周墀于大中二、三年间任相时,"李太尉德裕会昌中以恩换元和朝实录四十篇,益美其父吉甫为相事,公上言曰:'人君唯不改史,人臣可改乎?《元和实录》皆当时名士目书事实,今不信,而信德裕后三十年自名父功,众所不知者而书之。此若垂后,谁信史?'竟废新本"。按会昌元年确有记李德裕奏议修改《宪宗实录》事,这多出于宣宗朝白敏中等诬蔑之词(参见傅璇琮著《李德裕年谱》会昌元年、大中二年),而杜牧于大中时作周墀墓志竟也特标此事。杜牧于武宗会昌时对李德裕之政绩是极为赞颂的,但宣宗朝时,李德裕被贬责,杜牧在为牛僧孺等所作墓志,就对李德裕多加抨击,甚至谓"时李太尉专柄五年,多逐贤士,天下恨怨"。这也可见当时文人与政治纷争关系的一种心情。

《全唐诗》卷五六三载其诗二首:《贺王仆射放榜》、《酬李常侍立秋日奉诏祭岳见寄》,皆在华州刺史任时所作。《全唐文》卷七三九载文四篇。又宋陈思《书小史》卷十记有其字画,云:"长于史学,尤工小篆,见称于一时;字画颇佳,伤于柔媚。"则其字画,在南宋时尚有传存,后皆未存。

王 起

王起,两《唐书》有传,见《旧唐书》卷一六四、《新唐书》卷一六七,皆附于其兄王播传后。

《旧传》未载其籍贯。《新唐书·王播传》云:"其先太原人,父恕为扬州仓曹参军,遂家焉。"白居易有为王恕所作墓志铭:《唐扬州仓曹参军王府君墓志铭并序》(《白居易集笺校》卷四二)①,记王恕于德宗建中初为扬州仓曹参军,则《新传》所云"遂家焉",即有所本。

《旧传》记王起于德宗贞元十四年(798)登进士第,清徐松《登科记考》卷一四即据此系于贞元十四年,同年及第者有李翱、吕温、独孤郁、李建等,后皆为文坛名人。又据《旧传》,王起卒于宣宗大中元年(847),年八十八,则当生于肃宗上元元年(760)。贞元十四年,为三十九岁,则其及第之年亦并不早。

《旧传》接云:"释褐集贤校理,登制策直言极谏科,授蓝田尉。宰相李吉甫镇淮南,以监察充掌书记。"《新传》略同。按王起于宪

---

① 《白居易集笺校》,朱金城笺校,上海古籍出版社,1988年。据朱笺,此《志》作于顺宗永贞元年(805)。题下自注"代裴颐舍人作"。裴颐与王恕子王炎同于贞元十五年(799)进士及第。

宗元和三年(808)三月登直言极谏科(《登科记考》卷一七),李吉甫则于元和三年九月免相后出镇扬州,为淮南节度使,六年正月再次入相(参据《旧唐书·宪宗纪》)。王起当于元和三、四年间在淮南幕。时李德裕亦随其父吉甫在扬州,即与王起结交,此后二人相处甚切(详见后)。王起后亦撰有《李赵公行状》一卷,《新唐书》卷五八《艺文志》二,史部杂传记类著录,下注云"李吉甫",当为李吉甫于元和九年(814)卒后所作,不过此文后未存。

按王起于文宗开成三年(838)入为翰林侍讲学士,年已七十九岁,这是唐人入院之年龄最高者。而其于元和三年直言极谏登科,至开成三年,亦已有三十年,历仕既长,官位亦甚高,这在唐翰林学士中也极为稀见。为避于记叙繁琐,今据两《唐书》等有关记载,概述如下,不具论证。

李吉甫于元和六年(811)正月再次入相,王起当亦随之入朝,历为起居郎、司勋员外郎、比部郎中、知制诰。穆宗即位,升迁为中书舍人;长庆二、三年(822、823),连续两年以礼部侍郎知贡举,擢第者有白敏中、周墀、丁居晦、李训、顾师邕等,后皆为翰林学士。史称其"掌贡二年,得士尤精"(《旧传》)。长庆二年,王起已六十三岁。后历任河南尹、吏部侍郎,约穆宗、敬宗时。文宗即位,为兵部侍郎;大和二年(828)出为陕虢观察使;四年(830),入为尚书左丞,后迁为户部尚书、判度支;六年(832),为检校吏部尚书、河中尹、河中晋绛节度使;七年(833),又入为兵部尚书;八年(834),出为襄州刺史、山南东道节度使。大和九年(835),正是李训、郑注结交宦官王守澄、仇士良等,既入为翰林学士,李训又任为相。《旧传》称:"时李训用事,训即(王)起贡举门生也,欲援起为相。八月，诏拜兵部侍郎，判户部事。其冬，训败，起以儒素长者，人不以为累，但罢判户部事。"这样，甘露事变后，文宗又任其为兵部尚书，后"以庄恪太子登储，欲令儒者授经，乃兼太子侍读，判太常卿"（《旧传》）。按庄恪太子（李）永，为文宗长子。据《旧唐书》卷一七五《庄恪太子永传》，王起与陈夷行均曾任太子侍读。此后，开成三年（838），即"以本官充翰林侍讲学士"（《旧传》）。

由此可见，王起入院前，内外皆历任要职，并连续两年知举，仕至兵部尚书、太常卿（皆正三品），这是唐翰林学士入院前之仕历少见的。且此年已七十九岁，文宗仍能召其入院，应当说，这与文宗当时的政治境遇有关。《通鉴》卷二四五记，大和九年十一月甘露事变后，"自是天下事皆决于北司，宰相行文书而已。宦官气益盛，迫胁天子"；"上自甘露之变，意忽忽不乐"。文宗当为保持政局稳定，也为了保全自己，遂于开成期间，甚注意于召用经术、文学之士。

丁《记》记："开成三年五月五日，自工部尚书、判太常卿事充皇太子侍读，充侍讲学士，依前判太常卿事充。"两《唐书》本传及《旧唐书·文宗纪》，此前王起仕为兵部尚书，而丁《记》则记为工部尚书，有异。

丁《记》接云："四年三月十二日，授太子少师兼兵部尚书。四月二日，赐给少师俸料。"《旧传》亦有记："四年，迁太子少师，判兵部事，侍讲如故。以其家贫，特诏每月割仙韶院月料钱三百千添给。"太子少师为从二品，虽为虚衔，但较门下侍郎、中书侍郎还高一阶，惟两《唐书》则谓其家贫，这也值得研究。

其出院，丁《记》记为："五年正月七日，以金紫光禄大夫，守本官出院。"按文宗于开成五年（840）正月四日卒，武宗于正月十一日始即位，王起则于文宗已卒、武宗尚未即位之际出院，且旋又出为东都留守，不知何故。

王起在院仅一年半，于当时政事无所涉及，撰制则仅于庄恪太子开成三年十月卒后，十二月葬时，为撰哀册文（文载《旧唐书》卷一七五《庄恪太子永传》）。王起在院期间，其主要则为备顾问，编撰儒家典籍，如《旧传》云："（王）起侍讲时，或僻字疑事，令中使口宣，即以牓子对，故名曰《写宣》。"《新唐书》卷五八《艺文志》二，著录《写宣》为十卷，列于起居注类。

武宗即位后，王起虽出院，但仕宦仍显达。《旧传》云："会昌元年，征拜吏部尚书，判太常卿事。三年，权知礼部贡举，明年，正拜左仆射，复知礼部贡举。"即会昌元年（841），王起复由洛阳入朝，后于会昌三年、四年（843、844）又连续两年知举。这应当与李德裕时任为相有关。按李德裕于开成五年七月即应武宗之召，由淮南节度使入朝，九月拜相，当于会昌元年即征召王起入朝任吏部尚书。李德裕于会昌元年秋作有《秋声赋》，序云："昔潘岳寓直骑省，因感二毛，遂作《秋兴赋》。况予百龄过半，承明三入，发已皓白，清秋可悲。尚书十一丈鹓掞上寮，人文大匠。聊为此作，以俟知音。"此称尚书，即王起已于会昌元年自东都留守入朝为吏部尚书，此为会昌元年秋作①。李德裕序中称王起为"人文大匠"，彼此为"知音"，可见其对王起之看重。又刘禹锡此时亦作有《秋

①《李德裕文集校笺·别集》卷九，傅璇琮、周建国校笺，河北教育出版社，2000年。据笺，此文作于会昌元年（841）。

声赋》，序云："相国中山公赋《秋声》，以属天官太常伯，唱和俱绝。"此"天官太常伯"，即指王起①。则王起亦有和作（后未存）。

关于会昌三年、四年知举事，《旧传》称："起前后四典贡部，所选皆当代辞艺之士，有名于时，人皆赏其精鉴徇公也。"又唐末五代初王定保《唐摭言》卷三，记会昌三年春王起知举时，周墀刚由翰林学士出为华州刺史（周墀乃长庆二年王起知举时及第者），他就特作诗寄贺，序云"仆射十一叔以文学德行，当代推高"，此次"新榜既至，众口称公"。于是当时及第者有二十二人和周墀诗。《唐诗纪事》卷五五记张籍亦有《喜起放榜》诗（七律），前四句云："东风节气近清明，车马争来满禁城。二十八人初上榜，百千万里尽传名。"可见当时之声誉。会昌三年，王起已八十四岁，以如此高龄知举，世亦罕见。此或亦为李德裕推荐。李德裕于会昌二年正月进位司空（见《新唐书·宰相年表》），特进奏《让司空后举太常卿王起自代状》（见《李德裕文集校笺》卷一八），称誉王起"五朝旧老，一代名臣。孔门四科，实居其首；皋繇九德，无不备包"。

此后，据《旧传》，又任为山南西道节度使，大中元年（847）卒，年八十八。

《新唐书·艺文志》著录王起著述颇多，计有：《艺文志》二，编年类，《五位图》十卷（《旧传》作《五纬图》）；起居类，《写宣》十卷；传记类，《李赵公行状》一卷，下注："李吉甫。"《新唐书·艺文

---

① 按刘禹锡此赋，瞿蜕园《刘禹锡集笺证》（上海古籍出版社，1989年）卷一，笺谓"天官太常伯"及李德裕赋序中之"尚书十一丈"为令狐楚，文作于大和七、八年间，误。陶敏、陶红雨《刘禹锡全集编年校注》（岳麓书社，2003年）同本文。

志》四，集部别集类，《王起集》一百二十卷；《文场秀句》一卷，按此目前后有殷璠《河岳英灵集》、姚合《极玄集》，当亦为诗选，标为"文场"，当为及第进士之应试选句。此类又有《大中新行诗格》一卷，前有王昌龄《诗格》、皎然《诗评》，当亦为诗评著作。由此可见王起治学之博洽。《全唐文》编其文三卷（卷六四一至六四三），大部分为赋。赵璘《因话录》卷三商部，有记云："李相国程、王仆射起、白少傅居易兄弟、张舍人仲素为场中词赋之最，言程式者，宗此五人。"可见其赋作之声誉。其诗作今存者则不多，《全唐诗》卷四六四载其诗六篇，其中有三篇即分别和李德裕、周墀、白居易者。

高元裕

高元裕，两《唐书》有传，见《旧唐书》卷一七一、《新唐书》卷一七七。另《金石萃编》卷一一四载有萧邺《大唐故吏部尚书赠尚书右仆射渤海高公神道碑》，《全唐文》卷七六四亦载，所记甚详，唯多有缺字，且文多不顺。

《旧传》："高元裕字景圭，渤海人。祖魁，父集，官卑。"《新唐书》卷七一下《宰相世系表》一下，有记高元裕祖彪（非魁），著作佐郎、崇贤馆学士；父集，太原少尹、兼御史中丞，皆本萧《碑》。按御史中丞为正五品上，与给事中、中书舍人同阶，则不能说"官卑"，《旧传》所云不确。

两《唐书》本传皆谓登进士第，未记年，萧《碑》有云："弱冠博学工文，擢进士上第。"清徐松《登科记考》卷一四据萧《碑》，谓"弱冠在贞元十三年"，即系于德宗贞元十三年（797）进士登第者。按萧《碑》记高元裕卒于宣宗大中四年（850）六月，年七十六。据此，则当生于代宗大历十年（775），如此，其弱冠（年二十），当为贞元十年（794）。贞元十三年（797），已为二十三岁，不当云"弱冠"。徐松《登科记考》当误计，孟二冬《登科记考补正》也未涉及，仍列于贞元十三年。

《旧传》于进士及第后所记其略，于"累迁左司郎中"后即叙李宗闵任相时用其为谏议大夫，则已为文宗大和时。《新传》则记"第进士，累辟节度府"，后入朝为右补阙、侍御史内供奉，即亦叙李宗闵擢用事。萧《碑》则稍具详，云："擢进士上第，调补秘书省正字，佐山南西道、荆南二镇为掌书记，转试协律郎、大理评事，摄监察御史，入拜真御史。"亦未记时。《旧传》有云"大和初为侍御史"。又《太平广记》卷二七八《高元裕》，据《集异记》，谓"大和三年任司勋员外郎"。当先为侍御史（从六品下），后为司勋员外郎（从六品上），后又累迁左司郎中（《旧传》），为从五品上。

此后，即有与李宗闵交结及受其累而贬责事。《旧传》记云："李宗闵作相，用为谏议大夫，寻改中书舍人。九年，宗闵得罪南迁，元裕出城饯送，为李训所怒，出为阆州刺史。时郑注入翰林，元裕草注制辞，言注以医药奉君亲，注怒，会送宗闵，乃贬之。"《新传》略同。萧《碑》于此虽亦有记，但多有缺字，文意不明。按李宗闵于大和三年（829）八月入相，七年（833）六月出为山南西道节度使，八年（834）十月又入相，九年（835）六月出贬为明州刺史。高元裕当于大和三年八月后因李宗闵之荐为谏议大夫，后迁中书舍人。李宗闵被贬时,宗闵之党如萧澣、李汉等多被贬出(见《旧唐书·文宗纪》大和九年七月,及《旧唐书》卷一七一《李汉传》)。《通鉴》卷二四五大和九年八月亦记:"郑注之入翰林也,中书舍人高元裕草制,言以医药奉君亲,注衔之,奏元裕尝出郊送李宗闵,壬寅,贬元裕阆州刺史。"郑注之召入为翰林侍讲学士,亦为大和九年八月丁丑(初四),而高元裕于壬寅贬出,在是月二十九日。

可以一提的是,高元裕贬阆州后,令狐楚、刘禹锡皆有诗寄怀。刘禹锡有《和令狐相公晚泛汉江书怀寄洋州崔侍郎阆州高舍人二曹长》(《刘禹锡集笺证·外集》卷三)。此令狐相公为令狐楚,据《旧唐书·文宗纪》,令狐楚于开成元年(836)四月为兴元尹、山南西道节度使,《旧唐书》卷一七二《令狐楚传》同。汉江(汉水)即在兴元南。"洋州崔侍郎"为崔涓。《旧唐书·文宗纪》大和九年七月壬子,李宗闵再贬为处州长史后,记:"戊午,贬工部侍郎、充皇太子侍读崔涓为洋州刺史。"同贬者还有苏涤、李敬之等。《通鉴》卷二四五谓"皆坐李宗闵之党"。洋州,所辖为今陕西洋县等地;阆州,所辖为今四川阆中等地,皆与兴元(南郑)相近,令狐楚可能在兴元尹任,泛游汉江时,对崔涓、高元裕特致怀念,作有诗,刘禹锡亦即作此和诗。刘诗谓令狐楚"望中寄深情",刘本人亦望崔、高"几时还玉京"。可见当时令狐楚、刘禹锡对高元裕出贬是深致同情的(令狐楚此诗,未存)。

《旧传》接云:"训、注既诛,复征为谏议大夫。开成三年,充翰林侍讲学士。"《新传》略同。丁《记》记为:"开成三年五月五日,自谏议大夫充侍讲学士。"按《旧传》于"充翰林侍讲学士"后,云:"文宗宠庄恪太子,欲正人为师友,乃兼太子宾客。"萧《碑》亦于

"充侍讲学士"后记为："寻兼太子宾客。文宗重儒术，尊奉讲席。公发挥教化之本，依经传纳，上倾心焉。"按王起与高元裕同时入，据丁《记》王起为"充皇太子侍读，充侍讲学士"（见前王起传）。如此，则高元裕既与王起同时入为翰林侍讲学士，当亦又兼太子宾客，丁《记》缺记。

又，姚合此时即与高元裕有诗唱和，《全唐诗》卷五〇一载姚合《和高谏议蒙兼宾客时入翰苑》："兼秩恩归第一流，时寻仙路向瀛洲。钟声迢递银河晓，林色葱笼玉露秋。紫殿讲筵邻御座，青宫宾榻入龙楼。从来共结归山侣，今日多应独自休。"按姚合于开成初离杭州刺史任入京，后任谏议大夫，开成三年秋冬改为给事中①。此当为高元裕刚入院时，有诗赠姚合，姚合即作此和诗。因二人在此前皆曾任谏议大夫，现高元裕入院，"紫殿讲筵邻御座，青宫宾榻入龙楼"，有清高之地位。由此可见，高元裕确以谏议大夫入，寻又兼太子侍读，与王起同。岑氏《注补》亦引及姚合此诗，但将姚合诗题之"时入翰苑"理解为高已出院，仅有时还入翰苑，"有类乎王叔文'仍许三五日一入翰林'之后命"。实际上，此"时入翰苑"，乃姚合记高元裕作此诗时，在翰苑值班。岑氏所解似不确。

按姚合亦为中晚唐时诗坛名家，与白居易、张籍、贾岛、李商隐等多有唱酬。张为《诗人主客图》所列"清奇雅正"，姚合为"入室"，贾岛为"升堂"。姚合于开成前期任谏议大夫时曾编有《极

---

① 参见傅璇琮主编《唐才子传校笺》卷六《姚合传》吴企明笺，第三册，中华书局，1990年；又《唐五代文学编年史·晚唐卷》，辽海出版社，1998年。

玄集》,选王维至戴叔伦二十一位诗人诗作,约百首,唐末韦庄又编有《又玄集》,序中即称"昔姚合选《极玄集》一卷,传于当代,已尽精微"。此为唐人选唐诗有代表性之作。由上述姚合此诗诗题,可见高元裕入院时即作有诗赠姚合,姚合亦特作诗和之,惜高氏原作不存,由此亦可见高元裕与当时文士之交往。

两《唐书》本传皆未记出院。丁《记》记为:"八月十日,出守本官兼光禄大夫。"即同年八月出院,在院仅三月,萧《碑》因字多缺,未见有出院之记述。岑氏《注补》谓光禄大夫为从二品,是最高散官,非重臣不授,而萧《碑》题中只题银青光禄大夫,为三品散阶,但散官不能兼,故丁《记》之"兼光禄大夫"应为"兼太子宾客",即出院后兼太子宾客。按岑氏之说,与前所引述之姚合诗不合,未能谓出院后才兼太子宾客。不过可以将丁《记》之"光禄大夫"改为"银青光禄大夫",萧《碑》即称:"未几擢拜御史中丞,兼金章紫绶之锡。"即开成四年由谏议大夫改为御史中丞后,仍为银青光禄大夫。

此后仕历,《旧传》叙为:"会昌中,为京兆尹。大中初,为刑部尚书。二年,检校吏部尚书、襄州刺史,加银青光禄大夫、渤海郡公、山南东道节度使,入为吏部尚书。"《太平广记》卷二八《高元裕》篇,据《集异记》,于记叙御史中丞后,即云:"是后出入中外,扬历贵位,清望硕德,冠冕时流,海内倾注。"

《旧传》记于宣宗大中二年(848)为山南东道节度使。《新传》称"在镇五年,复以吏部尚书召",当为大中六年(852)。杜牧有《高元裕除吏部尚书制》(《樊川文集》卷一七),叙其仕历:"始以御史谏官,在长庆、宝历之际,匡拂时病,磨切贵近,罔有顾虑,知无不为。复以谏议、舍人，在大和末，词摧凶魁，坐以左宦。继为中丞、京兆，公卿藩服。朕始在位，征归朝廷，爰自尚书，裂分茅土。"并称誉其政绩："为政以德，行己惟仁，信而履之，服而乐之，馀三十年，道益昭著。"可以注意的是，杜牧此篇制文，一字未提及高元裕曾任翰林侍讲学士，这可能高元裕在院仅三个月，无可记述。

按杜牧于大中六年在中书舍人任，故可撰此制。这里还可一提，即《旧唐书》卷一八下《宣宗纪》有二误：大中二年记："七月戊午，以前山南西道节度使高元裕为吏部尚书。"按两《唐书》本传及萧《碑》皆记为山南东道节度使，《旧唐书·宣宗纪》此处将"东"误作"西"。另，《旧传》记高元裕出为山南东道节度使在大中二年，《新传》云"在镇五年"，萧《碑》亦谓"公为襄州之五岁，慨然有悬车之念"，即大中六年自山南东道召回，非如《旧唐书·宣宗纪》所记为大中二年七月。且大中二年七月，杜牧尚在睦州刺史任，八月才入朝为司勋员外郎(参傅璇琮主编《唐五代文学编年史·晚唐卷》)，即大中二年七月杜牧绝不可能作此制文。《旧唐书·宣宗纪》记此一事，竟有两处显误，确应校正。《新传》记高元裕于大中六年以吏部尚书召，"卒于道，年七十六，赠尚书右仆射"。

《新唐书·艺文志》未有著录。《全唐文》卷六九四载其文二篇，《全唐诗》卷七九五仅载其句二。《书史会要》卷五则概称其"性勤约，善书"。

裴　素

　　裴素,两《唐书》无传,《新唐书》卷七一上《宰相世系表》一上,载有其名,未注字号、官职,其上格也未载其先世名。清劳格《唐尚书省郎官石柱题名考》卷八司封员外郎,于裴素名下,亦据此《新表》,谓"太仆卿羃子",实则羃虽在裴素上格,但在旁几个位置,未能确定即是其父。

　　清徐松《登科记考》卷二〇据《宝真斋法书赞》所载裴素《明日帖》,系裴素于敬宗宝历元年(825)登进士第,是年登第者柳璟,亦为文宗朝翰林学士。又《唐会要》卷七六《制科举》,载文宗大和二年(828)闰三月贤良方正能直言极谏科,有裴素。《全唐文》卷七一文宗《委中书门下处分制科及第人诏》,中云:"贤良方正能直言极谏科举人,第三等裴休、裴素,第三次等李郃,第四等南卓、李甘、杜牧、马植、郑亚、崔屿⋯⋯"则裴素与裴休为此科首列,裴休后于宣宗大中时任相(见《新唐书》卷六三《宰相年表》)。按大和二年贤良方正制科,刘蕡亦应试,其策文对朝政之弊,特别是对宦官专横,极为斥责,当时考官冯宿等见刘蕡策,"皆叹服,而畏宦官,不敢取"(《通鉴》卷二四三)。此为晚唐制举试之突出事件。

　　上述《委中书门下处分制科及第人诏》末云:"其第三等、第三次等人,委中书门下优与处分。"裴素当即释褐入仕,但限于史料,未详其所授官。

　　此后行迹可知者,为杜牧一诗:《陕州醉赠裴四同年》(《樊川文集·外集》）："凄风洛下同羁思,迟日棠阴得醉歌。自笑与君三岁别,头衔依旧鬓丝多。"此裴四即裴素。据吴在庆考辨,杜牧于文宗大和九年（835）秋为监察御史,分司东都,当与裴素曾在洛阳聚面;开成二年（837）春,杜牧弟因患眼疾,不能见物,时居扬州,乃迎同州眼医石生,经陕州时,当又会见裴素,故云"自笑与君三岁别"。吴说可信,详见其所著《杜牧生平行踪、作品系年及其诗考论》①。按《旧唐书》卷一七下《文宗纪》下,记开成二年十二月,"丙申,阁内对左右司裴素等"。按唐官制,门下省有起居郎,中书省有起居舍人,各分左右,均为从六品以上。如此,则裴素当于文宗开成初仕为起居郎,"掌起居注,录天子之言动法度,以修记事之史"（《旧唐书》卷四三《职官志》二）。开成二年春与杜牧在陕州会见时,当即在起居郎任,其官阶较杜牧之监察御史（正八品上）要高好几阶。

丁《记》记裴素入院："开成三年十二月十六日,自司封员外郎兼起居郎、史馆修撰充。"则裴素当于开成二年（837）春后,又改为司封员外郎,但仍兼起居郎、史馆修撰,开成三年（838）十二月六日,即以此入院。

丁《记》接云："四年七月十三日,加知制诰。五年二月二日,赐绯。六月,迁中书舍人。十一月,加承旨,赐紫。"清劳格《唐尚书省郎官石柱题名考》卷一六司封员外郎,于裴素名下亦引有丁《记》,谓"六月"上有脱文,但为何脱文,未有说明。按《文苑英华》卷七九七、《全唐文》卷七六四均载有裴素《重修汉未央宫

---

①吴在庆著《杜牧论稿》,厦门大学出版社,1991年。

记》，首云："皇帝嗣位之年，众灵悦附，日月所照，莫不砥属。……草木畅茂，山川景清。""皇帝嗣位"，即指武宗于开成五年（840）正月即位。此文后记武宗游览城郊，"视往昔之遗馆，获汉京之馀址；邈风光以遐瞩，眇思古以论都"，于是召左护军中尉（段）志弘等，建修汉宫，"存列汉事，悠扬古风"，即重修汉未央宫，规模很大，"凡殿宇成构，总三百四十九间，工徒役指万计"。由此，则此次工程始于开成五年，后云："明年……上乃顾新宫，回玉辇……乃命侍臣曰：'尔为我记之，刻以贞石，传示乎不朽。'臣素任当承旨，不敢固让，惶恐拜舞而文之，时会昌元祀濡大泽之明月也。谨记。"按《旧唐书》卷一八上《武宗纪》："会昌元年正月壬寅，朔。庚戌，有事于郊庙，礼毕，御丹凤楼，大赦，改元。""濡大泽"，即大赦，亦即会昌元年正月事，则此时裴素确已任为承旨。由此，则丁《记》所记"六月，迁中书舍人；十一月，加承旨"，当承前开成五年二月二日赐绯，"六月"前并无脱文。

又据本书书后"学士年表"，柳公权于开成五年三月九日出院，此前为承旨；其他较裴素早入院者黎埴、柳璟、周墀、王起，皆于十一月前陆续出院，时裴素为院中资历最深者，故于十一月加任承旨，这也合乎当时院内情况，故丁《记》所记当切合实际。

唯丁《记》接云"十七日，卒官，赠户部侍郎"，则接前"十一月，加承旨"，即于开成五年十一月加承旨后，旋于同月十七日卒，此与前所引述之《重修汉未央宫记》不合，岑氏《注补》据李褒于会昌元年（841）十二月加承旨，当接替裴素，则其卒在会昌元年十二月前，此当是。但岑氏又云或卒于会昌元年十一月十七日，"因涉上文十一月以致脱去会昌元年字"，则仅为揣测。

裴素在院期间亦与当时诗家有文字交往。姚合有《和李十二舍人裴四二舍人两阁老酬白少傅见寄》(《全唐诗》卷五〇一)。如前所述,裴素于开成五年六月为中书舍人,又李褒于开成五年三月二十日自考功员外郎入,其年六月,转库部郎中、知制诰,即二人同于六月行中书舍人职,故姚合诗云:"纶闱并命诚宜贺。"诗又云"罢草王言星岁久,嵩高山色日相亲",即此时白居易正任太子少傅、分司,居洛阳,离过去撰写制诰,已"星岁久"。由姚合此诗,可见裴素、李褒于开成五年夏秋曾作诗寄洛阳白居易,姚合即特作诗和之。又姚合另有《寄裴起居》(《全唐诗》卷四九七):"千官晓立炉烟里,立近丹墀是起居。彩笔专书皇帝语,书成几卷太平书。"则为专叙起居郎之职责,未提及翰林学士事,当在开成初期裴素尚未入院时。姚合又有《同裴起居厉侍御放朝游曲江》(《全唐诗》卷五〇〇),当亦作于同时,可见姚合与裴素甚有交往。姚合时任谏议大夫,曾于此数年间编选唐二十一位诗人诗作,为《极玄集》(见前高元裕传,又参傅璇琮编撰《唐人选唐诗新编》)①。

裴素亦善书艺,宋《宣和书谱》卷一八"裴素"条,称其"善草书,其笔意盖规模王氏羲、献父子之学";但又谓:"然力不甚劲,而姿媚有余,顾未得古人落笔之妙。"又称"今御府所藏草书一",则其字迹在北宋时尚有留存。又南宋岳珂《宝真斋法书赞》卷五亦著录其《明日帖》,谓"真迹一卷"。

唯《新唐书·艺文志》未有著录。《全唐诗》亦未载其诗;《全

---

① 傅璇琮编撰《唐人选唐诗新编》,陕西人民教育出版社,1996年。

唐文》所载即前所记述之《重修汉未央宫记》。

高少逸

　　高少逸，两《唐书》有传，见《旧唐书》卷一七一、《新唐书》卷一七七，附于其弟元裕传后。其家世、籍贯，见前高元裕传。

　　两《唐书》本传皆未记其早年事，也未记是否曾应科试。《旧传》首叙即云："长庆末为侍御史，坐弟元裕贬官，左授赞善大夫。"《新传》云："长庆末为侍御史，坐失举劾，贬赞善大夫。"两《唐书》此处所记，时与事均有误。按高元裕早期仕迹，于穆宗、敬宗朝，均未有贬责事，其贬责乃于文宗大和九年（835）八月因受李宗闵之累由中书舍人出贬为阆州刺史（见前高元裕传），非穆宗长庆末（824）。《新传》虽亦云长庆末，而未提高元裕事，但云"坐失举劾"，亦误。

　　按《旧唐书》卷一六八《独孤朗传》，记独孤朗（宪宗时翰林学士独孤郁弟）于敬宗宝历元年（825）十一月为御史中丞，二年六月赐紫，接云："宪府故事，三院御史由大夫、中丞自辟，请命于朝。时崔冕、郑居中不由宪长而除，皆丞相之僚旧也，敕命虽行，朗拒而不纳，冕竟改太常博士，居中分司东台。其年十月，高少逸入阁失仪，朗不弹奏，宰相衔阻崔冕事，左授少逸赞善大夫，朗亦罚俸。朗称执法不称，乞罢中丞，敬宗令中使谕之，不允其让。"《新唐书》卷一六二《独孤朗传》亦记此事，虽未提高少逸，但仍记在敬宗时。由此可见，两《唐书·高少逸传》记其左授事在穆宗长庆末，误，

《旧传》谓因其弟高元裕事，《新传》云"坐失举劾"，亦均不合事实，皆为显误。

由此可知，高少逸于敬宗宝历二年（826）十月前，在侍御史任；十月，即因独孤朗与当时任相者有人事纠纷，乃受牵累，左授赞善大夫（文散官）。

《旧传》于"左授赞善大夫"后，云："累迁左司郎中，元裕为中丞，少逸迁谏议大夫，代元裕为侍讲学士。"《新传》未提左司郎中，亦云"累迁谏议大夫，乃代元裕"。又《新唐书》同卷《高元裕传》，谓："自侍讲为中丞，文宗难其代，元裕表言兄少逸才可任，因以命之，世荣其迁。"如此，则高少逸于敬宗宝历二年十月改授赞善大夫后，当于文宗大和期间，历任左司郎中，及司勋郎中、主客郎中（按清劳格《唐尚书省郎官石柱题名考》卷七司勋郎中、卷二五主客郎中，皆列有高少逸名，注谓此二职，"二传失载"）。

按两《唐书》本传皆记高少逸以谏议大夫入为翰林侍讲学士，亦误。丁《记》记为："开成四年闰正月十一日，自左司郎中充侍讲学士，其年八月一日，迁谏议大夫。"即先以左司郎中（从五品上）入，入院后历经半年余，迁谏议大夫（正五品上）。此为唐翰林学士在职期间迁转官衔的常例，而两《唐书》本传却谓以谏议大夫入，误。

又，据丁《记》，高元裕出院为开成三年八月十日（参见前高元裕传），高少逸则于开成四年闰正月入，其间有半年。而两《唐书》本传皆记为高元裕出院时，文宗即因其请，召高少逸继为翰林侍讲学士，此与丁《记》所记有差异，当亦不确。

丁《记》接云："五年正月二十七日，赐紫，守本官出院。"即出院后仍为谏议大夫,时武宗刚即位。

两《唐书》本传皆记高少逸于会昌中为给事中,未记有年,今查《旧唐书》卷一八上《武宗纪》,会昌二年(842)十月,记云:"帝幸泾阳,校猎白鹿原。谏议大夫高少逸、郑朗等于阁内论:'陛下校猎太频,出城稍远,万机废弛,星出夜归。方今用兵,且宜停止。'上优劳之。"《通鉴》卷二四六记此事于会昌二年十一月:"上幸泾阳校猎。乙卯,谏议大夫高少逸、郑朗于阁中谏曰……"后接云:"己未,以少逸为给事中,朗为左谏议大夫。"按《旧唐书·武宗纪》会昌二年,只记止十月,无十一、十二月,当有缺漏,应据《通鉴》,高少逸、郑朗之谏,在十一月,并改任给事中。

可以注意的是,高少逸任给事中时曾撰有记述西域诸国的一部历史地理著作。宋陈振孙《直斋书录解题》卷五杂史类,有《四夷朝贡录》十卷,云:"唐给事中渤海高少逸撰。会昌中,宰相李德裕以黠戛斯朝贡,莫知其国本原,诏为此书。凡二百一十国,本二十卷,合之为十卷。"关于黠戛斯朝贡,《通鉴》卷二四七会昌三年二月有记:"辛未,黠戛斯遣使者注吾合索献名马二,诏太仆卿赵蕃饮劳之。"会昌二、三年间,唐廷正与回鹘交战,李德裕时为宰相,当极关心西域诸国,即因黠戛斯有所朝贡,即作为契机,约高少逸编撰此书。《直斋书录解题》称此书记有二百一十国,则编撰时确为不易。《新唐书》卷五八《艺文志》二,史部地理类,亦著录高少逸《四夷朝贡录》十卷。惜此书后未存。

高少逸在武宗朝即任为给事中。后于宣宗朝之仕历,两《唐书》本传所记又有误。《旧传》:"大中初,检校礼部尚书、华州刺史、潼关防御、镇国军使。入为左散骑常侍、工部尚书,卒。"此云大中初任为华州刺史,而《旧唐书》卷一八下《宣宗纪》,大中十年(856)四月癸丑,"以给事中、渤海郡开国公、食邑二千户高少逸检校礼部尚书、华州刺史、潼关防御、镇国军等使";同卷大中十一年十月,记:"以华州刺史高少逸为左散骑常侍,以苏州刺史裴夷直为华州刺史、潼关防御、镇国军等使,以太常少卿崔钧为苏州刺史。"所记皆具体,当可信。由此,则高少逸于宣宗大中十年四月前仍为给事中,是年四月改任华州刺史,至十一年十月,《旧传》记为"大中初",显误。

《新传》未记高少逸任华州刺史事,而谓宣宗时曾任陕虢观察使,云:"稍进给事中,出为陕虢观察使。中人责峡石驿吏供饼恶,鞭之,少逸封饼以闻。宣宗怒,召使者责曰:'山谷间是饼岂易具邪?'谪隶恭陵,中人皆敛手。"按此事又见《通鉴》卷二四九,系于大中八年九月丙戌,称"以右散骑常侍高少逸为陕虢观察使"。按据前所引之《旧纪》,高少逸于大中十一年十月离华州刺史入朝才任为左(右)散骑常侍,大中十年四月任华州刺史前为给事中,《新传》亦未记高少逸在陕虢观察使已为左散骑常侍。又王谠《唐语林》卷三亦载有此事,未记年,而称为"高尚书少逸为陕州观察使"。实则高少逸由华州刺史返朝,于晚年才以兵部(工部)尚书致仕。《唐语林》称其为尚书而任陕州观察使,亦误。

《旧传》末云"入为左散骑常侍、工部尚书,卒";《新传》云:"以兵部尚书致仕,卒。""工"、"兵",有小异。其卒或即在大中末。

《新唐书·艺文志》著录其《四夷朝贡录》十卷,其他别无著录。《全唐诗》、《全唐文》亦未载其诗文。

武宗朝翰林学士传

李 褒

李褒于开成五年(840)三月入院,丁《记》将其与前裴素、高少逸及后周敬复、郑朗、卢懿、李讷、崔铉、敬晦,同列于"开成后十四人",实则自李褒起,已为武宗朝翰林学士,因武宗于开成五年正月十四日即位,开成虽为文宗朝年号,实则开成五年应列于武宗朝。可以注意的是,武宗即位后,以李褒为始,开成五年,新召入者有七人,而文宗时所留于院中者七人,本年内陆续出院者有六人,只裴素于本年十一月加承旨,翌年即会昌元年(841)十一月卒,即文宗朝翰林学士,至会昌元年冬已未有仍留于院中者。这也为唐代历朝翰林学士组建之常例,很值得探索。

李褒,两《唐书》无传。丁《记》记其在院供职,虽仅三年,但也为其一生所记之最详者。岑氏《注补》曾引有若干材料,也可资参考。

《旧五代史》卷九二《李怿传》有记:"京兆人也。祖褒,唐黔南观察使。父昭,户部尚书。"昭,确为李褒子(见后),但云李褒任黔南观察使,似不可靠。不过由此可知其为京兆人。又,李怿,五代梁时曾为翰林学士,于后唐明宗天成(926—930)时又为翰林学士承旨。

李褒早年事迹不详,现可知者,宪宗元和后期曾与沈亚之交游。《全唐文》卷七三六沈亚之《旌故平卢军节士文》,记唐宪宗于元和十年(815)征讨淮西方镇吴元济外,另有兵征伐山东、河北诸镇,后十四年二月斩除淄青节度使李顺道,战事平。此文所记甚详,后有云:"(元和)十四年,余与李褒、刘濛宿白马津,俱闻之于郭记室,明日复皆如济北,济北之人尽能言(郭)旷之节,故悉以论著,将请于史氏云。"则此时,沈亚之与李褒、刘濛同聚于山东淄青一带。《元和郡县图志》卷八河南道滑州白马县,有白马津,为黄河南岸渡口;白马县在今河南滑县东,靠近济州(今山东西南)。沈亚之,两《唐书》亦无传。据《唐才子传校笺》卷六《沈亚之传》笺①,沈亚之,吴兴人,元和十年(815)进士及第,后供职于泾原节度使李汇幕府,旋返回;穆宗长庆时为京畿栎阳县尉。沈亚之为中唐时传奇创作名家。刘濛为刘晏孙,附见《新唐书》卷一四九《刘晏传》,"举进士,累官度支郎中,会昌初,擢给事中"。沈氏此文,仅举李褒名,未记其官衔,可能亦为元和时进士及第者。

---

①参傅璇琮主编《唐才子传校笺》卷六《沈亚之传》吴企明笺,中华书局,1990年。

又李商隐《为绛郡公上李相公启》,为会昌五年(845)李褒在郑州刺史时所作(参见刘学锴、余恕诚《李商隐文编年校注》,页1069[1];关于李商隐作启状及年月,详见后)。此启中有云:"且某运偶昌期,年初知命。"刘、余注引《论语》"五十而知天命",谓"据此,李褒当生于唐德宗贞元十二年(796)左右",当是。据此,则元和十四年(819),李褒为二十余岁。又李商隐《为绛郡公上崔相公启》(《全唐文》卷七七七),代其自述早年曾"粗沾科第,薄涉艺文",则亦曾进士及第者。

《旧唐书》卷一七六《李让夷传》,记李让夷于文宗大和九年(835)为谏议大夫(李让夷于大和元年至五年为翰林学士,见前文宗朝李让夷传),"开成元年,以本官兼知起居舍人事",之所以如此,乃因为"时起居舍人李褒有痼疾,请罢官"(《新唐书》卷一八一《李让夷传》同)。则李褒于开成元年(836)前已任为起居舍人(从六品上,与尚书诸司员外郎同阶),此为现在所知其最早所任之官。此后数年,即入为翰林学士。

丁《记》:"开成五年三月二十日,自考功员外郎、集贤院直学士充。"此为武宗即位后第一位召入为翰林学士。

丁《记》接云:"其年六月,转库部郎中、知制诰。十二月十二日,赐绯。会昌元年五月,拜中书舍人。十二月,加承旨;六日,赐紫。二年五月十九日,出守本官。"此为开成五年(840)至会昌二年(842)行迹。按裴素于开成五年六月迁中书舍人,十一月加承旨,会昌元年十一月十七日卒官,此时在院中以李褒为资历最深

---

① 刘学锴、余恕诚《李商隐文编年校注》,页1069,中华书局,2002年。

者,故于十二月加承旨,时间衔接,丁《记》所记合实。

李褒在院期间于翰林学士职责,无有史书记载,所可注意者是有几位文士与其有诗文交往。姚合《和李十二舍人裴四二舍人两阁老酬白少傅见寄》(《全唐诗》卷五〇一),末二句云:"纶闱并命诚宜贺,不念衰年寄上频。"前裴素传已述,裴素于开成五年六月为中书舍人,李褒则于同年六月为库部郎中、知制诰,亦可称舍人,故姚合诗云"纶闱并命诚宜贺"。又此诗首二句云"罢草王言星岁久,嵩高山色日相亲",乃叙白居易。白居易此时任太子少傅、分司,居洛阳,且距过去任翰林学士、中书舍人草撰制诰已有多年,故云"罢草王言星岁久"。开成五年,白居易已六十九岁。就姚合此诗诗题,当为李褒、裴素在院时,白居易特自洛阳作诗,寄贺二人升迁中书舍人及以他官知制诰,李、裴二人即有和作,姚合时在长安(任谏议大夫),亦和李、裴二人诗。由此可见,李褒、裴素与白居易亦有文字交往。

姚合又有《和李舍人秋日卧疾言怀》(《全唐诗》卷五〇一),中云"王言生彩笔,朝服惹炉香",亦记李褒在院中值班,撰写制诏事。后云:"松影幽连砌,虫声冷到床。诗成谁敢和,清思若怀霜。"极赞誉其诗才之清新。姚合又有《和李十二舍人直日放朝对雪》、《和李十二舍人冬至日》(均同上),当皆为会昌元年冬作。由此可见李褒屡有诗寄赠姚合,姚合即有和作,惜李褒诗未存。

李褒于会昌二年(842)五月十九日以中书舍人出院,不久先后任绛州、郑州刺史,乃与李商隐有文字交往,很值得研究。

周绍良编纂之《唐代墓志汇编》据"河南千唐志斋藏石",载有《唐故绵州刺史江夏李公墓志铭并序》①，署"朝散大夫使持节郑州诸军事守郑州刺史上柱国赐紫金鱼袋李褒撰"，称"有唐会昌四年四月十一日，左绵守李公殁于位"，后谓其年十二月十九日葬。如此，则会昌四年冬，李褒在郑州刺史任。这是确证，也是李褒唯一留存之文。在郑州期间，李商隐曾为其撰文数篇，并称其为从叔（见《郑州献从叔舍人褒》）②。按李商隐于会昌二年在陈许节度使王茂元幕（任掌书记），旋以书判拔萃入为秘书省正字，后又因母丧居家，在郑州荥阳，会昌三至五年间即居于洛阳、郑州等地，遂与李褒有接触，故李褒曾多次约李商隐代草启状。李商隐《为绛郡公上李相公》，据《李商隐文编年校注》（页944），此李相公为李德裕，作于会昌四年八月。文中云："周旋二郡，绵历两霜。"所谓"二郡"，结合当时唐廷征讨昭义节镇刘稹，云"绛台北控，有元戎大集之师；郑国东临，过列镇在行之众"，即绛州、郑州。李商隐另有一篇《为绛郡公上崔相公启》（《李商隐文编年校注》，页1042），亦有云："若某者实有何能，可叨出牧。绛田已非厥任，荥波转过其材。"即绛州任在郑州前。参据《唐刺史考全编》、《李商隐文编年校注》，大致可确定，李褒于会昌二年五月出院后，当不久即出任绛州刺史，会昌三、四年间改任郑州刺史，约至会昌五、六年间。

在此期间，可以注意的是，李商隐曾数次代李褒撰文。如《为

①《唐代墓志汇编》，周绍良编纂，上海古籍出版社，1992年。
②刘学锴、余恕诚《李商隐诗歌集解》，页521，台北洪业文化事业有限公司，1992年。

绛郡公上崔相公启》(《李商隐文编年校注》,页1042),称"某本洛下诸生,东莞旧族,粗沾科第,薄涉艺文",则李褒为瑯琊东莞旧族,早期居于洛阳(按此可与前所引述之《旧五代史·李怿传》所谓"京兆人"比勘),曾举进士及第。在郑州期间,李商隐甚受李褒眷怀,其《上郑州李舍人状一》(同上,页1051),有云:"伏奉荣示,伏蒙赐及麦粥饼啖饧酒等,谨依捧领讫。某庆耀之辰,早蒙抽擢;孤残之后,仍被庇庥。"《上李舍人状一》(同上,页1076),作于会昌五年五、六月间,又云:"自春又为郑州李舍人邀留,比月方还洛下。"《上郑州李舍人状三》:"昨者累旬陪侍座下,赍赐稠叠,宴乐频仍。"可见李褒对李商隐生活处境的关怀。

又,李商隐于会昌四、五年间为李褒上书致时任宰相的李德裕、李绅、崔铉、李回,均提出辞郑州刺史任,自称"力有所不任,心有所不逮",希望能在江南任职,"彼吴楚偏乡,非舟车要路","俾之养理,使得便安"。李褒这种心情,也值得探索。

李褒何时离郑州刺史任,不可考。《唐刺史考全编》卷五八河南道虢州,据《全唐文》卷八三二钱珝《授李褒刺史等制》,谓"李褒为虢刺疑在会昌末"。按钱珝于昭宗时知制诰,后于会昌五十余年,时代不合。且钱珝制文,记李褒仅云"或清识雅裁,为时隽才;或检操修身,累居绳准",与前曾任绛、郑二州刺史之任历不合。则钱珝此制之李褒,当为昭宗时人,同名异人。

李褒当于会昌末入朝,宣宗初在朝中任职,于宣宗大中三年(849),知科举试。《唐语林》卷七有记:"大中三年,李褒侍郎知举。"清徐松《登科记考》卷二二即据《唐语林》所记,系李褒于大中三年(849)以礼部侍郎知举。

李褒知举后，即于同年出为浙东观察使、越州刺史。《会稽掇英总集》："李褒，大中三年自前礼部侍郎授，六年八月追赴阙。"李褒于浙东期间，杜牧曾献有诗，题为《李侍郎于阳羡里富有泉石，牧亦于阳羡粗有薄产，叙旧述怀，因献长句四韵》（《樊川文集》卷二），诗云："冥鸿不下非无意，塞马归来是偶然。紫绶公卿今放旷，白头郎吏尚留连。终南山下抛泉洞，阳羡溪中买钓船。欲与明公操履杖，愿闻休去是何年。"陶敏《全唐诗人名考证》据李褒于大中三年以礼部侍郎知举，杜牧此诗题称"李侍郎"，当为李褒，是。陶《考》又谓杜牧此诗当作于大中三年，"时杜牧为司勋员外郎，牧开成五年已官员外郎，十年后仍在郎署，故云'白头郎吏尚留连'"。按杜牧于大中三年（849）为尚书司勋员外郎、史馆修撰，后于大中四年（850）转吏部员外郎，是年秋出为湖州刺史①。则此诗当作于大中三、四年间。但陶《考》又引《唐语林》卷四所记"李尚书褒晚年修道，居阳羡川石山后，长子召为吴兴，次子昭为常州，当时荣之"，谓与诗中"放旷"及"终南山下抛泉洞，阳羡溪中买钓船"之语合，即谓杜牧作此诗时，李褒已隐居阳羡。按此与前所引述之《会稽掇英总集》所载李褒于大中三年至六年为浙东观察使不合。检《元和郡县图志》卷二五江南道常州有义兴县，云"本汉阳羡县"，在今江苏宜兴市南，太湖西岸，与会稽（今浙江绍兴）尚有一定距离，李褒不可能在任期间又居于该处。

按《唐语林》所记此则，有两种可能性，一为有真实性，结合杜牧此诗，即李褒在会稽任期，已着意于阳羡，特于该处先购置住

---

① 参见缪钺《杜牧年谱》，人民文学出版社，1980年。

地，"富有泉石"，后离浙东任后，即隐居于此。另一为是否合于实际尚有可疑，《唐语林》记李褒居阳羡时，"长子召为吴兴，次子昭为常州，当时荣之"。今查核《唐刺史考全编》卷一四〇江南东道湖州（吴兴郡），据《吴兴志》，记李超于咸通十一年（870）八月自楚州都团练使授，郁氏谓此李超疑即为李褒子李召①。大中六年（852），咸通十一年（870），相距近二十年，何以李褒后居阳羡时李召在吴兴任，且"当时荣之"。《唐语林》当依杜牧之诗而揣测写之。

据前所述，李褒当于大中六年离浙东任，此后不详。《旧五代史》卷九二其孙李怿传，谓"祖褒，唐黔南观察使"，即李褒后又任黔南观察使，未知是否属实，俟考。

李褒，两《唐书》无传，现辑集有关史料，确可大致勾稽其主要事迹，且可见其与当时文士之较广交往，确可补唐史之不足。

周敬复

周敬复，两《唐书》无传。其事迹最早可知者，为《旧唐书》卷一七三《郑覃传》所载："其年，李固言复为宰相。固言与李宗闵、杨嗣复善，覃憎之。因起居郎缺，固言奏曰：'周敬复、崔球、张次宗等三人，皆堪此任。'覃曰：'崔球游宗闵之门，且赤墀下秉笔，为

---

① 按，《唐刺史考全编》又于卷一三八常州，引《嘉泰吴兴志》所载此文，系李昭于咸通十一年为常州刺史，昭、召混为一人，似误。

千古法,不可朋党。如裴中孺、李让夷,臣不敢有纤芥异论。'乃止。"按据《新唐书》卷六三《宰相年表》,李固言于文宗大和九年(835)七月辛亥任相,同年九月出为山南西道节度使;开成元年(836)四月甲午又任相,二年十月戊申又出为西川节度使。则此所谓"复为宰相",当在开成元年四月后。

由此可知,开成元年时,周敬复已在朝中任有官职,本由李固言荐其与崔球、张次宗为起居郎,但因当时执政者各有朋党之争,未就。又据《旧唐书·郑覃传》,此时郑覃为相,曾建议勒石刻经,乃奏水部员外郎崔球、监察御史张次宗参预校订《九经》文字。水部员外郎与起居郎同为从六品上,监察御史为正八品上,如此,则周敬复此时所任官当亦在七、八品之间。

《旧唐书》卷一七五《文宗子·庄恪太子永传》,记开成三年(838),文宗为加强对太子的教导,"诏侍读窦宗直、周敬慎依前隔日入少阳院"。《新唐书》卷八二《庄恪太子永传》亦载此,记为:"敕侍读窦宗直、周敬复诣院授经。"清劳格《唐尚书省郎官石柱题名考》卷四吏部员外郎,引《旧·庄恪太子传》,即谓"敬慎"当从《新书》作"敬复"。按两《唐书》除《旧唐书》卷一七五记有"周敬慎"外,其他均未有记,则"慎"字当误,应作"复"。由此可见,周敬复于开成前期任太子侍读。

此后,即入院。丁《记》:"开成五年三月三十日,自兵部员外郎、知制诰充。"即此前周敬复已为兵部员外郎、知制诰。据《旧唐书·文宗纪》及两《唐书·庄恪太子永传》,庄恪太子永,于开成三年十月庚子卒,则周敬复当于庄恪太子卒后,离太子侍读任,改为兵部员外郎。

丁《记》接云："十二月十一日，赐绯。会昌元年二月十三日，转职方郎中、知制诰、中书舍人。二年九月十八日，守本官出院。"此处将职方郎中、知制诰与中书舍人并提，且为同时，岑氏《注补》对此有说，谓："按知制诰即中书舍人之试用，试用而可者约周年乃正除舍人，唐制如是，可于各条见之，断无同日授知诰复授中舍之理，此处中书舍人四字是衍文，抑其上有夺文，今难确定。"如此，则其出院时所谓守本官，系职方郎中、知制诰，还是中书舍人，确未能定。

出院后仕历未详，现可知者为《旧唐书》卷一八下《宣宗纪》，大中四年(850)，"十二月，以华州刺史周敬复为光禄大夫、检校左散骑常侍，兼洪州刺史、江南西道团练观察使，赐金紫"。周敬复何时任华州刺史，未可知。

《全唐文》卷七三三杨绍复《授周敬复尚书右丞制》，中云："江南西道都团练使观察处置等使检校右散骑常侍周敬复，以精远之词，早登科籍；以深奥之学，遂列显名。振风绩于南宫，奋华辉于翰苑，声猷实著，名以事高。"《唐刺史考全编》卷一五七江南西道洪州，亦提及杨绍复此制，又据严耕望《唐仆尚丞郎表》谓周敬复约于大中七年(853)前后由江西观察迁右丞。杨绍复为杨於陵子，两《唐书·杨於陵传》皆记杨绍复官中书舍人，但未记年。此当为杨绍复为中书舍人时所作。由杨此制，则周敬复亦曾进士及第("早登科籍")，先任尚书省郎官("南宫")，后即入翰林学士院("奋华辉于翰苑")。

又杜牧有《代人举周敬复自代状》(《樊川文集》卷一五)，云："前件官执德以进，向道而行，蔼有令名，备历清贯。掌纶言于西掖,才称发挥;参密命于内庭,众推忠慎。自珥貂近侍,主钥东门,声实益重于搢绅,磨涅始彰其坚白。伏以南省实天下根本,两丞为百司管辖,苟非其选,必致败官。今若以臣所任回授敬复,庶能肃清台阁,提举纪纲,既曰陟明,实不虚受。伏乞天恩允臣所请。”此为杜牧代人所撰,未能定其确切时间。唯因文中有“两丞为百司管辖”,杨嗣复有《授周敬复尚书右丞制》,则似有联结。胡可先《杜牧诗文编年》①,有云:“周敬复大中七年由洪州刺史迁尚书右丞,故杜牧作此状于此前不久,当为大中六年(852)杜牧卒前。《唐方镇年表》卷五引杜牧《代人举周敬复自代状》亦在大中六年下,良是。”此说有一定道理。但杜牧此文,周之仕绩,仅言“掌纶言于西掖”(即曾任兵部员外郎、知制诰),“参密命于内庭”(即入院为翰林学士),而未叙出院后连续任绛州、洪州节镇,不知何故。

还值得一提的是,周敬复在江西任时,李商隐作有一文称誉之。李商隐于大中五年至九年(851—855)在柳仲郢东川节度使幕,掌书记,在梓州。当地一寺院建立四位佛教大师碑铭,李商隐应命撰有《唐梓州慧义精舍南禅院四证堂碑铭并序》,作于大中七年(参据刘学锴、余恕诚《李商隐文编年校注》,页2069)②,中谓此时江西廉使汝南公(周敬复),闻讯后特寄赠一大师道貌,深致谢忱,云:“江西廉使大夫汝南公,黄中秉德,业尚资仁,动之则瑶瑟琼钟,锵洋清庙;静之则明河亮月,浩荡华池。远应同声,函缄遗貌。”于此也可见周敬复之文化情趣。

---

①见胡可先著《杜牧研究丛稿》,人民文学出版社,1993年。
②刘学锴、余恕诚《李商隐文编年校注》,中华书局,2002年。

据前所述，周敬复约于大中七年入朝，任尚书右丞，此后两年，却发生一件意外错失事。《旧唐书》卷一八下《宣宗纪》，大中九年，"三月，试宏词举人，漏泄题目，为御史台所劾，侍郎裴谂改国子祭酒，郎中周敬复罚两月俸料，考试官刑部郎中唐枝出为处州刺史，监察御史冯颛罚一月俸料。其登科十人并落下。其吏部东铨委右丞卢懿权判"。《新唐书》卷八《宣宗纪》、《通鉴》卷二四九皆未记此事。《唐会要》卷七六亦记此，唯云"大中元年二月"（中华书局1957年排印本），"元"当为"九"之形讹。又《唐会要》所载此事，谓"考试官刑部郎中唐扶出为虔州刺史"，与前《旧纪》所载之"唐枝"，又异。今查《旧唐书》卷一九〇下《文苑传》下《唐次传》，记唐次弟款，款子枝，有云："枝字已有，会昌末累迁刑部员外，转郎中，累历刺史，卒。"此与《旧纪》所记大致相合。又《旧唐书·唐次传》确亦记有唐扶，为唐次之次子，但未记其曾任虔州刺史，且谓开成四年十一月卒于福建团练观察使，已为大中九年之前十余年。可见《唐会要》此书确需重新全面整理。

此后周敬复仕迹不详。《新唐书·艺文志》未有著录；《全唐诗》、《全唐文》亦未载其诗文。

又，岑氏《注补》于丁《记》记周敬复于会昌二年九月十八日出院后，谓李商隐有《谢邓州周舍人启》，谓此周舍人当为周敬复，见其所著《玉谿生年谱会笺平质》。按刘学锴、余恕诚《李商隐文编年校注》（页1779）考此文作于大中二年秋，时李商隐由桂管归京途经邓州，但此周舍人"是否即周敬复，则尚待进一步考定"。周敬复似未曾任邓州刺史，且李商隐此文既作于大中二年，距周敬复会昌二年九月出院，已有六年，岑说似不确。

郑　朗

郑朗，两《唐书》有传，见《旧唐书》卷一七三、《新唐书》卷一六五。郑覃为文宗大和时翰林侍讲学士(见前郑覃传)。

《旧传》记："朗字有融。长庆元年，登进士甲科。"而《新传》则记为："有司擢朗第一，既又覆实被放。"长庆元年(821)举试事，清徐松《登科记考》卷一九，有详记。此年为钱徽知举，初选后为人所告，谓"今岁礼部殊不公，所取进士皆子弟无艺，以关节得之"(《通鉴》卷二四一长庆元年三月载，此为西川节度使段文昌上言)。后由中书舍人王起、主客郎中知制诰白居易等复试，"诏黜(郑)朗等十人"，钱徽等亦被贬(详见前宪宗朝钱徽、段文昌传)。则郑朗于长庆元年应试，初及第，后被黜落，《旧传》仅言"长庆元年，登进士甲科"，不确。

《旧传》后又有误，其于"长庆元年，登进士甲科"后，接云"再迁右拾遗"，即谓是年进士及第后，即再迁为右拾遗。《新传》则记为："始辟柳公绰山南幕府，入迁右拾遗。"又《旧唐书》卷一六五《柳公绰传》记云："钱徽掌贡之年，郑朗覆落，公绰将赴襄阳，首辟之。"

又据《旧唐书》卷一六《穆宗纪》，长庆三年五月，山南东道节度使牛元翼卒，而《旧唐书·柳公绰传》记柳于长庆三年先为尚书左丞，后任山南东道节度使。如此，则郑朗当于长庆元年举试复落后，于长庆三年五月后应辟入柳公绰之山南东道节镇。后柳公绰于敬宗宝历元年（825）入为刑部尚书，则郑朗亦因之入朝，迁右拾遗。

《旧传》后记郑朗于开成中为起居郎，转考功郎中，开成四年又迁为谏议大夫。在这期间，刘禹锡有诗与郑覃、朗兄弟唱酬。刘禹锡有《奉和郑相公以考功十弟山姜花俯赐篇咏》，陶敏、陶红雨《刘禹锡全集编年校注》，即据此系于开成三年，郑朗于四年迁谏议大夫前①。时刘禹锡在洛阳。开成三年，郑覃正居相位，故刘诗题称"郑相公"。此诗有云："响为纤筳发，情随彩翰飞。故将天下宝，万里共光辉。"当为郑朗在考功郎中任时，以名花山姜寄赠刘禹锡，郑覃并撰有诗，刘禹锡即特为和作，以致谢意，并抒情谊。

《旧传》后记郑朗于开成四年迁谏议大夫，会昌初为给事中，未叙开成四年至会昌初为翰林侍讲学士。《新传》则云："累迁谏议大夫，为侍讲学士。"虽未记年月，但合乎事实，可补《旧传》之不足。

丁《记》记云："开成五年四月十九日，自谏议大夫充侍讲学士，其年五月四日，赐绯。十一月二十九日，出守本官。"

郑朗与卢懿是武宗即位后第一批召入为翰林学士的（卢懿，见后传）。时李德裕任相，李德裕与郑覃甚有交谊，郑朗当因受李德裕之荐而入院的。但仅半年，又以谏议大夫出院，不知何故。不过李德裕于会昌二年（842）十一月所撰《授郑朗等左谏议大夫制》②，对郑朗在谏议大夫任期之职责，是甚加称誉的，称其"贞正

---

① 《刘禹锡全集编年校注》，页719，岳麓书社，2003年。
② 傅璇琮、周建国《李德裕文集校笺》卷四，河北教育出版社，2000年。

守道,列于左掖,从容讽谏,每竭嘉猷","执以言责,本于忠诚"。

此后,郑朗仕迹颇显,据两《唐书》本传,历任地方节镇,朝中又任为御史中丞、户部侍郎。又《新唐书》卷六三《宰相年表》,记为:宣宗大中十年(856)正月,任相,守工部尚书、同中书门下平章事;十一年(857)十月,罢为检校尚书右仆射、兼太子少师。而《旧传》所记有异,云:"大中十年,以疾辞位,进加检校右仆射、守太子少师。"此可为又一显误。

《全唐文》卷七九一载其文一篇:《请停直馆增修撰奏》,甚短。其他均未有载记。

卢　懿

卢懿,两《唐书》无传。《新唐书》卷七三上《宰相世系表》三上,载有其名,但未记其字号、官名;又记其祖晊,殿中侍御史,父逢,户部郎中。又《旧五代史》卷六七《卢程传》云:"卢程,唐朝右族。祖懿,父蕴,历仕通显。"即卢懿之仕迹亦为通显者,但未有具述。

卢懿是否科举及第,不详。其事迹最早可知者,为清劳格《唐尚书省郎官石柱题名考》卷三吏部郎中卢懿名下,引石刻《蜀丞相诸葛武侯祠堂碑阴》,有云:"杨嗣复记,后列衔有节度参谋、试大理评事卢懿。大和九年八月八日,四川成都。"按清陆心源辑《唐文拾遗》卷二五有杨嗣复《蜀武侯祠堂碑阴题记》,云:"予以元和初为临淮公从事,因陪刻石,时序荏染,二十有七年。今谬膺戎寄,口继前烈,谒拜祠宇,顾瞻斯文,省躬怀旧,不胜感幸。"文末署《金石苑》。但未列碑阴题名。今检《旧唐书》卷一七六《杨嗣复传》,杨嗣复于文宗大和九年(835)三月为成都尹、剑南西川节度使,开成二年(837)十月入为户部侍郎。《郎考》所引《祠堂碑阴》题名,为大和九年八月八日,则卢懿当应杨嗣复之辟,于大和九年三月后在西川节度幕府任节度参谋,带大理评事之衔(从八品下)。

杨嗣复后于开成二年召还,卢懿可能亦随之入朝,过三年,开成五年(840)四月,即以司封员外郎入院。

丁《记》:"开成五年四月十九日,自司封员外郎充侍讲学士。"与郑朗同时入(见前郑朗传),亦为武宗朝首批召入的翰林侍讲学士。

丁《记》接云:"其年四月,赐绯。"按前所记为开成五年四月十九日入院,而此又云"其年四月",相重。岑氏《注补》有云:"按懿与前条郑朗同日入为讲学,则其赐绯似亦同时,今朗以五月四日赐绯,而懿以四月,殆任一有误,四月近于四日之讹,其误或在本条也。"岑说是,当据郑朗条,改为"其年五月四日"。

丁《记》接记其出院:"会昌元年二月九日,出守本官。"则其在院,不到一年,似也无具体职绩。后崔嘏草制的《授卢懿吏部郎中制》(《全唐文》卷七二六),称其"词锋绚练,门绪清华;儒席许其温恭,士林推其端厚",即就其侍讲学士职责而言的。

卢懿以司封员外郎出院,后有迁转。元王恽《玉堂嘉话》卷一,记有"李绅拜相制",又云:"后平书司勋郎中判懿,会昌二年二月。"《唐尚书省郎官石柱题名考》卷七司勋郎中,于卢懿名下引

《淳熙秘阁续法帖》卷六,亦记有:"李绅拜相告后平书司勋郎中判懿。会昌二年二月日。"《李绅拜相制》为孔温业所撰(见《唐文拾遗》卷三,亦据王恽《玉堂嘉话》。《唐大诏令集》未载此制)。李绅由淮南节度使入朝,确在会昌二年(842)二月(参见傅璇琮《李德裕年谱》)。由此,则卢懿于会昌元年二月以司封员外郎出院后,迁司封郎中,会昌二年二月仍在此任。

又崔嘏《授卢懿吏部郎中制》(《全唐文》卷七二六),先称其"河南少尹卢懿",首云"自分曹洛汭,贰尹三川",则卢懿于会昌二年二月后,又曾任河南少尹(洛阳),会昌后期又入为吏部郎中。

又杜牧《唐故东川节度使检校右仆射兼御史大夫赠司徒周公墓志铭》(《樊川文集》卷七),记周墀于宣宗大中五年(851)二月十七日,"讣至,废朝三日,册赠司徒,命谏议大夫卢懿吊恤其家"。则卢懿于大中五年二月在谏议大夫任。

又《旧唐书》卷一八下《宣宗纪》,大中九年(855)三月,记本年试宏词举人,漏泄题目,考官受罚(详见前周敬复传),有云:"其吏部东铨委右丞卢懿权判。"即此次博学宏词试,复由吏部复试,卢懿即以尚书右丞主持其事。《旧唐书·宣宗纪》后于大中十一年(857)四月又记:"以吏部侍郎卢懿检校工部尚书、兼凤翔尹、御史大夫、凤翔陇右节度使。"后又记大中十一年十二月,任蒋系为凤翔尹、凤翔陇右节度观察等使。则卢懿任凤翔陇右节镇,仅半年。此后不详,可能即卒于凤翔节镇任,故仅半年,即另委人接任。

卢懿未有著述著录,亦无诗文传世。

李 讷

　　李讷，两《唐书》有传，见《旧唐书》卷一五五、《新唐书》卷一六二，附于其父李建传后。李建，德宗时翰林学士，详见前传。李建郡籍为陇西，其先世后寓居江陵(今湖北江陵)。

　　《旧唐书·李建传》所记李讷事甚略，仅云："三子：讷、恪、朴。讷最知名，官至华州刺史、检校尚书右仆射。"《新传》所记稍详，有云："建子讷，字敦止，及进士第。迁累中书舍人，为浙东观察使。"皆未记翰林学士事，如无丁《记》，则唐翰林学士即缺李讷之名。

　　元稹曾为李建作墓志铭：《唐故中大夫尚书刑部侍郎上柱国陇西县开国男赠工部尚书李公墓志铭》(《全唐文》卷六五五)，记李建"生五男"，"长曰讷"，后又依此叙四子名：朴、恪、慤、硕。而《旧传》所记，李建仅三子，且恪在朴之前，元《志》可补其缺失。又据元《志》，李建卒于长庆元年(821)二月二十三日，五月二十五日葬于凤翔府某县，《志》又云："生五男，长曰讷，始二十。"则长庆元年李讷为二十岁，当生于德宗贞元十八年(802)。此亦可补两《唐书》本传。

　　《新传》谓其"及进士第"，未记年。李讷前期事迹不详，其最早仕历可知者唯丁《记》云："开成五年七月五日，自左补阙充。会昌二年四月十六日，迁职方员外郎。十一月二十一日，赐绯。三年四月□日，守本官。"据此，则李讷于文宗开成年间已任为左补阙(从七品上)，武宗即位后，于当年七月五日召入为翰林学士，时年三十九;会昌二年(842)四月,迁职方员外郎(从六品上);会昌三年(843)四月,守本官(职方员外郎)出院。又《唐尚书省郎官石柱题名考》卷四吏部员外郎有李讷,或于出院后又由职方员外郎改为吏部员外郎,旋又迁为礼部郎中(从五品上)、知制诰(见后)。

崔嘏《授李讷中书舍人李言大理少卿制》(《全唐文》卷七二六),称李讷原为礼部郎中、知制诰,现授以中书舍人。按崔嘏于会昌时为中书舍人(见前卢懿传)。如此,则李讷于会昌三年四月以职方员外郎出院,后又改吏部员外郎,随又迁礼部郎中、知制诰,当于会昌后期擢为中书舍人(正五品上)。崔嘏制文称其"以器能犀利,文采光华,演纶推倚马之工,剖竹著悬鱼之化"①。

又,岑氏《注补》,于丁《记》记李讷出院后,曾援引李商隐《郑州李舍人状》、《上李舍人状》,谓非李商隐集旧注所谓李褒,应为李讷,李讷于会昌三年出院后,于此年冬出守外郡(郑州),四年复召为吏部员外、知制诰,李商隐即作此二状。按岑氏所言实无据。今检刘学锴、余恕诚《李商隐文编年校注》(第三册),此李舍人仍当为李褒,详见前李褒传。

《新传》记李讷"及进士第"后,即云"迁累中书舍人",未记入

①按崔嘏此制,题中称"李言大理少卿";《唐尚书省郎官石柱题名考》卷四吏部员外郎,于李讷名下亦引及崔嘏此制文,劳格谓"李言"疑"卢言",即谓"李言"当作"卢言",但未叙所据。按卢言,两《唐书》无传,《新唐书》卷一八〇《李德裕传》记宣宗即位后,贬李德裕,大中二年又有讼李绅冤杀吴湘事,大理卿卢言即言,当由此再贬李德裕。大中二年卢言为大理卿,则会昌后期当任为大理少卿。此可补劳格之说。

翰林学士院事,也未记任所谓中书舍人之年。《全唐文》卷四三八载有李讷《授卢弘止韦让等徐滑节度使制》①、《授薛元赏昭义军节度使制》、《授陈君从鄜州节度使塞门行营使制》。按卢弘止、韦让,约于宣宗大中三年(849)为徐、滑节度使(参《唐刺史考全编》卷六四河南道徐州、卷六三滑州),薛元赏亦于大中三年为昭义军节度使(参同上卷八六河东道潞州),陈君从约于大中五、六年间为鄜州节度使(参同上卷七关内道鄜州)。据此,则李讷于会昌后期任中书舍人,至宣宗大中五、六年间仍在任。可注意的是,李讷在翰林学士任期内,未有制文传世,而在中书舍人任内,却存有三篇制文,且此三篇制文,皆为授重镇之作。由此可见,晚唐时中书舍人撰写制诰之职责,亦甚受朝中重视。可再就此时中书舍人崔瑕、钱珝,作进一步考索。

《新传》又记:"迁累中书舍人,为浙东观察使。"即后由中书舍人出任浙东观察使,而杜牧《李讷除浙东观察使兼御史大夫制》(《樊川文集》卷一八),则先称李讷为华州刺史,潼关防御镇国军等使,现授为浙东观察使,即由华州刺史、镇国军节度使改任,非由中书舍人出任,此可纠《新传》之不确。又《会稽掇英总集·唐太守题名》记:"李讷,大中六年八月自华州防御使授。"由此,则李讷当于大中五、六年间自中书舍人出任华州刺史,大中六年八月又改任浙东观察使。

杜牧所撰制文,称李讷"实以君子之德,华以才人之辞,扬历清显,昭彰令闻。辍自掌言,式是近辅,子贡为清庙之器,仲弓有

①按此制题,"卢弘止"原作"卢弘正",今改。

南面之才"。即先为翰学,又为中书舍人,均能"表率教化,皆有法度",对其撰制之职责甚为重视。

这里还可纠《旧唐书》一误。《旧唐书》卷一八下《宣宗纪》下,大中十年,"正月乙巳,以正议大夫、华州刺史、潼关防御、镇国军等使、上柱国、陇西县开国男、食邑三百户、赐紫金鱼袋李讷检校左散骑常侍、兼越州刺史、御史大夫、浙江东道都团练观察等使"。即李讷由华州转任浙东,在大中十年正月。而据上所述,李讷任浙东观察使之制文乃杜牧所撰,杜牧则于大中五年八月由湖州刺史擢考功郎中,知制诰,大中六年初入朝,同年八月正除中书舍人,而于同年冬病卒(参见《唐五代文学编年史》)。如此,则此撰制当作于大中六年,与《会稽掇英总集》所记大中六年八月合。《旧纪》记为大中十年,显误。且《通鉴》卷二四九大中九年七月记"浙东军乱,逐观察使李讷";于是"九月乙亥,贬李讷为朗州刺史"。《新唐书》卷八《宣宗纪》亦于大中九年七月记:"是月,浙江东道军乱,逐其观察使李讷。"即大中十年前一年,李讷已离浙东任。此亦可证,晚唐时期,《新唐书》本纪较《旧唐书》确切。

又《通鉴》载浙东之所以发生军乱,是因为李讷"性卞急,遇将士不以礼,故乱作"。《东观奏记》卷下、《唐语林》卷二,亦皆有此记。《新传》后记李讷贬朗州刺史,又召为河南尹,在河南尹时"时久雨,洛暴涨,讷行水魏王堤,惧漂泊,疾驰去,水遂大毁民庐。议者薄其材"。可见李讷仕绩不显。

此后仕迹不详。《旧传》云"官至华州刺史",《新传》则谓"凡三为华州刺史,历兵部尚书,以太子太傅卒",所记互异,且均未记年月。《全唐文》卷七九五孙樵《唐故仓部郎中康公墓志铭并序》，称康氏卒于咸通十三年，中称"今华州刺史李公讷"，则懿宗咸通十三年（872）仍在华州刺史任，时年已七十一。

《新唐书·艺文志》未著录其著述。《全唐诗》卷五六三载其诗一篇，《全唐文》卷四三八载其文数篇。

崔　铉

崔铉，两《唐书》有传，见《旧唐书》卷一六三、《新唐书》卷一六〇，皆附于其父崔元略传后。《旧传》记崔元略为博陵人，《新传》谓博州人。《元和郡县图志》卷一六河北道有博州，其所属县博平，"本齐之博陵邑也"。其地为今山东茌平。又《新唐书》卷七二下《宰相世系表》二下，记崔元略，"义成节度使"。据《旧传》，崔元略为滑州刺史、义成节度使，在文宗大和五年（831），同年十二月卒。

两《唐书》本传皆记崔铉字台硕，登进士第，但未记年。宋计有功《唐诗纪事》卷五一崔铉条，谓"宝历三年登第"。据《旧唐书·文宗纪》，大和元年（827）二月乙巳始改元，唐科试一般在年初，故此云宝历三年。清徐松《登科记考》卷二〇即据《唐诗纪事》系于大和元年。又《太平广记》卷一七五《崔铉》条，据《南楚新闻》，谓崔铉"大历三年侍郎崔郾下及第"。按大和元年确为崔郾知举，而云大历三年，则显误（大历三年知举者为薛邕）。

《唐诗纪事》卷五一又载崔铉"为儿时随父访韩晋公滉，滉指架上鹰令咏焉。吟曰：'天边心胆架头身，欲拟飞腾未有因。万里碧霄终一去，不知谁是解绦人。'浞曰：'此儿可谓前程万里也。'"
按此事，《太平广记》卷一七五亦载，所据亦为尉迟枢《南楚新闻》。按据《旧唐书》卷一二九《韩浞传》，韩浞卒于德宗贞元三年（787），若以此年计算，时崔铉尚为儿时，但已能作诗，姑以十岁计，则当生于大历十二年（777）左右。如此，宝历三年（大和元年）进士登第，已五十一岁；后于文宗开成三年（838）入李石荆南幕，为六十一岁，唐时入方镇幕府，似未能有六十余岁的。后崔铉于懿宗咸通时为荆南节度使，咸通八年（867）曾阻庞勋兵有功，则此年为九十一岁，九十余岁是不能仍在方镇任的。故《唐诗纪事》据《南楚新闻》所载此则轶事，当不合实；且前已考述，《南楚新闻》载崔铉为大历三年及进士第，已误，可见《南楚新闻》所载崔铉事，均误。

两《唐书》本传记其进士及第后，曾应辟在方镇幕府供职，后入朝被召为翰林学士。丁《记》记为："开成五年七月五日，自司勋员外郎充。会昌二年正月十二日，加司封郎中、知制诰。其年九月二十七日，加承旨，赐绯。十一月二十九日，迁中书舍人。三年五月十四日，拜中书侍郎平章事。"按《旧传》云："会昌初，入为左拾遗，再迁员外郎、知制诰，召入翰林，充学士。"即崔铉在入院前，于会昌初，先为左拾遗，再为员外郎并知制诰，而据丁《记》，崔铉于开成五年（即会昌元年前一年）已以司勋员外郎入院，此云"会昌初"才为左拾遗，后再迁员外郎、知制诰，才召入院，皆误。《旧传》又有云："累迁户部侍郎、承旨。"而据丁《记》，崔铉加任承旨时，其官衔为司封郎中、知制诰，在院时未有任户部侍郎者。《旧传》记崔铉入院事，仅数句，却有数误。

又，李褒于会昌元年十二月以中书舍人加承旨，会昌二年五月十九日出院（见前李褒传），崔铉即于会昌二年九月十七日接承旨任。

《全唐文》卷七五九仅载其文一篇：《遣司封员外郎充史馆修撰权审于衢路突尚书左仆射平章事判》，为残篇，权审，两《唐书》无传，仅《新唐书》卷七五下《宰相世系表》五下，记其"字子询"；此判文题中"于衢路突尚书左仆射平章事"，其事亦不详，亦未知其确年，是否在院时所作，亦未可定。可定为在院期间所作的，有《左神策军纪全德碑》，欧阳修《集古录目》卷十据《宝刻丛编》有著录，云："翰林学士承旨崔铉撰，散骑常侍、集贤殿学士柳公权书，集贤直院徐方平篆额。武宗常幸神策军劳策军士，兼统三军上将军仇士良请为碑以纪圣德，铉等奉敕书撰。碑以会昌三年立。"（据《云自在龛丛书》本）按文宗于开成五年正月卒，武宗立，宦者仇士良颇有功，故武宗于会昌前期甚宠信之，故《集古录目》云"武宗常幸神策军劳策军士"，当据崔铉所撰碑文。此当于会昌三年上半年崔铉在承旨任时所撰（又，柳公权于会昌二年二月已由集贤学士、判院事左迁太子詹事，见《通鉴》卷二四六，欧阳修当仍据其原衔所署）。

《旧传》："会昌末，以本官同平章事。"《新传》则具体记为："会昌三年，拜中书侍郎、同中书门下平章事。"《旧唐书·武宗纪》未记，《新唐书》卷八《武宗纪》亦记于会昌三年，谓五月"戊申，翰林学士承旨、中书舍人崔铉为中书侍郎，同中书门下平章事"，与《新唐书》卷六三《宰相年表》同，戊申为二十日。《通鉴》卷二四七则记为会昌三年五月壬寅，壬寅为十四日，与丁《记》同。

此为小异，而《旧传》却记为"会昌末"，则不确，会昌共六年，不应将会昌三年称为"末"。

崔铉是武宗朝由翰林学士直接提升为宰相之首例（也仅此一例）。关于崔铉入相，《通鉴》有具体记述，云："（五月）壬寅，以翰林学士承旨崔铉为中书侍郎、同平章事。铉，元略之子也。上夜召学士韦琮，以铉名授之，令草制，宰相、枢密皆不之知。"（两《唐书》本传未载此）《通鉴》于此处有《考异》，谓："《实录》，李让夷引铉为相。"即崔铉此次入相，为李让夷所荐引。按据《新唐书·宰相年表》，李让夷于会昌二年七月为相，会昌三年仍在相位，当然有荐引之可能。唯据《旧唐书》卷一七六《李让夷传》，李让夷在文宗时，"深为李珏、杨嗣复所恶，终文宗世官不达"。李珏、杨嗣复为牛僧孺、李宗闵一党。《旧传》接云："及德裕秉政，骤加拔擢，历工、户二侍郎，转左丞，累迁检校尚书右仆射，俄拜中书侍郎、同平章事。"后武宗卒，宣宗即位，李德裕被贬，李让夷也罢相。由此，则《实录》谓崔铉入相因李让夷所荐，《通鉴·考异》认为不可信，故于正文即未载。

但崔铉确涉入当时朋党之争。《旧唐书》卷一七七《崔珙传》，称珙"性威重，尤精吏术"，"会昌初，李德裕用事，与珙亲厚，累迁户部侍郎，充诸道盐铁转运等使"，后即擢迁为相，时为开成五年五月（据《新唐书·宰相年表》）。又据《旧唐书·崔珙传》，珙素与崔铉不叶，铉即奏劾其非，且"言珙尝保护刘从谏"，崔珙即于会昌四年六月被罢贬。可能正因此，崔铉即与李德裕不合，乃于会昌五年五月与杜悰同罢相。《旧传》称"为同列李德裕所嫉，罢相，为陕虢观察使、检校刑部尚书"。《新传》略同，亦称"与李德裕不叶"。《唐大诏令集》卷五六"宰相罢免"类,载《杜悰右仆射崔铉户部尚书制》,即遣责杜、崔二人"或趋尚之间,时闻于朋比;黜陟之际,每涉于依违"。杜悰亦素与牛党接近的。杜、崔此次罢相,也即含有党争色彩。后宣宗时,崔铉即挟此私怨,积极赞助白敏中,加害于李德裕(参见傅璇琮《李德裕年谱》)。又白敏中于会昌二年九月入为翰林学士,会昌三年五月崔铉出院拜相,白敏中即于是年十二月接任承旨(见后白敏中传)。有可能,崔铉、白敏中在院时即有朋党交结。

崔铉后于宣宗大中三年(849)又召为相(《新唐书·宰相年表》);九年,为淮南节度使。懿宗咸通年间,先后任襄州、荆南等节镇,卒于荆南任。

《新唐书》卷五九《艺文志》三,史部,载《续会要》四十卷,记杨绍复、裴德融、薛逢等撰,"崔铉监修"。据《旧传》,此书为大中七年(853)崔铉任相时所上。后未存。《全唐文》卷七五九载其文一篇:《遣司封员外郎充史馆修撰权审于衢路突尚书左仆射平章事判》,前已述。《全唐诗》卷五四七载诗二首:《进宣宗收复河湟诗》、《咏架上鹰》。

敬　晦

敬晦,两《唐书》无传。《新唐书》卷一七七《敬晦传》略有记,谓:"晦兄昕、晔,弟旷、煦,俱第进士籍。昕为河阳节度使,晔右散骑常侍,世宠其家。"未提及敬晦为翰林学士事。《新唐书》卷七五上《宰相世系表》五上，记敬晔字日新，官亦为右散骑常侍。

敬晔仕历，即以丁《记》所记最为具详，云："开成五年十一月十六日，自兵部员外郎、史馆修撰充。会昌二年八月六日，出守本官。"如无丁《记》，则唐翰林学士即无敬晔之名。

按兵部员外郎为从六品上，右散骑常侍为正三品，品阶虽高，但为散官，当为敬晔出院后，累有仕历，最终为散骑常侍。《唐尚书省郎官石柱题名考》卷七司勋郎中有敬晔名，当为出院后，于会昌后期、大中前期，曾由兵部员外郎升迁为司勋郎中（从五品上）。

敬晔无著作载录，为武宗朝翰林学士中最未有著述表现的。

韦　琮

韦琮，《旧唐书》无传，《新唐书》卷一八二有传，但甚简，仅数十字。

《新传》云："韦琮字礼玉，世显仕。"虽云"世显仕"，但未有具体记述，传中亦未记其祖、父名。韦琮后曾任相，丁《记》亦于其姓名前标"相"字，但《新唐书》之《宰相世系表》未列其名。《通鉴》卷二四七会昌三年（843）五月有记韦琮事（详见后），有云："琮，乾度之子也。"可补《新传》之缺。按《新唐书》卷一三九《房式传》记房式曾为宣歙观察使，卒于任，"赐其谥号"，"吏部郎中韦乾度曰"，以为"不宜得谥"。据《新唐书》卷七《宪宗纪》，元和七年（812）八月，"甲辰，宣歙观察使房式卒"，则韦乾度于元和中曾为吏部郎中（又见《唐会要》卷八〇《谥法》条）。后穆宗长庆二年

（822），在国子祭酒任。（《唐会要》卷六六《国子监》条，有云："长庆二年闰十月，祭酒韦乾度奏。"）岑仲勉《唐史馀瀋》卷三①，即据此订正《旧唐书》卷一六《穆宗纪》之误。《旧唐书·穆宗纪》长庆三年，"七月，国子祭酒韦乾庆卒"。即《唐会要》已记长庆二年闰十月韦乾度为国子祭酒，则长庆三年七月国子祭酒卒，当为韦乾度，非"韦乾庆"。

《新传》记韦琮"进士及第"，未记年，故清徐松《登科记考》卷二七列于进士登第未知年者。

《新传》于"进士及第"后，云："稍进殿中侍御史，坐讯狱不得实，改太常博士。擢累户部侍郎、翰林学士承旨。"所记过简，亦有不切者。丁《记》具体记为："会昌二年二月十五日，自起居舍人、史馆修撰充。其年十月十七日，加司勋员外郎。三年五月二十九日，转兵部员外郎、知制诰。四年四月十五日，转兵部郎中。九月四日，拜中书舍人，依前充。"

由丁《记》，可知韦琮于会昌二年（842）二月前已任为起居舍人（从六品上），在史馆供职（为史馆修撰），并以此入院。按武宗于开成五年（840）正月即位，当年即召有七位文士入院，其中有二人为翰林侍讲学士（郑朗、卢懿），而第二年会昌元年（841）则未有召入者，会昌二年则又召入四人，不知何故。或会昌二年，在院已仅五人，其中又有三人陆续出院（李褒、周敬复、敬晦），故复召四人。

《新传》称韦琮曾任太常博士，按太常博士为从七品上，而起

———————————

①岑仲勉《唐史馀瀋》，上海古籍出版社，1979年。

居舍人为从六品上,则韦琮当由太常博士累迁为起居舍人,后即以起居舍人入为翰林学士。入院后,历为司勋员外郎,兵部员外郎(亦从六品上,与起居舍人同阶)。至会昌四年(844)四月十五日,迁兵部郎中(从五品上)。岑氏《注补》谓迁兵部郎中时应仍为知制诰,当于"兵部郎中"后加"知制诰"三字,是。

丁《记》记会昌四年九月四日迁中书舍人(正五品上),云"依前充",即仍在院。又《旧唐书》卷一八下《宣宗纪》,大中元年(847)二月,记:"丁酉,礼部侍郎魏扶奏:'臣今年所放进士三十三人,其封彦卿、崔琢、郑延休等三人,实有词艺,为时所称,皆以父兄见居重位,不得令中选。'诏令翰林学士承旨、户部侍郎韦琮重考覆。敕曰:'彦卿等所试文字,并合度程,可放及第。……'"《唐会要》卷七六《贡举中·进士》亦载此①。由此可知,韦琮于宣宗大中元年正月仍在院,且已由中书舍人(正五品上)升为户部侍郎(正四品下),并已为翰林学士承旨,与《新传》所载合,此可补丁《记》。又,白敏中于武宗会昌三年十二月已加承旨,会昌六年四月,宣宗即位后,即提升为宰相(见后白敏中传),则韦琮当于该年下半年接为承旨(参岑仲勉《补唐翰林学士承旨记》)。

韦琮旋又于同年三月提升为宰相。《旧唐书·宣宗纪》,大中元年,"秋七月,制以正议大夫、尚书户部侍郎、知制诰、翰林学士承旨、柱国、赐紫金鱼袋韦琮以本官同中书门下平章事"。而《新唐书》卷八《宣宗纪》、卷六三《宰相年表》,则记是年三

---

① 清徐松《登科记考》卷二二大中元年条,谓据《登科记》与《唐会要》,应作二十三人,是。

月,中书侍郎、同中书门下平章事卢商罢相,崔元式、韦琮同时入相,即:"刑部尚书、判度支崔元式为门下侍郎兼刑部尚书,翰林学士承旨、户部侍郎韦琮为中书侍郎,并同中书门下平章事。"《通鉴》卷二四八同。《旧纪》记为七月,又未记崔元式事,《旧纪》所记当为误失。

丁《记》记韦琮于会昌四年九月四日为中书舍人后,即未有记,当据两《唐书》纪、表作补。由此可定,韦琮于会昌二年二月入院,大中元年三月出任宰相,在院前后六年(实为五年)。在院期间,可知者有三事:一、《通鉴》卷二四七会昌三年五月,载:"壬寅,以翰林学士承旨崔铉为中书侍郎、同平章事。铉,元略之子也。上夜召学士韦琮,以铉名授之,令草制,宰相、枢密皆不之知。"此事,《新唐书·韦琮传》未记。关于崔铉任相,武宗不先使宰相、宦官知,见前崔铉传。由此亦可见武宗对韦琮之信用,亦可见翰林学士在朝中参预机密之事例。二、即前已引述之大中元年正月参与科试复核事,可见唐翰林学士虽未如宋朝那样可直接主持贡试,但仍可代表皇上检核科试。三、宋欧阳棐据欧阳修编修之《集古录目》(《云自在龛丛书》本)卷十,据《宝刻丛编》,著录《商於驿路碑》,云:"翰林学士承旨韦宗(琮)撰,太子宾客柳公权书,秘书省校书李商隐篆额。商州刺史吕公(原注:碑不著名)移建州之新驿,碑以大中元年正月立。"此商州刺史吕公,据《新唐书》卷五八《艺文志》二,史部地理类,有吕述《黠戛斯朝贡图传》一卷,云:"字修业,会昌秘书少监、商州刺史。"此即会昌时任商州刺史之吕公(吕述)。吕述,两《唐书》无传。李商隐有《为荥阳公祭吕商州文》，据刘学锴、余恕诚《李商隐文编年校注》①作于大中元年秋。此荥阳公为郑亚，大中元年出为桂管观察使，李商隐以秘书省正字在其幕府供职，为支使兼掌书记。郑亚与吕述同于元和十五年（820）进士及第，后又曾同在幕府，当有交往，故吕述于大中元年秋卒于商州刺史任，李商隐即为其撰写祭文。韦琮所撰《商於驿路碑》，今不存，碑既立于大中元年正月，吕述当尚在世，李商隐也当因在郑亚幕，故特为篆额。

又《全唐文》卷七六六载有薛逢《上翰林韦学士启》，中云："某顷因章句，获达门墙。"但又云："嗟乎！九仞将成，而一篑莫前；三年欲飞，而长风不借。顾影增叹，谁将瘝言。"按薛逢于会昌元年登进士第，后释褐为秘书省校书郎，崔铉于会昌三年入相后，即荐授为万年县尉②。薛逢启中云"三年欲飞，而长风不借"，当意为，会昌元年进士及第后，虽已授为秘书省校书郎、万年县尉，但仍未有高阶。又会昌年间，以韦姓为翰林学士者仅韦琮，则此"韦学士"当即韦琮，薛逢乃求其荐引者，故云"方今选限犹远，官秩未期，伏希度以短长，择其任用"。此启之开端，即盛赞韦学士之文采："学士文章拔俗，嵩华让其孤标；学海无边，乾坤以之涯涘。优游仙署，偃息禁闱，笔洒王猷，砚涵天泽。成霖而雨露非远，吐气而虹霓坐舒。流品人伦，衣冠仰其衡镜；扶持大厦，社稷思其栋梁。"薛逢在当时亦有文名，《旧唐书》卷一九○《文苑下》有其传，载其

---

①刘学锴、余恕诚《李商隐文编年校注》，中华书局，2002年。
②详参傅璇琮主编《唐才子传校笺》卷七《薛逢传》谭优学笺，第三册，中华书局，1990年。

与杨收、王铎等同年登第，"而逢文艺最优"。薛逢上韦琮此启，于其仕途有所求，故极赞颂，此亦可见韦琮当时之声誉。

据前所述，韦琮于会昌六年下半年在院期间，为户部侍郎、知制诰、承旨，大中元年三月又擢迁为相。按宣宗即位后，由武宗时翰林学士提升为相的，第一个为白敏中（会昌六年五月），后即为韦琮，这值得研究。

不过韦琮任相仅一年半，又被罢免。《新传》记其"以中书侍郎同中书门下平章事，迁门下侍郎兼礼部尚书，无功，罢为太子宾客分司，卒"。《旧唐书·宣宗纪》记于大中二年（848）十一月。《新唐书》卷八《宣宗纪》大中二年十一月壬午记韦琮此事，更明确称为"贬"。按此时居相位者为白敏中、马植、周墀，马植、周墀亦皆为牛僧孺、李宗闵党。

韦琮在洛，闲居，与文人有文字交往。许浑《元处士自洛归宛陵山居见示詹事相公饯行之什因赠》（《全唐诗》卷五三六）。此"詹事相公"即韦琮，《旧唐书·宣宗纪》大中二年十一月记韦琮罢相，即授以太子詹事、分司东都。罗时进《丁卯集笺证》卷九亦载此诗①，谓此元处士，名不详，不过杜牧、许浑在宣州时与之交游颇频，宛陵即在宣城；又谓杜牧有《赠宣州元处士》、《题元处士高亭》诗，并引清冯集梧《樊川诗集》卷一注，谓此詹事相公或即韦琮。陶敏《全唐诗人名考证》（页794）亦谓此"詹事相公"为韦琮。由此，则此元处士自洛阳归宣州宛陵时，韦琮有诗相赠（其时当在大中二年十一月后），但《全唐诗》未载有其诗。

---

①罗时进《丁卯集笺证》，江西人民出版社，1998年。

《全唐文》卷七六〇载其文二篇:《月明星稀赋》、《明月照积雪赋》,皆原载《文苑英华》卷七,可能为州府省试之作。

魏 扶

魏扶,两《唐书》无传。《新唐书》卷七二中《宰相世系表》二中,鹿城魏氏,记有魏扶,"字相之,相宣宗"。又记其祖盈,父昌,皆未记官职。

宋计有功《唐诗纪事》卷五一魏扶条,有云:"扶,登大和四年进士第。"清徐松《登科记考》卷二一,即据此系于文宗大和四年(830)。

魏扶于大和四年登第后,仕历不详,现所知者,即以丁《记》所记,于武宗会昌时入为翰林学士。丁《记》记云:"会昌二年八月八日,自起居郎充。三年四月二十五日,赐绯。五月二十九日,加知制诰。四年四月十五日,转考功郎中。九月四日,拜中书舍人。"按清劳格《唐尚书省郎官石柱题名考》卷六司封员外郎,卷九考功郎中,皆记有魏扶,考功郎中当系在职时迁转之官衔(会昌四年四月十五日);司封员外郎与起居郎同为从六品上,当为会昌二年(842)八月八日以起居郎入院前,曾任司封员外郎。

又丁《记》记魏扶于会昌四年(844)九月四日迁为中书舍人,但后未有记,当有缺。按《旧唐书》卷一八下《宣宗纪》,记魏扶于大中元年(847)初以礼部侍郎知贡举。据唐科举制惯例,知举者多为前一年秋冬任命,魏扶当于会昌六年(846)后半年由中书舍人(正五品上)迁为礼部侍郎(正四品下),出院,以备明年(大中元年)知举。

《唐诗纪事》卷五一魏扶条,又载:"李羲叟,义山弟也,是岁登第。义山因上魏公诗曰:'国以斯文重,公仍内署来。……'"李商隐此诗即《喜舍弟羲叟及第上礼部魏公》(《全唐诗》卷五四〇)。此处明言魏扶此次知举,乃从内署(翰林学士院)调来。李商隐又有《献侍郎钜鹿公启》(刘学锴、余恕诚《李商隐文编年校注》,页1188)[1],亦为其弟羲叟及第放榜后致书魏扶,表示感谢,中亦有"窃计前时,承荣内署"之语。由此当可证,魏扶出院后迁为礼部侍郎,以备知举,时在会昌六年后半年。

魏扶于大中初又参与诬害李德裕事。《新唐书》卷一八〇《李德裕传》有云:"白敏中、令狐绹、崔铉皆素仇,大中元年,使党人李咸斥德裕阴事。故以太子少保分司东都,再贬潮州司马。明年,又导吴汝纳讼李绅杀吴湘事,而大理卿卢言、刑部侍郎马植、御史中丞魏扶言:'绅杀无罪,德裕徇成其冤,至为黜御史,罔上不道。'乃贬为崖州司户参军事。"由此可见,魏扶是积极配合白敏中,参与诬害李德裕的(关于吴湘狱事,可参傅璇琮著《李德裕年谱》大中二年条)。

《旧唐书·宣宗纪》,大中二年(848),有记云"十一月,兵部侍郎、判户部事魏扶奏",则魏扶于大中元年初以礼部侍郎知举后,于大中二年十一月改任兵部侍郎。后又于大中三年(849)四月,擢居相位。《旧唐书·宣宗纪》大中三年四月,"正议大夫、行

---

[1]刘学锴、余恕诚《李商隐文编年校注》,中华书局,2002年。

兵部侍郎、判户部事、上柱国、钜鹿县开国男、食邑五百户、赐紫金鱼袋魏扶可本官、平章事"。《新唐书·宣宗纪》、《新唐书·宰相年表》所记同，并记与崔铉同日拜相。

不过魏扶不久即卒。《新唐书·宣宗纪》大中四年（850）"六月戊申，魏扶薨"，同日即以"户部尚书、判度支崔龟从同中书门下平章事"。《新唐书·宰相年表》及《通鉴》卷二四九所载亦同。而《旧唐书·宣宗纪》却于大中四年十月记："十月，中书侍郎、平章事魏扶罢知政事。"此处有显误：魏扶于是年六月已卒，而据《旧纪》，却于十月才罢相，而未有记其卒时。

《新唐书·艺文志》未著录其著述。《全唐诗》卷五一六载诗三首；《全唐文》则未有载。

白敏中

白敏中，两《唐书》有传，见《旧唐书》卷一六六、《新唐书》卷一一九，皆附于《白居易传》后。

《旧传》："敏中字用晦，居易从父弟也。祖鏻，位终扬府录事参军；父季康，溧阳令。"《新传》未载其祖、父名。《新唐书》卷七五下《宰相世系表》五下，记其祖潾，扬州录事参军；父季康，溧水令，与《旧传》大致同。白居易有《唐故溧水县令太原白府君墓志铭并序》①，称"公讳季康，字某，太原人"，并称其父"讳鏻"，与《旧

①朱金城《白居易集笺校》卷七〇，上海古籍出版社，1988年。

传》同，则《新表》作"潾"，疑非。

《旧传》云："长庆初，登进士第。"《新传》同。清徐松《登科记考》卷一九即据《旧传》列于长庆二年（822），又引陈振孙《香山年谱》所云"长庆元年，公从弟敏中及第"，未予辨析。按《唐摭言》卷八即记王起于长庆中知举时，选拔白敏中及第，而王起乃于长庆二年、三年知举（见前文宗朝王起传）。白居易有《喜敏中及第偶示所怀》（《白居易集笺校》卷一九），朱金城笺，即谓此诗作于长庆二年。长庆共四年，则两《唐书》本传云"长庆初"，不切。

《旧传》记其登进士第后，云："佐李听，历河东、郑滑、邠宁三府节度掌书记，试大理评事。"按前所引述之白居易所作白季康墓志，记白敏中于"进士出身"后，云："前试大理评事，历河东、郑滑、邠宁三府掌记。"白居易此志作于大和八年（834），敏中母敬氏卒于大和七年正月，敏中当在服丧期，则其在河东、郑滑、邠宁幕府，皆在大和七年正月前。

白敏中在邠宁幕，白居易有二诗：《送敏中归邠宁幕》（《白居易集笺校》卷二五），《见敏中初到邠宁秋日登城楼诗诗中颇多乡思因以寄和》（同上卷三五）。由此，则白敏中早期即数与白居易有诗唱和，但其在邠宁所作皆未存。

据前述，白敏中于大和七年（833）正月居母丧，约至开成四年（839）又在符澈邠宁幕。《旧唐书·文宗纪》，符澈于开成四年六月任为邠宁节度使。《旧唐书·白敏中传》后记其于会昌初为殿中侍御史，分司东都。白居易有《和敏中洛下即事》（《白居易集笺校》卷三六），题下自注"时敏中为殿中分司"，即《旧传》所云"殿中侍御史，分司东都"。朱金城笺即系此诗于会昌元年（841）。

《旧传》接云："寻除户部员外郎，还京。"白敏中当于会昌元年夏由洛阳返长安，任户部员外郎，后转右司员外郎，召入为翰林学士，从此就步入仕途显迹。

丁《记》记为："会昌二年九月十三日，自右司员外郎充。"

按白敏中此次之入，实出于李德裕之举荐。关于此事，两《唐书》本传所叙较为符实，而《通鉴》所记则有偏见。《旧传》云："武宗皇帝素闻居易之名，及即位，欲征用之，宰相李德裕言居易衰病不任朝谒，因言从弟敏中辞艺类居易，即日知制诰，召入翰林充学士。"《新传》云："武宗雅闻居易名，欲召用之。是时，居易足病废，宰相李德裕言其衰荼不任事，即荐敏中文词类其兄而有器识。即日知制诰，召入翰林为学士。"《通鉴》卷二四六会昌二年九月记为："上闻太子少傅白居易名，欲相之，以问李德裕。德裕素恶居易，乃言居易衰病，不任朝谒，其从父弟左司员外郎敏中，辞学不减居易，且有器识。甲辰，以敏中为翰林学士。"按《通鉴》此处所记，较两《唐书》本传，增叙李德裕素恶白居易，突出李德裕有所谓个人私怨。

按会昌二年（842），白居易已七十一岁，按惯例，是不能再召入为相的，且白居易于文宗开成四年（839）即得"风疾"，左足病残。其《病中诗十五首》（《白居易集笺校》卷三五），即作于开成四年，时年六十八，自序中云："冬十月甲寅旦，始得风痹之疾……左足不支，盖老病相乘时而至耳。"开成五年（840），《强起迎春戏赠思黯》诗云"杖策人扶废病身"，《足疾》诗云"足疾无加亦不瘳，绵春历夏复经秋"；《老病幽独偶吟所怀》诗云"眼渐昏昏耳渐聋，满头霜雪半身风"（以上亦皆《白居易集笺校》卷三五）。至会昌二年（842），其所作《病中看经赠诸道侣》（同上卷三六），仍云"右眼昏花左足风，金篦石水用无功"。可见李德裕所说白居易"衰病不任朝谒"，足病残，完全合乎事实。《通鉴》所谓武宗欲召白居易为相，也不合情理的。而李德裕仍荐白居易从弟白敏中入为翰林学士，也可见李德裕之器识。康骈《剧谈录》卷上《李朱崖知白令公》条，即记云："白中书方居郎署，未有知者，唯朱崖李相国器之，许于搢绅间多所延誉。"可见唐末的有关记载，也认为白敏中确得力于李德裕之举荐。

两《唐书》本传记白敏中入院后仕迹，甚简。《旧传》云"召入翰林充学士，迁中书舍人。累至兵部侍郎、学士承旨"，后即叙"会昌末，同平章事"，即宣宗即位后拜相。《新传》所记更略，在院时仅"进承旨"一句。丁《记》具述为："会昌二年九月十三日，自右司员外郎充。其月十五日，改兵部员外郎。十一月二十九日，加知制诰。三年五月二十九日，转职方郎中。十二月七日，加承旨，赐紫。四年四月十五日，拜中书舍人。九月四日，迁户部侍郎、知制诰，并依前充。"确可补两《唐书》本传之简略，且可有所订正，如两《唐书》本传记李德裕向武宗推荐白敏中后，接云"即日知制诰，召入翰林充学士"，即入院前已以右司员外郎兼知制诰，而据丁《记》，白敏中于会昌二年十一月二十九日，即入院后，才以兵部员外郎加知制诰。

丁《记》记白敏中于会昌三年（843）十二月七日加承旨，此乃因崔铉于会昌三年五月十四日拜相出院，崔铉此前在院为中书舍人、承旨，白敏中当接为承旨。

又丁《记》所记仅止于会昌四年（844）九月四日迁户部侍郎、

知制诰,云"并依前充",即仍在院,此后未记出院。按《旧唐书》卷一八下《武宗纪》,会昌五年(845)二月,"谏议大夫、权知礼部贡举陈商选士三十七人中第,物论以为请托,令翰林学士白敏中覆试,落张渎、李玕、薛忱、张巍、崔凛、王谌、刘伯刍等七人"。徐松《登科记考》卷二二亦记此事,所据为《旧纪》、《册府元龟》。由此则会昌五年二月白敏中仍在院,并按唐惯例,以翰林学士身份,应天子之命,参与科举复试。

《新传》记:"宣宗立,以兵部侍郎同中书门下平章事,迁中书侍郎,兼刑部尚书。"《旧传》记其出院拜相为"会昌末"。《旧唐书》卷一八下《宣宗纪》,会昌六年(846)四月辛未,"以兵部侍郎、翰林学士承旨白敏中守本官、同中书门下平章事"。《新唐书》卷八《宣宗纪》则记为五月乙巳,《新唐书》卷六三《宰相年表》、《通鉴》卷二四八均同。按《旧纪》记白敏中入相同日,李德裕罢相出为江陵尹、荆南节度使,而《新纪》、《新表》、《通鉴》则记李德裕于此年四月罢相、外出,五月再擢白敏中为相,较合实际。由此,《旧纪》记白敏中于四月乙巳出院、拜相,时误。

白敏中在院前后共五年,历时不短,但其职迹未有记述,也未有撰写制诰。

宣宗于会昌六年三月即位,于五月即提拔白敏中为相,这是宣宗朝由翰林学士直接提升为宰相之首例。白敏中任相后,即积极应宣宗之命,参与诬陷李德裕。《新传》称:"德裕之贬,敏中抵之甚力。"《旧传》谓:"及李德裕再贬岭南,敏中居四辅之首,雷同毁誉,无一言伸理。"关于白敏中参与迫害李德裕事,详参傅璇琮著《李德裕年谱》大中元年、二年条,此不赘。不过两《唐书》本传，对白敏中此次诬陷事，是有评议的，《旧传》称"物论罪之"，《新传》称"议者訾恶"。后世也有评论，如宋李之仪《书牛李事》（《姑溪居士集》卷一七），云："武宗立，专任德裕，而为一时名相，唐祚几至中兴，力去朋党，卒为白敏中、令狐绹所中伤。"清王士禛《池北偶谈》中说："及德裕贬，（白敏中）诋之不遗余力。……尤为当世鄙薄。"

白敏中后于大中五年（851）三月出为邠宁庆等州节度使（《新唐书·宰相年表》）。《新传》记为："崔铉辅政，欲专任，患敏中居右。会党项数寇边，铉言宜得大臣镇抚，天子向其言，故敏中以司空、平章事兼邠宁节度、招抚、制置使。"按崔铉于大中三年四月入相，亦属牛党，与李德裕不协（见前崔铉传），但此时与白敏中又有私权之争，于是策谋使白敏中出任边镇。

白敏中此后即长期在外，历任成都尹、剑南西川节度副大使，江陵尹、荆南节度使，河中尹、河中晋绛节度使。懿宗即位初，曾召其入朝，复相位，但时间不长，仅一年余（大中十三年十二月至咸通二年二月）。

两《唐书》本传皆未载其卒年，《新传》记其于咸通二年（861）出为凤翔节度使，辞，未行，又除东都留守，后"许以太傅致仕，诏书未至，卒"，亦未记年。欧阳修《集古录》卷九著录有《唐白敏中碑》，题下注"咸通三年"，则当卒于此年。《新传》末云："博士曹邺责其病不坚退，且逐谏臣，举怙威肆行，谥曰丑。"可见时人对白敏中的评议。

《新唐书·艺文志》未著录其著述。《全唐诗》卷五〇八载诗二首，《全唐文》卷七三九载文五篇。

封　敖

封敖,两《唐书》有传,见《旧唐书》卷一六八、《新唐书》卷一七七。《旧传》:"封敖字硕夫,其先渤海蓨人。"《新传》记为"其先盖冀州蓨人"。《元和郡县图志》卷一七河北道德州,所属有蓨县(今河北景南),谓后汉属渤海郡,唐贞观十七年(643)属德州。

《旧传》记其祖希奭,父谅,"官卑"。《新传》未记。《新唐书》卷七一下《宰相世系表》一下,载其祖希奭,无官职;父亮,司封员外郎、杭州刺史,则亦非"官卑"。按《元和姓纂》卷一渤海蓨县封氏有记云:"希奭生亮,司封员外、杭州刺史。"《唐尚书省郎官石柱题名考》卷六司封员外郎,列有封亮,无封谅。清劳格并引李益《溪中月下寄杨子尉封亮》诗。此诗见《全唐诗》卷二八二。由此,则应作"亮",《旧传》作"谅",非。

《旧传》记其"元和十年登进士第",清徐松《登科记考》卷一八即据《旧传》系于宪宗元和十年(815),并载其《乡老献贤能书赋》(《文苑英华》卷六七)、《春色满皇州》诗(同上卷一八一),为该年进士试之赋诗试题。同年及第者有沈亚之、庞严等。

据两《唐书》本传,封敖及第后,曾在方镇节度幕府供职,后入朝。《旧传》:"大和中,入朝为右拾遗。会昌初,以员外郎知制诰,召入翰林为学士。"《新传》云:"转右拾遗。雅为宰相李德裕所器,会昌初以左司员外郎召为翰林学士。"两《唐书》本传于此漏记一事,即封敖于会昌初入朝前曾任池州刺史,今考述之。

《唐诗纪事》卷五〇有记封敖云："敖为池州刺史，《题西隐寺》云：'三年未到九华山，终日披图一室间。秋寺喜因晴后赏，灵峰看待足时还。猿从有性留僧住，云蔼无心伴客闲。胜事傥能销岁月，已拚名利不相关。'"《全唐诗》卷四七九载封敖《题西隐寺》，当即本《唐诗纪事》。《唐诗纪事》记其为池州刺史，可以李群玉二诗作证，即《池州封员外郡斋双鹤丹顶霜翎仙态浮旷罢政之日因呈此章》、《经费拾遗所居呈封员外》（《全唐诗》卷五六九）。题中云"池州封员外郡斋"、"罢政之日"，即指其为州之长官。"经费拾遗所居"，费拾遗指费冠卿。《唐摭言》卷八记费冠卿于元和二年及第，不想入仕，长期隐于九华山（九华山在皖南西部，靠近池州），长庆中曾征其为右拾遗，亦未应。《唐诗纪事》卷六〇亦记其为池州人。此均与封敖《题西隐寺》诗意合。封敖在任池州刺史时曾游九华山，李群玉当亦游九华山费冠卿故居，有所感，即撰诗呈刺史封敖。《唐刺史考全编》附编即据上所引述之《唐诗纪事》及李群玉诗，称封敖约开成中为池州刺史。陶敏《全唐诗人名考证》（页780）亦云"开成二年杜牧在宣歙幕时，（封）敖为宣歙治内池州刺史"。

据前引述之材料，可大致确定：封敖于大和中由外镇幕僚入朝，为右拾遗，后迁为祠部员外郎（《唐郎官考》卷二二祠外有其名），后又外任为池州刺史，为开成时；因其曾任祠外，故李群玉诗题称为员外。此既可补两《唐书》本传之缺，又可考见其早期与诗家之交往。李群玉在晚唐时亦甚有诗名，令狐绹于宣宗时所作之《荐处士李群玉状》（《全唐文》卷七五九），曾称其"佳句流传于众口，芳声籍甚于一时"。

封敖于开成年间任池州刺史,约开成末、会昌初入朝,后即召为翰林学士。《旧传》:"会昌初以员外郎知制诰,召入翰林为学士。"《新传》:"会昌初,以左司员外郎召为翰林学士。"丁《记》记为:"会昌二年十二月一日,自左司员外郎兼侍御史知杂事充。"即会昌二年(842)十二月入院前,任为左司员外郎,但时并兼侍御史知杂事,而《旧传》则云"会昌初以员外郎知制诰",非,其知制诰乃在职时所加。

丁《记》接叙在职期间官阶之迁转:"其月(即会昌二年十二月)三日,改驾部员外郎。三年五月二十五日,加知制诰。四年四月十五日,迁中书舍人。九月四日,迁工部侍郎、知制诰,依前充。"会昌二年十二月一日入院时左司员外郎为从六品上,不到二年,至会昌四年(844)九月四日,即累迁为正四品下之工部侍郎。其会昌四年四月十五日迁中书舍人,同年九月四日迁为尚书侍郎,均与白敏中同时(参见前白敏中传)。由此可见,封敖与白敏中之召入为翰林学士,及在院期间官阶之顺利迁转,均得力于李德裕之荐助。而就现有材料看来,封敖在院之职责表现,较白敏中明显,白敏中未有制诰传存,封敖所撰制诰,《全唐文》卷七二八所载,有二十篇,这是武宗朝翰林学士所撰制文,传存最多的。

封敖所撰,不仅数量多,且甚有特色。《旧传》记:"敖构思敏速,语近而理胜,不务奇涩,武宗深重之。尝草《赐阵伤边将诏》,警句云:'伤居尔体,痛在朕躬。'帝览而善之,赐之宫锦。"这二句,确体现皇帝对受伤边将的深切怀念之情,可比美于陆贽所撰《奉天改元大赦制》代德宗深切自责之辞("天谴于上而朕不悟,人怨于下而朕不知")①。

现存封敖所撰制诏,颇值得研究。制诏文体,一般按传统格式,为骈体,但封敖所撰,多骈散结合,且少用骊语、典故,如《旧传》所云"不务奇涩"。这应当说是继承元稹、白居易所倡导的"芟繁辞,划弊句",使"文章言语与三代同风"(白居易《元稹除中书舍人翰林学士赐紫金鱼袋制》,详见前穆宗朝元稹传)。晚唐时制诏文风的改革,可结合翰林学士,与中书舍人(如杜牧、钱珝)所撰制文,作综合探索,这也有助于对中晚唐骈体文的研究。

丁《记》后记其出院:"五年三月十八日,三表陈乞,蒙恩出守本官。"即会昌五年三月十八日,连续三上表,提出辞职出院,但仍守本官,即任为工部侍郎、知制诰。而《旧传》则谓:"德裕罢相,敖亦罢内职。"按李德裕罢相在宣宗于会昌六年(846)三月即位后,会昌五年三月,李德裕仍居相位,《旧传》所记显误。不过丁《记》所记封敖"三表陈乞",是否属实,也甚可疑,限于史料,未能论定。

《新传》未记封敖出院,在记其在院时,有云:"未几,拜御史中丞。"而据丁《记》,封敖在院时之官阶迁转,未有御史中丞。《新传》所记之拜御史中丞,当在封敖出院后。

《新传》记其"拜御史中丞"后,接云"与宰相卢商虑囚,误纵死罪,复为工部侍郎",亦未记年。据《新唐书·宰相年表》,卢商于会昌六年(846)九月入相,大中元年(847)三月出为武昌军节度使。《新唐书》卷一八二《卢商传》有记:"大中元年春旱,诏商与

---

①经查《全唐文》卷七六至七八武宗文,卷七二八封敖文,皆未载此诏,可见唐翰林学士所草诏文,后多有佚失者。

御史中丞封敖理囚系于尚书省,误纵死罪,罢为武昌军节度使。"《通鉴》卷二四八亦记此事,在大中元年二、三月间,亦称封敖为御史中丞。

据两《唐书》本传所载,封敖在宣宗朝并未受李德裕贬责之累,且其仕迹较显顺。如大中二年(848)春,以礼部侍郎知贡举,"多擢文士"(《旧传》)。后转吏部侍郎。大中四年(850)出为兴元尹、山南西道节度使(《旧纪》记为大中三年二月)。后为淄青节度使。《唐刺史考全编》卷七六河南道青州,谓吴氏《方镇年表》列于咸通二、三年(861—862),云"姑从之"。《旧传》记其于淄青节度使后,"入为户部尚书,卒",当在咸通中。

敖封后期,可以注意的是李商隐曾与他有文字交往。据《旧唐书·宣宗纪》,封敖于大中三年二月由太常卿出为兴元尹、山南西道节度使。《新传》记封敖在任时,"蓬、果贼依鸡山,寇三川,敖遣副使王赘捕平之①。加检校吏部尚书"。《通鉴》卷二四九载此事于大中五、六年间。李商隐有《为兴元裴从事贺封尚书加官启》(《全唐文》卷七七七),题下原注:"裴即封之门生。"徐松《登科记考》卷二二即将此裴某系于大中三年封敖知举时进士及第者。李商隐在为其所作之贺启中,先赞誉封敖因平定战乱,加封吏部尚书,云"伏承天恩,荣加宠秩,伏惟感慰",后云:"某早忝生徒,复叨参佐。汉祖以萧何为人杰,晏子以仲尼为圣相。当今昌运,系我师门;鸡树凤池,不胜心祷。无任抃贺之至。"竟企望封敖以后当

---

① 按此云"王赘",《通鉴》卷二四九大中五、六年亦载此事,所记之人名为"王赘弘",疑《新传》缺"弘"字。

擢迁为相。按李商隐自大中五年七月起应辟在柳仲郢东川节度使幕（掌书记），六年春仍在梓州，与兴元近。李商隐当与此裴从事有交，故代撰贺启，由此亦可见其对封敖之仰慕。李商隐又有《为山南薛从事谢辟启》，刘学锴、余恕诚《李商隐文编年校注》（页1975），亦以为代作，向封敖致谢者，作于大中三年。启中称"尚书士林圭臬，翰苑龟龙"，即对其任翰林学士之赞颂。

以上二启为李商隐代人所作，后李商隐又有自作寄呈封敖之诗：《行至金牛驿寄兴元渤海尚书》。刘学锴、余恕诚《李商隐诗歌集解》（页1326），据冯注，谓此渤海尚书即封敖。按李商隐本在柳仲郢幕，大中九年十一月柳仲郢内征，李商隐亦随之赴京，当在途中经山南西道梁州金牛县时所作。诗为七律："楼上春云水底天，五云章色破巴笺。诸生个个王恭柳，从事人人庾杲莲。六曲屏风江雨急，九枝灯檠夜珠圆。深惭走马金牛路，骤和陈王白玉篇。"据前人笺注，此诗乃叙写封敖与幕下文士于楼上宴饮赋诗；末二句抒其慕仰之情，并称颂封敖之诗有似于曹植者（陈王子建）。

又杜牧有《送王十至襄中因寄尚书》（《全唐诗》卷五二四）："阙下经年别，人间两地情。坛场新汉将，烟月古隋城。雁去梁山远，云高楚岫明。君家荷藕好，缄恨寄遥程。"胡可先《杜牧交游考略》①，据岑仲勉《唐人行第录》，谓此王十为王起侄，王起曾为尚书，镇兴元（襄中）。陶敏《全唐诗人名考证》（页780），则以此诗之尚书为封敖，并谓"开成二年杜牧在宣歙幕时，敖为宣歙治内池

---

① 见胡可先《杜牧研究丛稿》，人民文学出版社，1993年。

州刺史"。陶说可参。如此则封敖后期确与文士名家多有交往。

《新唐书》卷六〇《艺文志》四，集部别集类，著录有封敖《翰稿》八卷。按此前为李虞仲《制集》四卷，后为崔嘏《制诰集》十卷，则封敖此《翰稿》八卷，当亦为任翰林学士时所撰之制诏。《全唐文》卷七二八载其制文二十余篇。

徐　商

徐商，两《唐书》无专传，附于《旧唐书》卷一七九其子徐彦若传，及《新唐书》卷一一三其先世徐有功传。

《旧传》谓彦若"曾祖宰，祖陶，父商，三世继登进士科"。《新唐书》卷七五下《宰相世系表》五下，记徐商，"字义声，相懿宗"；又《新表》记徐商父名为宰，"字舜钧，大理评事"，与《旧传》所载徐商父"陶"，有异。

《新传》："商字义声，或字秋卿。客新郑再世，因为新郑人。"

《新传》仅云"擢进士第"未记年。《旧传》谓"大中十三年及第"，则为明显错误，因徐商于武宗会昌三年(843)已为翰林学士，宣宗大中十年(856)已为山南东道节度使(详后)，皆在大中十三年(859)前，何以进士及第前已历仕高阶？按《全唐文》卷七二四有李骘《徐襄州碑》，即明载："始举进士，文宗五年春，考登上第。"李骘曾为徐商山南东道节度使幕僚，对徐商事迹甚为熟悉。故清徐松《登科记考》卷二一即据此《徐襄州碑》，系徐商于文宗大和五年(831)进士及第者，并指出《旧传》误记，而中华书局点校本却未及校正。

《旧传》记其进士登第后，接云："释褐秘书省校书郎。累迁侍御史，改礼部员外郎。寻知制诰，转郎中，召充翰林学士。"未记年，甚简，且有误（见后）。《新传》则更简，未提及翰林学士事，仅云"擢进士第，大中时擢累尚书左丞"，更不明晰。

丁《记》记徐商为："会昌三年六月一日，自礼部员外郎充。"则此前已任为礼部员外郎。李德裕有《授徐商礼部员外郎制》（《李德裕文集校笺》文集卷四）①，此为李德裕于武宗会昌任相时作，当在会昌元年、二年间（841、842）。此制称徐商于礼部员外郎前任为殿中侍御史，有云："尔风度粹和，文词温丽，列于清宪，雅有贞标。"对其文词甚为称赏。又据《徐襄州碑》，徐商之由殿中侍御史改迁为礼部员外郎，乃受到"执政"者之关注。此时执政者亦当为时任宰相的李德裕。

又温庭筠有《病中书怀呈友人》诗（《全唐诗》卷五八〇），自序云："开成五年秋，以抱疾郊野，不得与乡计偕至王府，将议遐适。隆冬自伤，因书怀奉寄殿院徐侍御、察院陈、李二侍御，回中苏端公，鄠县韦少府，兼呈袁郊、苗绅、李逸三友人，一百韵。"陶敏《全唐诗人名考证》（页868）考谓此徐侍御为徐商，是。温诗中"对虽希鼓瑟，名亦滥吹竽"，句下自注云："予去秋试京兆荐，名居其副。"按温庭筠"数举进士不中第"（《新唐书》卷九一本传），由此诗注，则其曾于开成四年（839）秋曾应试于京兆，虽名居其副，而开成五年春仍未及第，开成五年秋因病居于京郊，故特献诗于

---

①《李德裕文集校笺》，傅璇琮、周建国校笺，河北教育出版社，2000年。

朝中诸臣,先提及"殿院徐侍御",则徐商早期即有文士求其举荐者。

又丁《记》记徐商于会昌三年六月一日自礼部员外郎召入,而《全唐文》所载之《徐襄州碑》却云"会昌二年,以文学选入禁署"。按丁《记》列徐商入院,在封敖后,孙毅前,封敖于会昌二年十二月入,孙毅于会昌三年九月二十八日入,则徐商于六月一日,自当在会昌三年。《全唐文》之《徐襄州碑》所记之"会昌二年",当为形讹(《文苑英华》卷八七○亦载此篇,亦作"二年",《全唐文》当沿袭此误)。

丁《记》记徐商入院后,接云:"四年八月七日,加礼部郎中、知制诰。其年九月四日,迁兵部郎中,并依前充。"而《旧传》在记徐商任礼部员外郎后,谓"寻知制诰,转郎中,召充翰林学士",即将知制诰与迁兵部郎中均在入院前,又一显误。

丁《记》与《旧传》皆未记其出院,《新传》则未叙及任翰林学士事。现据两《唐书》本传及《徐襄州碑》,大致考述为:会昌四年(844)九月四日迁兵部郎中,仍兼知制诰,仍在院;会昌五年(845)加中书舍人,出院;宣宗时为户部侍郎、判左司事,又改为尚书左丞,后又先后任河中节度使、山南东道节度使。

《全唐文》卷八三载懿宗《授徐商崔玙节度使制》,称徐商由河中尹改任襄州刺史、山南东道节度使。《徐襄州碑》则明确记为:"大中十年春,今丞相东海公自蒲移镇于襄。十四年①,诏征赴阙。"按宣宗于大中十三年(859)八月七日卒,懿宗立。据《旧唐

---

①按此处"十四年",《全唐文》原作"四十年",当为传写之误,今径改。

书》卷一九上《懿宗纪》，第二年十一月才改为咸通元年，则十一月前，时人当仍称为大中十四年。徐商当于咸通元年（860）十一月前由襄州调任入朝，为御史大夫。

据此，徐商于大中十年至咸通元年任襄州刺史、山南东道节度使。此五年期间，堪可注意的是，他能从文化角度，辟请好几位文士在其幕府，进行诗文唱酬，后编有诗歌唱和之作《汉上题襟集》，颇为时人与后世关注。《新唐书》卷六〇《艺文志》四，集部，著录有："《汉上题襟集》十卷：段成式、温庭筠、余知古。"《郡斋读书志》卷二〇总集类亦著录《汉上题襟集》十卷，记为段成式编纂，云："右唐段成式辑其与温庭筠、余知古酬和诗笔笺题。"①《直斋书录解题》卷一五总集类则著录为三卷，非十卷②，但所记唱酬参与者人数稍多，云："唐段成式、温庭筠、逢皓、余知古、韦蟾、徐商等倡和诗什，往来简牍。盖在襄阳时也。"徐商不仅是幕主，也确参与诗文酬和，《唐诗纪事》卷四八徐商条，记云："商镇襄阳，有副使、节判同加章绶，商以诗贺之云……朝仪郎、江州刺史段成式和云……"《全唐诗》卷五九七即载有徐商《贺襄阳副使节判同加章绶》，七律，前四句为："朱紫花前贺故人，兼荣此会颇关身。同年坐上联宾榻，宗姓亭中布锦裀。"段成式诗，见《全唐诗》卷五八四，题《和徐商贺卢员外赐绯》，中云"一篇佳句占阳春"，即赏徐商贺诗者。同卷段成式又有《观山灯献徐尚书》，《全唐诗》卷五九七有温庭筠《观山灯献徐尚书》等诗。

---

① 《郡斋读书志》，孙猛校证，上海古籍出版社，1990年。
② 《直斋书录解题》，上海古籍出版社点校本，1987年。

《汉上题襟集》，《郡斋》、《直斋》均有著录，则南宋前期尚存，但后佚。现代学者贾晋华《唐代集会总集与诗人群研究》[1]，有《〈汉上题襟集〉与襄阳诗人群研究》专章，据各书所载，辑有诗四十八首，赋一首，连珠二首，书简十九篇。此为唐时著名的诗人群体唱和之作，由此也可见徐商在地方节镇任时对文化活动的重视，这当也与其曾任翰林学士有关。

徐商后入朝，并于懿宗咸通六年（865）擢任宰相。《新唐书》卷九《懿宗纪》，咸通六年六月记，"御史大夫徐商为兵部侍郎、同中书门下平章事"。《新唐书》卷六三《宰相年表》及《通鉴》卷二五〇同。又《新纪》、《新表》及《通鉴》皆记咸通六年四月以剑南东川节度使高璩为兵部侍郎、同中书门下平章事，但高璩于此年六月卒，故即以徐商继任，亦为兵部侍郎、同中书门下平章事。但《旧唐书·懿宗纪》于此又有一显误，即于咸通五年五月记，"兵部侍郎、平章事高璩为中书侍郎、知政事"，六年"二月，制以御史中丞徐商为兵部侍郎、同平章事，高璩罢知政事"。实则咸通五年任中书侍郎者为萧寘，非高璩。又《旧唐书·徐商传》更误，竟记为"（咸通）四年，以本官同平章事；六年罢相，检校右仆射、江陵尹、荆南节度观察等使"。实际上徐商于咸通六年四月才任相，而《旧传》却记为六年罢相。又据《新唐书·宰相年表》，徐商乃于咸通十年六月癸卯，才罢相出为荆南节度使，《新唐书·懿宗纪》、《通鉴》卷二五一同。《旧传》竟有如此讹误，真使人费解，而当今点校本皆未有一字提及。

———————————

[1] 贾晋华《唐代集会总集与诗人群研究》，北京大学出版社，2001年。

由此，徐商于咸通六年六月至十年六月任相，此数年居相位时，则无政绩可言，且为时人讥评。按同时在相者尚有曹确、杨收、路岩，宋初钱易《南部新书》甲卷记有："曹确、杨收、徐商、路岩同秉政，外有嘲之曰：确确无余事，钱财总被收。商人都不管，货赂几时休。"后王谠《唐语林》卷七亦有记，称"杨、路以弄权卖官，曹、徐但备员而已"。即徐商、曹确虽未有如杨收、路岩弄权卖官，但不管事，仅备员而已。

据《旧唐书·懿宗纪》，咸通十年（869）十二月，杜悰在荆南节度使任，则徐商当于咸通十年后半年又返朝。

《旧传》称"入为吏部尚书，累迁太子太保，卒"，未记年。《新传》亦仅云"累进太子太保，卒"。

《新唐书·艺文志》未著录其著述，唯卷五八《艺文志》二，史部谱牒类，有《徐氏谱》一卷，下注："徐商。"按《新志》谱牒类于书名下注人名，一般非为撰者，则此《徐氏谱》当为后人为徐商所撰家谱。《全唐诗》所载，即前所述之在襄州所作酬和之诗。《全唐文》未有载。

孙　毅

孙毅，两《唐书》无传。《新唐书》卷七三下《宰相世系表》三下，记有孙毅，云："字子相，河南尹。"并记其父公义，睦州刺史；公义有五子，毅为次子。另《千唐志斋藏石》载有《唐故银青光禄大夫工部尚书致仕乐安县男孙府君（公乂）墓志》①，即明确记："次子"毅，则可与《新表》参证。

孙毅早期事迹不详。晚唐赵璘《因话录》卷三商部有记："开成三年，余忝列第。考官刑部员外郎纥干公，崔相国群门生也。……是年科目八人，六人继升朝序。鄙人蹇薄，晚方通籍。敕头孙河南毅，先于雁门公为丞。"此纥干公为纥干泉，徐松《登科记考》卷一八记其于宪宗元和十年（815）进士及第，是年知举者即为崔群。据《因话录》此处所载，纥干泉当于开成时为刑部员外郎，参与吏部考铨，孙毅当与赵璘同于开成三年（838）以博学宏词登科。按此时博学宏词已非制科，为吏部试，故宋王谠《唐语林》卷四记此事，即云"书判考官刑部员外郎纥干公"。

又《千唐志斋藏石》亦辑有孙毅所撰《唐故滑州白马县令赠尚书刑部郎中乐安孙府君继夫人河东县太君裴氏墓志铭并序》②，署"第九侄孙将仕郎守京兆鄠县主簿直弘文馆毅撰"。《志》中记裴氏于会昌元年（841）十一月丁酉卒，十二月二十五日葬，孙毅即应约为作此文。据此，则孙毅于会昌元年，其官衔为京兆鄠县主簿，实在弘文馆供职，此当为开成三年博学宏词试后所授。

此后即丁《记》所记："会昌三年九月二十八日，自左拾遗充。"按京兆县主簿为正九品上，左拾遗为从八品上，孙毅当于会昌二、三年间由鄠县主簿迁为左拾遗，后即以左拾遗入院。这是武宗朝入院诸学士中官阶最低的。

---

① 见周绍良编《唐代墓志汇编》，页 2289，上海古籍出版社，1992 年。
② 见《唐代墓志汇编》，页 2219。

不过孙毅入院后，官阶升迁较快。丁《记》接云："（会昌）四年九月十日，迁起居郎，依前充。六年二月二十三日，加兵部员外郎。其年四月十五日，浴殿赐绯。其月十七日，守本官，知制诰。六月十日，迁兵部郎中①。大中元年十二月七日，加承旨，思政殿赐紫。其月二十六日，拜中书舍人。二年七月六日，特恩迁户部侍郎、知制诰，并依前充。其年十二月二十四日，除河南尹兼御史大夫。"所记甚详。又《旧唐书》卷一八上《武宗纪》，会昌六年二月，"壬辰，以翰林学士、起居郎孙瑴（毅）为兵部员外郎充职"。壬辰为二十一日，与丁《记》所记之"二十三日"，有小异，但可确证于会昌六年二月下旬确由起居郎迁改为兵部员外郎，可见丁《记》史料之确切性。又丁《记》记孙毅于大中元年（847）十二月七日加承旨，乃因该年七月，韦琮以户部侍郎、承旨出院任相（见前韦琮传），此时孙毅为在院资历最深者。

　　关于孙毅出院，王谠《唐语林》卷一有所记叙："孙侍郎毅在翰林，父为太子詹事，分司东都。毅因春时游宴欢，忽念温清，进状乞省觐。其词曰：'"陟彼岵兮"，孰不瞻父？"方寸乱矣"，何以事君？'自内廷径出，时皆称之。至华阴，拜河南尹。"岑氏《注补》亦引及此，唯云："据丁《记》是十二月除河南尹，则非春游时也，小说不尽可信。依《新唐书》表，毅似官终河南尹，然表亦不可确恃。"按《唐语林》所记"春时游宴"与丁《记》记其于十二月出院，时节似有不合，但《唐语林》所记，可提供孙毅出院原由之信息，当由孙

---

① 按，"迁兵部郎中"后，应加"知制诰"三字，因前加兵部员外郎时，已云"知制诰"；后于大中二年七月六日迁户部侍郎时，亦加有知制诰。

毅因其父以太子詹事分司东都，居洛阳，乃欲侍奉其父，即辞职，遂授以河南尹。

又前曾引述之孙公义墓志(《唐故银青光禄大夫工部尚书致仕乐安县男孙府君墓志铭》)，记孙公义于会昌二年五月自饶刺史移睦州，后又历移亳州、合肥郡，"(会昌)六年五月，征入拜大理卿"；因久居外任，又多病，"愿假以散秩归洛"。《志》后具叙："天子怜其志，即拜宾护分司。明年春，至自上京。公家素清贫，能甘闲寂。次子毅，职参内署，渥泽冠时，天子宠公之归，辍自近侍，除为河南尹，天下荣之，从其私也。"即孙毅愿侍奉其父于洛阳，故辞职出院。

又，据此《孙府君墓志》，可以考知孙毅之卒年。《志》记孙公义至洛后，"当大中三年秋，以工部尚书致仕。是岁仲冬月，有河南意外之丧，不胜其恸，因得风疰"。此"河南"，即时任河南尹之孙毅，即孙毅卒于大中三年(849)河南尹任。按前所引及之岑氏《注补》，怀疑《唐语林》所记不确，又云"依《新唐书》表，毅似官终河南尹，然表亦不可确恃"，即怀疑丁《记》所记之出任河南尹。岑氏当未注意《孙府君墓志》之具体记述，故有不切实之判断。

孙毅在院共五年，无撰制等记载，可注意者，李商隐有二状向其投呈。李商隐有《上孙学士状》，刘学锴、余恕诚《李商隐文编年校注》(页1122)引"张笺"："文有'况自近年，仍多大政，藩方逆竖，夷虏饥戎'，'载观扫荡之勋，密见发挥之力'语，当作于会昌五年。"按唐廷于会昌三年击回鹘，四年征讨泽潞刘稹，四年下半年征回鹘、刘稹等战事皆平，故李商隐于会昌五年作此状，即极赞孙毅"于雷霆赫怒之时，在朝夕论思之地，谋惟入献，事隔外朝，载观扫荡之勋,密见发挥之力"。又称颂其文辞:"学士长离耀采,仁寿含明,奋词笔而赤堇惭芒,钧雅音而泗滨韬响。"按李商隐于会昌二年因母丧,免秘书省正字之职,移居洛阳、郑州等地,后于会昌五年十月服阕入京,复官秘书省正字。刘学锴、余恕诚校笺即定此状作于会昌五年十月入京前,即尚未授职,故李商隐特上此状,对孙毂深有希冀,故文末云:"窃期光价,微借疏芜,濡笔临笺,不胜丹慊。"又李商隐之所以特向孙毂求荐,文中有云:"某早游德宇,尝接恩门,童冠相随,陪舞雩于沂水。"则似李商隐早年曾向孙毂之父求教,并与孙毂"童冠相随",即早年就有交接。尤可注意者,文中又称孙毂"才逾壮室,荣入禁林"。壮室,一般即喻指年三十,如此,则孙毂于会昌三年入翰苑时,年仅三十余。

李商隐另有《贺翰林孙舍人启》,有云:"伏承荣加宠命,伏惟感慰","载迁星次,爰奉夏官。"夏官指兵部。故刘、余即参据前人笺注,谓孙毂于会昌六年二月以起居郎擢迁为兵部员外郎(《李商隐文编年校注》,页1130)。时李商隐已复任秘书省正字,可能有受孙毂之荐引,故启中有"某厚承恩顾"之语,且云"伫当仰承睿旨,近执化权,侣四辅以燮和,合万钱于供养",竟期望其升居相位。这也是当时文士对翰林学士企仰之情。李商隐曾多次向翰林学士上书求荐,这也值得注意。

孙毂所作,除前引述之《裴氏墓志铭》外,其他皆无诗文载记。

宣宗朝翰林学士传

刘　瑑

　　刘瑑,两《唐书》有传,见《旧唐书》卷一七七、《新唐书》卷一八二。《旧传》所记甚略,且未记任翰林学士事;《新传》所记较详,记事有采于小说稗史者。

　　《旧传》:"刘瑑者,彭城人。祖璠,父熠。"《新传》:"刘瑑字子全,高宗宰相仁轨五世孙。"《新唐书》卷七一上《宰相世系表》一上,亦记刘瑑字子全,其先世仁轨,相高宗,与《新传》同。唯《新表》记其祖名子藩,与《旧传》异。

　　又据《新唐书》卷六三《宰相年表》,刘瑑卒于宣宗大中十二年(858)五月丙寅任相时,《新传》记其卒时,年六十三,则当生于德宗贞元十六年。

　　《旧传》记刘瑑"开成初进士擢第",《新传》则仅言"第进士",未记年。清徐松《登科记考》卷二一即据《旧传》,记刘瑑进士登第于文宗开成元年(836)。时年已四十一岁。

两《唐书》本传皆未记其及第前事。《太平广记》卷一九九《刘瑑》条,文末署据郑处诲所撰《刘瑑碑》,称其"幼苦学,能属文,才藻优赡"。按郑处诲所撰《刘瑑碑》,《全唐文》未有载,《太平广记》所辑不知出于何书。郑处诲亦为宣宗朝翰林学士,见后传。

《旧传》记其进士及第后,即云"会昌末,累迁尚书郎、知制诰"。《新传》则记谓:"镇国陈夷行表为判官,入迁左拾遗。"据《旧唐书》卷一七三《陈夷行传》及《新唐书》卷六三《宰相年表》,陈夷行于文宗开成四年(839)五月免相,九月出为华州刺史(镇国军)。刘瑑当于开成元年及第,四年九月后应辟在陈夷行华州幕府。

《新传》后云:"入迁左拾遗,谏罢武宗方士,言多恳恼。"按《通鉴》卷二四七武宗会昌四年(844)四月有有关记载:"上好神仙,道士赵归真得幸,谏官屡以为言。"此处所云谏官,当亦有刘瑑,即刘瑑于会昌中仍为左拾遗(从八品上),后擢为殿中侍御史(从七品上)。丁《记》即记刘瑑于会昌六年六月二日,以殿中侍御史入为翰林学士,与裴谂同时入,是宣宗即位后首次召入的。

丁《记》记刘瑑入院后迁转情况:"(会昌六年)七月九日,三殿赐绯。大中元年闰三月十二日,加职方员外郎。十一月二十七日,加知制诰。二年七月六日,特恩加司封郎中。三年六月十四日,拜中书舍人。十二月二十七日,三殿赐紫,并依前充。四年十一月二十八日,守本官兼御史中丞,充西讨伐党项行营诸寨宣慰使,依前充。五年五月,守本官出院。"

丁《记》所记,可对两《唐书》本传加以补正。前已提及,《旧传》未记叙刘瑑入院事,而云:"会昌末,累迁尚书郎、知制诰,正拜中书舍人。大中初,转刑部侍郎。"实则所谓会昌末,即会昌六年,刘瑑刚入院,时为殿中侍御史,至大中元年,闰三月,才改为职方员外郎(即尚书郎),后于十一月加知制诰,而《旧传》记谓会昌末,误。又云"大中初转刑部侍郎",实则刘瑑任刑部侍郎在大中四年十二月后(详见后),大中元年、二年间仍为员外郎、郎中,尚未迁至尚书侍郎,《旧传》又误。而《新传》云"大中初,擢翰林学士",亦不确。刘瑑入院,确为宣宗即位后,但仍在会昌六年六月,不应谓"大中初"。

不过据有关史料,也可对丁《记》作些补正。

丁《记》云:"(大中)二年七月六日,特恩加司封郎中。"《唐尚书省郎官石柱题名考》卷五司封郎中确记有刘瑑,可佐证。不过刘瑑于上年(大中元年)十一月二十七日已为职方员外郎并加知制诰,则二年七月六日迁司封郎中时仍应加知制诰,故翌年(大中三年)六月十四日再迁为中书舍人。

关于大中四年(850)十一月充讨伐党项行营诸寨宣慰使,《旧传》未载,《新传》也简云"会伐党项,诏为行营宣慰使",也未记年。《通鉴》卷二四九大中四年,九月有记,云:"党项为边患,发诸道兵讨之,连年无功,戍馈不已";"十一月壬寅,以翰林学士刘瑑为京西招讨党项行营宣慰使。"日期与丁《记》同,唯未称其为御史中丞。

关于任刑部侍郎,《旧唐书》卷一八下《宣宗纪》大中五年(851)有记:"四月癸卯,刑部侍郎刘瑑奏:据今年四月十三日已前,凡二百二十四年,杂制敕计六百四十六门,二千一百六十五条,议轻重,名曰《大中刑法统类》,欲行用之。"则刘瑑于大中五年四月前已任刑部侍郎。又据前述,刘瑑于会昌四年十一月二十八日充京西招讨党项行营宣慰使,则后返京,或即于大中四年底、五年初,由御史中丞迁为刑部侍郎。

关于刘瑑编撰《刑法统类》一书,两《唐书》本传皆有记。《旧传》云:"瑑精于法律,选大中以前二百四十四年制敕可行用者二千八百六十五条,分为六百四十六门,议其轻重,别成一家法书,号《大中统类》,奏行用之。"按《旧传》云"选大中以前二百四十四年",有误。《旧纪》所记原作"三百四十四年",中华书局点校本于此有校记,据本书卷五〇《刑法志》,及《唐会要》卷三九、残宋本《册府元龟》卷六一三,改为"二百二十四年"。按《旧唐书·刑法志》及《唐会要》卷三九《定格令》均记所选期限,为起贞观二年(628)六月二十八日,至大中五年(851)四月十三日,确为二百二十四年,中华书局点校本据此校正《旧纪》,是,但却未注意《旧传》所云"二百四十四年"亦有误,当为漏校。

不过刘瑑能编这套长达二百二十余年的刑法条令,确为不易。《新传》称"法家推其详"。《新唐书》卷五八《艺文志》二,史部刑法类,著录为:《大中刑法总要格后敕》,六十卷。这是有唐一代所编规模最大的刑法条令,也是刘瑑在翰林学士任期最显著的业绩。

前所引及之郑处诲《刘瑑碑》,也记述刘瑑草撰制诰的业绩,云:"是时新复河湟,边上戎事稍繁,会院中诸学士或多请告,瑑独当制,一日近草诏百函,笔不停辍,词理精当。夜艾,帝复召至御前,令草喻天下制,璟濡毫抒思,顷刻而告就。迟明召对,帝大嘉赏,因而赐金紫之服。"这是唐代翰林学士日夜撰写制诰具体描述的史料,很值得研究。按《通鉴》卷二四八,大中三年二月,"吐蕃秦、原、安乐三州及石门等七关来降,以太仆卿陆耽为宣谕使,诏泾原、灵武、凤翔、邠宁、振武皆出兵应接";六月,"泾原节度使康季荣取原州"。《旧唐书·宣宗纪》亦记大中三年六月十三日收复萧关,八月收秦州,于是下诏示以赏赐,《旧纪》即详载此制诏。据郑处诲所作碑记述,此类制文当即刘璟所作。丁《记》记云:"(大中)三年六月十四日,拜中书舍人;十二月二十七日,三殿赐紫。"正与当时政事相合,刘璟当因撰制之绩,遂由从五品上之司封郎中升迁为正五品上之中书舍人。不过可惜,刘璟当时所撰制文虽多,但无一篇留存,《全唐文》即未载其所作。

丁《记》记其出院,云:"(大中)五年五月,守本官出院。"据丁《记》,刘璟前为中书舍人,则"守本官出院"即出院后仍任中书舍人。而据前考述,刘璟于大中四年底、五年初已任为刑部侍郎,此当为丁《记》所缺。由此,则刘璟于大中五年五月出院时,任为刑部侍郎。

刘璟出院后,《旧传》接云:"出为河南尹,迁检校工部尚书、汴州刺史、宣武军节度使。"《新传》亦简云"由河南尹进宣武军节度使",皆未记年。据《旧唐书·宣宗纪》及《旧传》,大致为:刘璟于大中五年五月以刑部侍郎出院,出任河南尹,九年十一月改任宣武节度使,十一年五月为河东节度使,同年十二月入朝,次年正月擢任为宰相。据《新传》所叙,刘璟之所以能入居相位,还在于翰林学士任职时之业绩,云:"始,璟在翰林,帝素器遇,至是,手诏追还,外无知者,既发太原,人方大惊。后请间,帝视案上历,谓璙:'为朕择一令日。'璙跪曰:'某日良。'帝笑曰:'是日卿可遂相。'即诏同中书门下平章事,仍领度支。"《新传》此处之具体记叙,即本唐末裴庭裕所撰之稗史杂记《东观奏记》(卷中)。《通鉴》卷二四九亦记此事,《考异》中即引《东观奏记》,云"今从之"。又《全唐文》卷八〇所载宣宗《授刘璙平章事制》,即盛赞其在院时,"润色词林,早参宥密,彩笔既符于宿梦,温树不漏于私言"。

《新唐书》卷八《宣宗纪》及《新唐书·宰相年表》、《通鉴》卷二四九,皆记大中十二年(858)"五月丙寅,刘璙薨"。《新传》未记具体时日,记刘璙入相后,大病,"居位半岁卒,年六十三"。此亦与大中十二年五月丙寅卒相合。《通鉴》卷二四九记:"璙病笃,犹手疏论事,上甚惜之。"但《旧传》另有记,谓刘璙任相后,又"罢相,又历方镇,卒",则刘璙于大中十二年正月任相,后又罢相,并出任方镇,即卒于镇,皆与史书所记不合。《旧传》如此显误,真令人奇异。

《新唐书·艺文志》除著录其《大中刑法总要格后敕》外,其他皆无。《全唐诗》、《全唐文》亦未载其所作。宋叶梦得《石林燕语》①,卷四,记其"家藏唐碑多",其中有"大中中《王巨镛碑》,撰者言翰林学士、中散大夫、守中书舍人刘璙之类"。由此则刘璙在院任中书舍人时曾为王巨镛作有碑文,北宋时尚有人收藏,后皆无存。王巨镛,不详。

---

① 《石林燕语》,侯忠义点校,中华书局,1984年。

另有一事可述，即他于大中五、六年间出任河南尹，后于大中九年十一月改任汴州刺史、宣武节度使，即在洛阳期间，诗人许浑与他颇有文字交往。据现有研究①，许浑于大中六、七年间为虞部员外郎、分司东都，亦即在洛阳，他就有好几首诗奉献刘瑑，如《玩残雪寄河南尹刘大夫》（《丁卯集笺证》卷三），《蒙河南刘大夫见示与吏部张公喜雪酬唱辄敢攀和》（同上），《三川守大夫刘公早岁寓居敦行里肆有题壁十韵今之置第乃获旧居洛下大僚因有唱和叹咏不足辄献此诗》（同上卷一二），《中秋日拜起居表晨渡天津桥即事十六韵献居守相国崔公兼呈工部刘公》（同上），《分司东都寓居履道叨承三川尹刘侍郎恩知上四十韵》（同上）。据此数诗诗题，可知刘瑑在任河南尹时，洛中人士多与之宴聚，许浑称自己获刘瑑"恩知"。许浑另一诗《寄献三川守刘公》（同上卷九），自序云："余奉陪三川守刘公宴，言尝蒙询访行止，因话一麾之任，冀成三径之谋。特蒙俯鉴丹诚，寻许慰荐。属移居履道，卧疾弥旬，辄抒二章寄献。"许浑后就因刘瑑举荐，于大中八年改任郢州刺史实职。

刘瑑后于大中九年由河南尹转为汴州刺史、宣武节度使，许浑又作诗寄献：《中秋夕寄大梁刘尚书》（同上卷九），首二句云："汴人迎拜洛人留，虎豹旌旗拥碧油。"具体描述刘瑑之深得人心。这在宣宗朝翰林学士中，也是少有的。

①参见《唐才子传校笺》卷七《许浑传》谭优学笺，中华书局，1990年；罗时进《丁卯集笺证》，江西人民出版社，1998年。

裴谂

裴谂，两《唐书》有传，见《旧唐书》卷一七○、《新唐书》卷一七三，皆附于其父裴度传后，所记皆甚简。

《旧唐书·裴度传》记度子五人：识、譔、让、谂、议。《新传》亦云裴度"五子，识、谂知名"。唯《新唐书》卷七一上《宰相世系表》一上，列裴度七子，皆具记其名，此当为互异，唯《新表》记裴譔，为"翰林学士、工部侍郎"，记裴谂，则仅为"权知刑部侍郎"。实则任翰林学士、工部侍郎者为裴谂（工部侍郎为裴谂入院后于大中二年七月所加之官衔，详后），而裴譔，《旧唐书·裴度传》仅记其"长庆元年登进士第"，其他皆未记（《新传》于进士登第也未记）。此当为《新表》误载，中华书局点校本及赵超《新唐书宰相世系表集校》[1]，皆未及校。

《旧传》记裴谂，自大中五年(851)由宣州刺史、宣歙观察使入朝权知刑部侍郎起，此前皆无记，故亦未叙及翰林学士事。《新传》则有记，先云"谂有文，藉荫累官考功员外郎"，后即叙召入为翰林学士。由此，则裴谂当未应科举试，藉其父之荫入仕。清劳格《唐尚书省郎官石柱题名考》卷十考功员外郎即列有裴谂。裴谂后即以考功员外郎入为翰林学士。丁《记》记为："会昌六年六月二日，自考功员外郎充。"即与刘瑑同为宣宗即位后首批召

---

①赵超《新唐书宰相世系表集校》，中华书局，1998年。

入者。

《新传》记为："宣宗访元和宰相子，思度勋望，故待谂有加。"按宣宗本为宪宗第四子，裴度乃宪宗时宰相，征讨淮西，颇有功，为时所称，宣宗即位后即就巩固其权位着想，"见宪宗朝公卿子孙，多擢用之"（《通鉴》卷二四八大中二年十二月）。《通鉴》并记宣宗即因此更任裴谂为翰林学士承旨："翰林学士裴谂，度之子也，上幸翰林，面除承旨。"即丁《记》所记大中二年（848）十二月二十六日加承旨。

《新传》记裴谂入院，仅数句，即："为翰林学士，累迁工部侍郎，诏加承旨。"皆未记时，且有缺。丁《记》则具体记为："会昌六年六月二日，自考功员外郎充。八月十九日，加司封郎中。大中元年二月三十日，加知制诰。二年七月二日，三殿赐紫。其月六日，特恩加工部侍郎、知制诰。十二月二十六日，加承旨，并依前充。三年五月二十三日，守本官出院。"

按裴谂于会昌六年（846）六月二日以考功员外郎入院，仅逾二月，即迁为司封郎中。《全唐文》卷七二六所载崔嘏《授裴谂司封郎中依前充职制》，先称"翰林学士、考功员外郎裴谂"，与丁《记》合。制文后赞誉谓："袭庆于门，腾芳戴席，端庄抱吉士之操，谨默得贤人之风。灼若春华，皎如瑞素。自擢居文闱，参侍瑶墀，进对益见其周详，词旨不离于雅厚。是宜仍金銮之旧职，荣粉署之新恩。"入院任职仅两月，已撰制诰，且"词旨不离于雅厚"，可见翰林学士入院即可撰诰，不一定先要加知制诰。

后再历半年，大中元年（847）二月三十日，即以司封郎中加知制诰，崔嘏又有制文（《授裴谂知制诰制》），中云："自擢升翰苑，入侍禁闱,勋必知机,静而适道。大玉之韵,清越以长;小山之姿,贞芳自茂。是用资其粉泽,演我丝纶;斧藻方耀于凤衔,挥洒更期于鸿笔。"重点即其撰制之业绩。

可以注意的是,裴谂在院期间,官阶每有升迁,朝中皆发有制文,并传存,这也是唐翰林学士极少见的。如崔嘏所撰,又有《授裴谂中书舍人制》(《全唐文》卷七二六),先称"翰林学士、司封郎中、知制诰裴谂",接叙其功绩,后即云:"爰因满岁,授以正名。"按裴谂于大中元年二月三十日以司封郎中加知制诰,既云"满岁",则为大中二年初,"授以正名",即正式授为中书舍人。既有制文,自当可信,此即可补丁《记》,因丁《记》于大中二年(848)未记裴谂曾任中书舍人。裴谂此次迁中书舍人,当在大中二年正月初,因崔嘏于二年正月己丑出贬端州(见《通鉴》卷二四八),其作此制,则当在贬前。

丁《记》记裴谂于大中三年(849)五月二十三日守本官出院,本官即工部侍郎。《旧传》未记裴谂有任翰林学士事,另有记云:"大中五年自大中大夫检校右散骑常侍、御史大夫、宣州刺史、宣歙观察使、上柱国、河东男、食邑三百户、赐紫金鱼袋,入朝权知刑部侍郎。"即裴谂于大中三年五月出院,为工部侍郎,后又出任宣歙观察使,大中五年(851)又返朝。不过《旧传》记其入朝为权知刑部侍郎,而《旧唐书》卷一八下《宣宗纪》大中五年九月记为:"以前宣歙观察使、太中大夫、检校左散骑常侍裴谂权知兵部侍郎。"即入朝任为兵部侍郎,非刑部侍郎。今检杜牧有《裴休除礼部尚书裴谂除兵部侍郎等制》(《樊川文集》卷一七),中称其"前宣歙等州都团练观察处置等使",后云"谂可权知尚书兵部侍郎",

与《旧纪》合。则《旧传》所记"刑部侍郎",误。

《旧唐书·宣宗纪》,大中九年(855),"三月,试宏词举人,漏泄题目,为御史台所劾,侍郎裴谂改国子祭酒,郎中周敬复罚两月俸料"。此事可参见前周敬复、卢懿传。两《唐书》本传皆未载此,《旧纪》也未记裴谂为尚书何部侍郎。按《东观奏记》卷下对此有具体记述,记"吏部侍郎兼判尚书铨事裴谂左授国子祭酒"。由此,则裴谂于大中五年九月自宣歙入朝为权知兵部侍郎,后又改为吏部侍郎,故可主持大中九年之宏词试(晚唐时博学宏词已属吏部铨试,非制举科),而却因漏泄题目事故,改国子祭酒。

《旧传》载裴谂事,即止于大中五年自宣歙入朝,后未有记。《新传》有云:"后为太子少师,封河东郡公。黄巢盗国,迫以伪官,不从,遇害。"《旧唐书》卷一九下《僖宗纪》,广明元年(880)十二月,记黄巢军入长安,僖宗出逃,留于长安之朝臣,有为黄巢军所捕而被杀者,中有"太子少师裴谂"。则裴谂于大中九年由吏部侍郎改为国子祭酒后,历二十余年,长期处于闲职。

《新唐书·艺文志》及《全唐诗》、《全唐文》,于其著述、诗文皆未有载记。

萧 邺

萧邺,《旧唐书》无传,《新唐书》有传,见卷一八二。《新传》云:"萧邺字启之,梁长沙宣王懿九世孙。"《新唐书》卷七一下《宰相世系表》一下,萧氏齐梁王,记萧懿之弟衍,即南朝梁高祖武帝,懿为长沙宣王。按萧邺虽为南朝梁武帝族后裔，实对萧邺仕迹、政见无甚影响。

《新传》云："及进士第，累进监察御史、翰林学士。"皆未记年，其记早期事迹，甚简略。《全唐文》卷七二六崔嘏《授萧邺李元监察御史制》，中云："尔等皆以词华升于俊秀，从事贤侯之府，驰声馆阁之中，筹画居多，操持甚固。"则萧邺进士及第后，当曾在方镇幕府供职（"从事贤侯之府"），后入朝为监察御史，当在武宗会昌后期（据《新唐书·艺文志》著录之崔嘏《制诰集》及《新唐书·武宗纪》，崔嘏于会昌四年闰七月由邢州刺史入朝为知制诰、中书舍人）。

丁《记》记萧邺入院："大中元年二月二十六日，自监察御史里行充。"崔嘏亦有制文：《授萧邺翰林学士制》（《全唐文》卷七二六），称"监察御史萧邺"。则萧邺确以监察御史入为翰林学士。此制概叙翰林学士之职能，云："吾内有宰辅，重德作为股肱；外有侯伯，虎臣用寄藩翰。至于参我密命，立于内庭，即必取其器识宏深，文翰遒丽，动能持正，静必居中；指温树而不言，付虚襟而无隐，此所以选翰林学士之意也。"将翰林学士参预政事，与宰臣、方镇并提，且特别关注于翰林学士乃"参我密命，立于内庭"，颇可注意。

丁《记》记其入院后迁转情况，云："（大中元年）十一月二十日，迁右补阙。十二月二十七日，三殿赐绯。二年七月六日，特恩迁兵部员外郎。十一月十三日，加知制诰。二年九月十四日，责授衡州刺史。"其出院责授衡州刺史，记为"二年九月十四日"，而前已记二年"十一月十三日加知制诰"，年份重述，月份颠倒。又丁《记》于萧邺后，为宇文临，其记宇文临，有云"（大中）三年九月十四日责授复州刺史"，即责授外州刺史，二人皆为九月十四日，当为同时，而宇文临所记，明确为"三年"，则萧邺之"二年九月十四日，责授衡州刺史"，"二"当为"三"，丁《记》此处所记形讹。但何以与宇文临同时责授外州刺史，不详，《新传》亦仅云："累进监察御史、翰林学士，出为衡州刺史。"

不过萧邺后又入院，丁《记》记为："大中五年正月二十八日，自考功郎中充。二月一日，加知制诰。七月十四日，迁中书舍人。六年正月七日，三殿召对赐紫。七月二十七日，加承旨。七年六月十二日，迁户部侍郎、知制诰，并依前充。八年十二月十八日，守本官、判户部出院。"按萧邺第一次在院，官阶迁转并不快，大中元年（847）二月入院时为正八品之监察御史，后升迁为右补阙、兵部员外郎，也仅为从七品上、从六品上，且旋又责授外出。而第二次入院，为从五品上之考功郎中（《唐尚书省郎官石柱题名考》卷九考功郎中即列有其名），同年仅历半年，即迁为正五品上之中书舍人，后又加承旨，并提升为正四品下之户部侍郎。可见萧邺与宇文临于大中三年九月同时受责外出，恐未涉及重大政治事件，对其仕途未有大的影响，故不久即又返朝，并再入院，升迁更快。

萧邺第二次在院时曾撰有两篇碑文。《集古录目》（《云自在龛丛书》本）卷十据《宝刻丛编》，著录有《岭南节度韦正贯碑》，记云："翰林学士、中书舍人萧邺撰，左散骑常侍柳公权书。正贯字公理，京兆杜陵人，官至岭南节度使。碑以大中六年立。"按此碑文，《全唐文》卷七六四亦载，称韦正贯于大中五年七月卒，六年二月葬，萧邺为其外侄，应嘱为作此碑铭。萧邺于大中五年七月已为中书舍人，故《集古录目》著录为翰林学士、中书舍人，是。另一篇为《大唐故吏部尚书赠尚书右仆射渤海高公神道碑》，多有缺字，文义不清。宋赵明诚《金石录》目录第一千八百八十九有《唐吏部尚书高元裕碑》，著录为："萧邺撰，柳公权正书，大中七年十月。"①又《金石萃编目录》卷一一四，亦记有："《高元裕碑》，大中七年十月。"

萧邺在院期间与其他文人似无交往。岑氏《注补》曾引杜牧一诗《早春阁下寓直萧九舍人亦直内署因寄书怀四韵》，岑氏云："按萧九是邺抑實颇难定，疑前者近是，牧诗则六年春作也。"按陶敏《全唐诗人名考证》（页770），胡可先《杜牧交游考略》②，皆考谓此萧九为萧實，并据《新唐书·沈传师传》，沈传师为江西观察使、宣歙观察使时，"其僚佐如李景让、萧實、杜牧，极当时选云"。即杜牧与萧實已早有交谊（详见后萧實传）。杜牧与萧邺则未有交往，岑说非是。

萧邺在院时与同僚的关系，有不同的记载。《旧唐书》卷一五八《韦澳传》记澳在院时，"与同僚萧邺深为宣宗所遇，每二人同值，无不召见，询问时事"。按韦澳于大中五年（851）七月二十日入，十年（856）五月二十五日以京兆尹出院（见后韦澳传），与萧邺同在院有三年余，当甚有交往，故二人值班时，宣宗多予召见，"询问时事"。但另有一误记，即《旧唐书》卷一七七《崔慎由传》所记："初，慎由与萧邺同在翰林，情不相洽。及慎由作相，罢邺学

①《宋本金石录》，中华书局影印本，1991年。
②载于胡可先《杜牧研究丛稿》，人民文学出版社，1993年。

士。"按崔慎由于大中三年（849）六月八日入院，同年十二月九日即出院，与萧邺同在院仅三月，却有"情不相洽"，甚可疑。问题在于，崔慎由于大中十年（856）十二月任相，而萧邺则于此前两年即大中八年（854）十二月十八日即已出院，《旧唐书·崔慎由传》却云崔慎由作相，遂"罢邺学士"，显误。

《新唐书·萧邺传》记邺"迁户部侍郎、判本司"后，即"以工部尚书同中书门下平章事"，入相。而据丁《记》，萧邺于大中八年（854）十二月十八日以户部侍郎出院，至大中十一年（857）七月才任相，其间尚隔有两年余。《新唐书》卷六三《宰相年表》记为，大中十一年，"七月庚子，兵部侍郎、判度支萧邺本官同中书门下平章事，判如故"（《新唐书》卷八《宣宗纪》同）；又同年十一月己未，"邺为工部尚书"。《旧唐书·宣宗纪》记萧邺拜相为大中十一年六月，月份有异，但仍称其为"兵部侍郎、判度支"，《通鉴》卷二四九同。由此，则《旧传》所云"工部尚书"，误。《全唐文》卷八〇宣宗《授萧邺平章事制》，亦称"守尚书兵部侍郎、判度支"，后云"可守本官，同中书门下平章事，仍判度支"。

《新传》接云："懿宗初，罢为荆南节度使，仍平章事。"《新唐书·宰相年表》记为大中十三年（859），"十一月戊午，邺检校尚书右仆射、同平章事、荆南节度使"。《新唐书》卷九《懿宗纪》也记其于大中十三年十一月戊午罢相。

《新传》记其此后仕历，云："徙剑南西川。南诏内寇，不能制，下迁检校右仆射、山南西道观察使。历户部、吏部二尚书，拜右仆射。还，以平章事节度河东，在官无足称道，卒。"《通鉴》卷二五〇载萧邺由西川节度使改山南西道节度使在懿宗咸通五年（864）二月。而《旧唐书》卷一九上《懿宗纪》，咸通二年（861）二月，记"吏部尚书萧邺检校尚书右仆射、太原尹、北都留守、河东节度观察等使"。实则咸通前期，萧邺在西川节度使任，而《通鉴》卷二五二，咸通十四年（873）十一月，记为："以右仆射萧邺同平章事，充河东节度使。"则萧邺为河东节度使在咸通十四年，而《旧纪》则误前十余年，记为咸通二年。又《旧纪》记萧邺任河东节度使前为吏部尚书，实则萧邺于咸通十一年（870）正月主持考试应宏词选人，时任为吏部尚书（见后）。可见《旧唐书》之晚唐本纪竟有如此众多之显误，值得研究。

《旧唐书·懿宗纪》，咸通十一年正月，记："以吏部尚书萧邺、吏部侍郎于德孙、吏部侍郎杨知温考官，司勋员外郎李耀、礼部员外郎崔澹等，考试应宏词选人。"又咸通十二年三月，十三年三月，皆记萧邺以吏部尚书考宏词选人。此后，即据《通鉴》，于咸通十四年十一月出任为河东节度使，约即卒于任。

《新唐书·艺文志》未著录其著述。《全唐文》卷七六四载其碑文二篇（前已述）。

宇文临

宇文临，两《唐书》无专传，仅《旧唐书》卷一六〇其父宇文籍传附记一句，且有误（详后）。

《旧唐书·宇文籍传》未载其籍贯，记籍于宪宗元和时"以咸阳尉直史馆，与韩愈同修《顺宗实录》，迁监察御史"；后于敬宗、文宗时为史馆修撰，"与韦处厚、韦表微、路随、沈传师同修《宪宗实录》"（《新唐书》卷五八《艺文志》二，著录之《顺宗实录》、《宪宗实录》，纂修者皆记有宇文籍）。《旧传》称"籍性简澹寡合，耽玩经史，精于著述，而风望峻整，为时辈推重"。则宇文临有较好之家学渊源。

《旧唐书·宇文籍传》末，记宇文临，仅一句，云："子临，大中初登进士第。"按据丁《记》，宇文临于大中元年闰三月七日，自礼部员外郎入充为翰林学士，即大中元年（847）闰三月，已入院，且此前已任礼部员外郎。按唐制，进士及第，须经吏部铨试，且须有一定年限候选，则宇文临绝不可能于"大中初"即大中元年才进士及第。《旧传》此句显误。故清徐松《登科记考》即未列其名。孟二冬《登科记考补正》卷二〇，据胡可先《登科记考补》，疑"大中"为"大和"之误，即附于文宗大和元年（827）。陶敏《全唐诗人名考证》（页777），考述杜牧《寄珉笛与宇文舍人》诗，亦以为《旧传》之"大中"为"大和"之误。

宇文临于进士及第后，仕历皆未有记，后即为丁《记》记其为翰林学士。丁《记》记其入院，曾先后两次，为："大中元年闰三月七日，自礼部员外郎充。其年四月，守本官出院。""大中元年十二月八日，自礼部郎中充。其月二十八日，加知制诰。二年正月二日，思政殿召对赐绯。其年六月七日，特恩迁中书舍人，并依前充。三年九月十四日，责授复州刺史。"

清劳格《唐尚书省郎官石柱题名考》卷二〇礼部员外郎，卷一九礼部郎中，皆列有宇文临，与丁《记》合。

按宇文临在入院前已任礼部员外郎，可以《全唐文》卷七二六崔嘏《授宇文临礼部员外郎制》参证。制云:"凡在南宫,必资望实,而仪曹之选,益难其人。"仪曹即指礼部员外郎。制中又云:"佐云幕而郁有佳声,处霜台而介然独立。"则宇文临曾在方镇幕府中供职,后入朝曾任谏官。

《全唐文》同卷又载有崔嘏《授宇文临翰林学士制二首》,由此可证丁《记》记其两次入院之确切性。可以注意的是,崔嘏之《授萧邺翰林学士制》中曾评议翰林学士之职责与地位(参见前萧邺传),在授宇文临制文(其二)中,又有云:"吾外有辅臣,以匡大化,中有股肱,以总枢机;而发挥丝纶,参侍顾问,司我耳目,广予腹心。"其授萧邺制文,是称"内有宰辅"、"外有侯伯"的,而此制,则添换为"中有股肱",且谓"以总枢机",即指任枢密使的宦者。这是当时朝中对宦官之中枢职能的看法。但不管如何,仍认为翰林学士,除"发挥丝纶"即草撰制诰外,主要还在于"参侍顾问"、"以参周旋"。

丁《记》中有一处,文字上似有误,即记大中二年,谓"其年六月七日,特恩迁中书舍人,并依前充"。按本年在院学士,如孙毂、刘瑑、裴谂、萧邺、沈询,均记于七月六日特恩迁转(见各人传,及书后"学士年表"),宇文临既亦记为"特恩迁",则此"六月七日",应与诸人同时,为"七月六日"。

其在院时另可注意者,杜牧曾有诗寄献:《寄珉笛与宇文舍人》(《樊川文集》卷四),有云:"调高银字声还侧,物比柯亭韵较奇。寄与玉人天上去,桓将军见不教吹。"胡可先《杜牧诗文人名新考》①,

---

①载于胡可先《杜牧研究丛稿》,人民文学出版社,1993年。

陶敏《全唐诗人名考证》(页777),皆谓此宇文舍人为宇文临,是。按杜牧于大中二年(848)秋由睦州刺史内擢司勋员外郎,十二月抵京,四年(850)秋后又出为湖州刺史,此诗当为大中三年(849)九月前宇文临为中书舍人时所作。珉为似玉之美色,杜牧将此珉笛佳品寄赠"天上"之"玉人",亦可见杜牧对身在翰苑之宇文临仰慕之情。杜牧与宇文临有何交往,不详。

丁《记》记宇文临出院,为大中三年(849)九月十四日,"责授复州刺史",而同时在院的萧邺,也于同日责授衡州刺史(见前萧邺传)。复州属山南东道,治竟陵县(《元和郡县图志》卷二一,今湖北天门市)。宇文临此次与萧邺同时被责外出,不知何故。不过萧邺后复入朝,累有升迁,且擢任宰相,宇文临则限于史料,其后不详。其诗文、著作,皆未有载记。

沈 询

沈询,两《唐书》有传,见《旧唐书》卷一四九、《新唐书》卷一三二,皆附于其父沈传师传后,所记甚简,且有误失(详后)。

沈传师为宪宗朝翰林学士,其本籍为吴兴,后移居于苏州,两《唐书》本传皆称为苏州吴人(详见前宪宗朝沈传师传)。

《旧传》未记沈询科举应试,《新传》记为"字诚之,亦能文辞,会昌初第进士,补渭南尉"。清徐松《登科记考》卷二二亦记于会昌元年(841),所据为《永乐大典》所辑之《苏州府志》:"沈询,会昌元年登第。"据徐《考》,同年及第者有薛逢、杨收、王铎、李宾等,皆有据。唯《旧唐书》卷一九〇《文苑下·薛逢传》记此同年登第事，却有二误，云："既而沈询、杨收、王铎由学士相继为将相，皆逢同年进士。"按沈询未曾任相，王铎未曾为翰林学士，《旧·薛逢传》仅此二句，竟有如此显误，真使人惊异。

《新传》记沈询于会昌初进士及第后"补渭南尉"，则有佐证。《旧唐书》卷一七八《郑畋传》，记大中九年（855）刘瞻作相时曾荐郑畋为翰林学士，转户部郎中，后加知制诰（见后郑畋传）。郑畋曾上书自陈，有云："臣会昌二年进士及第，大中首岁书判别登科，其时替故昭义节度使沈询作渭南县尉。"则郑畋于会昌二年（842）进士登第后，又于大中元年（847）登书判拔萃，即入仕，当于大中初为渭南尉，系接任沈询，则沈询于会昌元年进士及第后，即于会昌中后期任渭南尉。

但《新传》亦有疏漏，其记沈询"补渭南尉"后，即云"累迁中书舍人，出为浙东观察使"，缺记其任中书舍人前曾任翰林学士。《旧传》有记为翰林学士者，但记于中书舍人后，亦有误。幸有丁《记》，才能对两《唐书》传有所补正。

丁《记》记为："沈询：大中元年五月十二日，自右拾遗、集贤院学士充。二年正月二日，思政殿召对赐绯。其年七月七日，特恩迁起居郎，并依前充。十月二日，守本官，知制诰，出院。"按渭南县尉为正九品下，沈询当于会昌末、大中初迁为从八品上之右拾遗，并入朝兼充集贤院直学士，大中元年五月即以此入院为翰林学士。又按唐官制，凡在集贤院任学士者须为五品以上之官阶，六品以下只能称直学士。沈询既以从八品上之右拾遗兼充，只能为直学士。丁《记》此处当缺一"直"字。又《全唐文》卷七二六崔毆《授沈询翰林学士制》，即称为"右拾遗、集贤殿直学士沈询"。

据丁《记》，沈询于大中二年（848）七月七日，又迁为起居郎。起居郎与尚书诸司员外郎同阶，为从六品上，较右拾遗（从八品上）高好几阶，故称为"特恩"。不过同年十二月，即又以起居郎出院，不过加知制诰，即出院后仍可草撰制诰。沈询在院仅一年半，其所撰制文，现所存者均在其出院后作，值得探索。

两《唐书》本传皆记沈询曾任中书舍人，但所记时序互异。《旧传》记为"中书舍人、翰林学士、礼部侍郎"，即翰林学士前已为中书舍人。而据前所引述之丁《记》，沈询于大中元年五月十二日以右拾遗召入，右拾遗为从八品上，而中书舍人为正五品上，沈询不可能先为中书舍人，后降为右拾遗而入院。沈询在院时，虽有升迁，也仅为从六品上之起居郎。《新传》则未记翰林学士事，而云"累迁中书舍人，出为浙东观察使"，即沈询出院后累迁为中书舍人，后由中书舍人出为浙东观察使，此也不确。现论证如下。

《通鉴》卷二四九大中九年记："秋七月，浙东军乱，逐观察使李讷。……（讷）性卞急，遇将士不以礼，故乱作"；"九月乙亥，贬李讷为朗州刺史。……以礼部侍郎沈询为浙东观察使。"又《会稽掇英总集·唐太守题名》亦记："沈询：大中九年九月，自前礼部侍郎授。"可见沈询在任浙东观察使前，为礼部侍郎。且沈询确于大中九年初在礼部侍郎任，并以礼部侍郎知贡举试。徐松《登科记考》卷二二记大中九年知举，为沈询，所据为《南部新书》。又《唐摭言》卷一三《敏捷》条亦云"山北沈侍郎主文年"，此"山北"即沈询（见后）。但晚唐赵璘所著《因话录》，其卷六羽部记："大中九年，沈询侍郎以中书舍人知举。"含义不清。宋王谠《唐语林》卷八记开元二十四年后主贡举者,其中书舍人一类,亦有沈询(误记为珣)。此皆不确。

据上所述,沈询当于大中二年十月以起居郎、知制诰出院,不久即迁为中书舍人,连续好几年,于大中八年秋冬擢为礼部侍郎,遂于大中九年初以礼部侍郎知贡举;同年九月,由于工作需要,出任浙东观察使。沈询于大中中期任中书舍人,其主要职责即撰写制诏,现传存者有十余篇。

关于现存之沈询制文,《全唐文》有误载,应先加辨析。《全唐文》卷七六七载沈询制文六篇,其小传即大致本两《唐书》传。但卷七六三又于沈珣名下载制文十六篇,其小传云:"宣宗朝官中书舍人,以礼部侍郎出为浙东观察使。"其仕历实即为沈询。如此,《全唐文》卷七六三之沈珣实为沈询,却误分为二人。又《全唐文》之所以如此,为承袭《文苑英华》。中华书局影印本《文苑英华》卷四五〇"翰林制诏",载有沈询《授崔铉魏扶拜相制》、《魏謩拜相制》、《授裴休中书门下平章事依前判盐铁制》,又卷三八四"中书制诏"有沈询《授曹确充翰林学士制》,《全唐文》均列于卷七六七沈询名下,而《文苑英华》卷四五六"翰林制诏"于沈珣名下载十余篇授节度使制文,《全唐文》即于卷七六三沈珣名下载此十余篇制。由此,则《文苑英华》已将"询"误刊为"珣",《全唐文》即沿袭《文苑英华》之误。我们现在应将《全唐文》卷七六三、七六七所载,均作为沈询之文,不应误分为二人。

《全唐文》卷七六七载《授曹确充翰林学士制》,当为大中五年八月所撰,因曹确于大中五年八月十一日入院(据丁《记》,又参后曹确传),又据《新唐书·宰相年表》,《崔铉魏扶拜相制》当作于大中三年四月;《魏謩拜相制》当作于大中五年十月;《授裴休中书门下平章事依前判盐铁制》当作于大中六年八月。又《全唐文》卷七六三所载十余篇授节镇制文,当亦作于大中中期,如《授白敏中邠宁节度使制》,《文苑英华》于篇末署为"大中五年十月";《授杜悰淮南节度使制》,当为大中六年(参《唐刺史考全编》卷一二三淮南道扬州)。其中应予辨析的,如《授李彦佐鄜坊节度使制》,岑氏《注补》,据《吴表》一,列于大中二年,意为此篇乃沈询在院中任职时作。今检《唐刺史考全编》卷七关内道州,谓李彦佐任鄜坊节度使在大中六年。由此可见,《文苑英华》、《全唐文》所载沈询制文,皆为沈询出院后,任起居郎、知制诰及中书舍人时所作。不过《文苑英华》又有误载,如卷四五六所载沈询《授裴休汴州节度使制》,文末署"大中十年六月七日"。据《新唐书·宰相年表》,裴休罢相出为宣武(汴州)节度使,为大中十年十月戊子(《新唐书·宣宗纪》同),而大中十年,沈询在浙东观察使任,不可能作此制文。《全唐文》编纂时,亦未辨析,仍编于卷七六三。

就上所述,有一个现象值得注意,即一般认为,自建置翰林学士后,所撰制诰,翰林学士与中书舍人有明确分工,如李肇《翰林志》所云,"近朝大事,直出中禁,不由两省",特别是授宰相之制文,一般均由翰林学士起草,有时还是皇帝事先与翰林学士面商。但实际上,玄、肃两朝,一些朝政大事,甚至皇帝禅位所下诏文,仍由中书舍人起草。沈询的这几篇授宰相制文,都是他出院后任中书舍人时所撰,这对晚唐时中书舍人职责与作用的探索,以及中书舍人与翰林学士的分工,极有研究参考价值。

沈询在中书舍人任时,还有值得注意的,是他与当时文人的交往。杜牧有《秋晚与沈十七舍人期游樊川不至》(《樊川文集》卷二):"邀侣以官解,泛然成独游。川光初媚日,山色正矜秋。野竹疏还密,岩泉咽复流。杜村连滍水,晚步见垂钩。"按杜牧于大中六年上半年由考功郎中、知制诰迁为中书舍人,缪钺《杜牧年谱》即系于大中六年[1]。《唐五代文学编年史·晚唐卷》亦据《杜牧年谱》系此诗于此年[2]。大中六年当为沈、杜二人同在中书舍人任,当时有交游。又《唐五代文学编年史·晚唐卷》大中六年,采据谭优学《唐诗人行年考·赵嘏行年考》,记赵嘏有《访沈舍人不遇》诗:"溪翁强访紫微郎,晓鼓声中满鬓霜。知在禁闱人不见,好风飘下九天香。"按赵嘏亦为晚唐前期诗人名家,其"残星数点雁横塞,长笛一声人倚楼",为人称道,杜牧因而称为"赵倚楼"。但赵嘏一生坎坷,屡次应试不第,后于会昌四年进士及第,大中时曾仕为渭南尉,"卑官颇不如意",可能即因此上诗于沈询,有求荐之望[3]。

沈询于大中九年知举,有久困名场、屡试不第之文士,因又失第而进诗于沈询者,如许棠有《东归留辞沈侍郎》(《全唐诗》卷六〇三):"一第久乖期,深心(原校:一作终身)已自疑。沧江归恨远,紫阁别愁迟。稽古成何事,龙钟负已知。依门非近日,不虑旧

<hr>

①缪钺《杜牧年谱》,人民文学出版社,1980年。
②《唐五代文学编年史》,傅璇琮主编,《晚唐卷》,吴在庆、傅璇琮著,辽海出版社,1998年。
③关于赵嘏事迹,可参《唐才子传校笺》卷七《赵嘏传》谭优学笺,中华书局,1990年。

恩移。"许棠后于懿宗咸通十二年（871）才及第①。由许棠此诗，亦可见沈询当时之声望。

据前所述，沈询于大中九年初知举后，同年九月出任为浙东观察使，又据《会稽掇英总集》，大中十二年六月，迁户部侍郎返朝。《新传》亦记其于浙东观察使后，"除户部侍郎，判度支"，后于咸通四年（863）"为昭义节度使"。《旧传》亦记为："咸通中，检校户部尚书、潞州长史、昭义节度使。"此距大中九年知举已有八年，但曹唐作有《游仙诗》，仍称其为"沈侍郎"，诗云："玉诏新除沈侍郎，便分茅土镇东方。不知今夕游何处，侍从皆骑白凤凰。"（《全唐诗》卷六四一）《北梦琐言》卷五《沈蒋人物》条有云："沈询侍郎，清粹端美，神仙中人也。制除山北节旄，京城诵曹唐《游仙诗》云……即风姿可知也。"按曹唐为桂州人，长期游历北方，屡次应试不第，其举进士约在文宗大和间，但仕途不显，长期在方镇幕府供职②。此首"玉诏新除沈侍郎"，当为沈询出任潞州时曹唐奉献之作。

又李频亦有一诗，题为《送崔侍御书记赴山北座主尚书招辟》（《全唐诗》卷五八九）。陶敏《全唐诗人名考证》（页875）考谓诗题中所称之"座主"为沈询。山北，唐人习指为泽潞。李频作此诗，虽为送崔，实为赞誉沈询之赏拔人才，故诗中云："从来游幕意，此去并酬恩。"李频时亦以诗知名，《新唐书》卷二〇三《文艺

---

①关于许裳事迹，可参《唐才子传校笺》卷九《许裳传》周祖譔、吴在庆笺，中华书局，1990年。

②参《唐才子传校笺》卷八《曹唐传》梁超然笺，中华书局，1990年。

传》下有其传，称姚合赏识其诗才，"大加奖挹，以女妻之"。

但沈询此次出任不久，即遭惨祸。《通鉴》卷二五〇咸通四年（863）十二月记："昭义节度使沈询奴归秦，与询侍婢通，询欲杀之，未果。乙酉，归秦结牙将作乱，攻府第，杀询。"同卷咸通五年（864）载，"正月，以京兆尹李蠙为昭义节度使，取归秦心肝，以祭沈询"。两《唐书》本传同①。

《新唐书·艺文志》未著录其著述。《全唐文》所载其文，前已考。《全唐诗》卷八七九"酒令"，载其五言四句，谓在昭义节度使时，"尝宴府中，宾友改令歌此"。即聚宴时酒令，一般。

令狐绹

令狐绹，两《唐书》有传，见《旧唐书》卷一七二、《新唐书》卷一六六，皆附于其父令狐楚传后。令狐楚为宪宗朝翰林学士，与文士多有交往，李商隐早期曾在其幕府，其撰写今体骈文，即受令狐楚之启导。

《旧传》："绹字子直，大和四年登进士第，释褐弘文馆校书郎。"《新传》未记年，仅云"举进士"。清徐松《登科记考》卷二一即据《旧传》系于文宗大和四年（830）。同年登第者魏扶，为武宗

---

① 但《新传》所记有误，谓沈询死后，"刘潼代为节度，驰至，刳奴心，祭其灵坐"。据《旧唐书·懿宗纪》，刘潼为昭义节度使在咸通四年正月，后徙河东，沈询乃接其任者，《新传》所记显误。

朝翰林学士（见前魏扶传）；知举者礼部侍郎郑瀚，为文宗朝翰林学士（见前郑瀚传）。

《旧传》于"释褐弘文馆校书郎"后，概述云："开成初为左拾遗。二年，丁父丧。服阕，授本官，寻改左补阙、史馆修撰，累迁库部、户部员外郎。"《新传》所记较略，仅云"擢累左补阙、右司郎中"，后即云"出为湖州刺史"。按令狐楚于开成二年（837）十一月卒于兴元尹、山南西道节度使任，则令狐绹服阕仍为左拾遗①，当在开成五年（840）上半年。又《旧传》后附记其子滈事，记令狐绹曾为其子滈应举事上疏（见后），其自序有云："会昌二年臣任户部员外郎时，已令应举。"则开成五年上半年至会昌二年（842），历任为左补阙、史馆修撰，库部、户部员外郎。

又《旧传》谓"会昌五年，出为湖州刺史"。据《吴兴志》，令狐绹之任在薛褒后，《吴兴志》记薛褒为"会昌六年八月十日自安州刺史拜，卒官"，而令狐绹为"大中元年三月二十一日自右司郎中授"。由此，则《旧传》记为会昌五年，误。又《新传》记令狐绹先为右司郎中，后出为湖州刺史，虽未记年，但由右司郎中出任，与《吴兴志》合；而《旧传》却记先任为户部员外郎，后为湖州刺史，亦不确。此亦可以李商隐诗作证，李在湖州有诗，诗题即称令狐绹为郎中（详后）。

---

① 李商隐有《为令狐博士绪补阙绹谢宣祭表》，刘学锴、余恕诚《李商隐文编年校注》（页 161），据前人笺注，谓令狐楚卒于开成二年十一月十二日，后朝廷命中使前往兴元宣祭，李商隐此表当作于十一月下旬。如此，则令狐绹于其父卒前已为左补阙，即已由左拾遗改为左补阙，非服阕后才授为左补阙。此似可订正《旧传》。

《旧传》后云："大中二年，召拜考功郎中，寻知制诰。其年，召入充翰林学士。"此与丁《记》所记"大中二年二月十日，自考功郎中、知制诰"合。令狐绹当于大中二年（848）正月由湖州返朝，二月即入院。而《旧唐书》卷一八下《宣宗纪》却记令狐绹入朝在大中元年（847）六月，云："以中散大夫、前湖州刺史、彭阳县开国男、食邑三百户令狐绹行尚书考功郎中、知制诰。"《通鉴》卷二四八于大中元年六月亦记宣宗向白敏中咨询人才，白敏中推荐令狐绹，于是"上即擢为考功郎中、知制诰"。按《两浙金石志》卷三《唐天宁寺经幢》，称："会昌三年十月九日树，至会昌五年六月十七日准敕废，至大中元年十一月廿八日重建。"后署名有"中大夫使持节湖州诸军事守湖州刺史上柱国彭阳县开国男食邑三百户令狐绹"。据此，则令狐绹于大中元年十一月末尚在湖州，有可能于大中元年十二月或大中二年正月召入朝。《旧纪》、《通鉴》记为大中元年六月，当误。

丁《记》记令狐绹入院，为："大中二年二月十日，自考功郎中、知制诰充。"关于令狐绹之召为翰林学士，《新传》有记，谓出于白敏中之举荐，云："大中初，宣宗谓宰相白敏中曰：'宪宗葬，道遇风雨，六宫百官皆避，独见顾而髯者奉梓宫不去，果谁邪？'敏中言：'山陵使令狐楚。'帝曰：'有子乎？'对曰：'绪少风痹，不胜用。绹今守湖州。'因曰：'其为人，宰相器也。'即召为考功郎中、知制诰，入翰林为学士。"《新传》所叙之具体情节，即本于唐末昭宗时裴庭裕所著的《东观奏记》（卷上），裴庭裕所记更详。按宣宗（名忱）为宪宗子，宪宗于元和十五年（820）卒时，宣宗仅十一岁，会昌六年（846）三月即位为三十七岁，他想多用宪宗时旧臣子弟，以巩固自己权位,是合于情理的(参见前裴谂传)。

可能也正因令狐绹受白敏中之荐,史书就有记,认为李德裕于宣宗即位后受贬,乃白敏中与令狐绹共谋。如《旧唐书》卷一七四《李德裕传》记云:"白敏中、令狐绹,在会昌中德裕不以朋党疑之,置之台阁,顾待甚优,及德裕失势,抵掌戟手,同谋斥逐。"《新唐书》卷一八〇《李德裕传》亦谓:"白敏中、令狐绹、崔铉皆素仇,大中元年,使党人李咸斥德裕阴事。"撰于北宋初的钱易《南部新书》丁卷,更云:"大中中,李太尉三贬至朱崖,时在两制者皆为拟制,用者乃令狐绹之词。李虞仲集中此制尤高,未知孰是,往往有俗传之制,云:'蛇用两头,狐摇九尾。鼻不正而身岂正,眼既斜而心亦斜。'此仇家谤也。"①实际上,令狐绹于会昌时历任拾遗、补阙、员外郎之职,官阶虽不高,但仕迹较稳定,时任宰相的李德裕对令狐绹,确"不以朋党疑之"。

又,白敏中出谋诬告李德裕之所谓吴湘狱事,乃为大中元年九月,李德裕后即由太子少保、分司东都贬为潮州司马,《唐大诏令集》卷五八所载《李德裕潮州司马制》,署为"大中元年十二月"。而此前,令狐绹已于大中元年三月出任湖州刺史(见前考述)。可见白敏中于宣宗即位后策划诬陷李德裕,令狐绹实未曾参与。至于大中二年九月李德裕再贬为崖州司户参军,《唐大诏令集》卷五八所载《李德裕崖州司户制》,文末署"大中二年九月",时令狐绹已入为翰林学士,当然有可能撰制,这是翰林学士的职责,但《唐大诏令集》所载此制,未署令狐绹之名,《全唐文》

①《南部新书》,泰山出版社《中华野史》点校本,2000 年。

卷七五九所载令狐绹文,亦未有此制。钱易《南部新书》所谓翰林、中书所拟之制,多出于令狐绹,亦仅揣测;且《南部新书》又谓当时李虞仲亦拟有此制,则更误。据《旧唐书》卷一六三《李虞仲传》,李虞仲乃卒于文宗开成元年(836)四月,敬宗、文宗时为中书舍人,《全唐文》卷六九三所载其所撰制文,如《授学士王源中户部侍郎制》《授学士李让夷职方员外郎充职制》等,皆在文宗大和时(见前王源中、李让夷传)。宣宗大中二年(848),已为李虞仲卒后十余年,何以能再作制? 由《南部新书》所记李虞仲此事,亦可佐证令狐绹撰《李德裕崖州司户制》,当亦非实。

关于令狐楚之党派问题,我于 1982 年所撰《李商隐研究中的一些问题》(《文学评论》1982 年第 2 期),曾有辨释,谓:综观令狐楚的一生,他早期与李逢吉等人交结,与裴度等主张对藩镇用兵的意见相左,但后来与李德裕等人没有发生过政治分歧,与牛李党争无涉。大和九年甘露事变后,宦官气焰嚣张,令狐楚还与李(德裕)党郑覃共事,对宦官专权有所抵制,令狐楚卒于文宗开成二年,则与李德裕于会昌时执政更无关系;令狐绹为其子,就更无牛李党争之成见,令狐绹前期未有涉及牛李党争者。

又李德裕于大中三年十二月卒于崖州,六年,其子烨护其父母灵柩,归葬洛阳①。此事,《新唐书·李德裕传》有记:"德裕既没,见梦令狐绹曰:'公幸哀我,使得归葬。'绹语其子滈,滈曰:'执政皆其憾,可乎?'既夕,又梦,绹惧曰:'卫公精爽可畏,不言,祸将及。'白于帝,得以丧还。"按此事,《东观奏记》(卷中)有载,所记

① 此事详见傅璇琮著《李德裕年谱》,河北教育出版社,2001 年修订新版。

更详,《新传》当本此。所谓"梦见",当然为小说家之言,但由此可见,李德裕能以远贬之地返葬,与令狐绹有关。后懿宗时李潘为李德裕子李烨所作墓志,有记云:"会先帝(琮按:指宣宗)与丞相论兵食制置西边事,时有以(卫)公前在相位事奏,上颇然之,因诏下许归葬。"(《唐故郴县尉赵郡李君墓志铭并序》,见傅璇琮著《李德裕年谱》大中六年引)大中六年,距李德裕之贬已好几年,宣宗当可允其归葬,而此乃与宰相论议而定,时任宰辅之首者即令狐绹。

以上之所以详引有关材料,并加辨析,是在纠正史书中的某些误载及当今某些研究论者中的有关歧说。应当说,令狐绹在前期,即入院前及翰林学士任期内,并无所谓牛李朋党之见,其为人行事也较允当。

丁《记》记令狐绹曾先后两次入院,云:"大中二年二月十日,自考功郎中、知制诰充。三年二月二十一日,特恩拜中书舍人,依前充。其年五月一日,迁御史中丞,赐紫,出院。""大中三年九月十六日,自御史中丞充承旨。其月二十三日,权知兵部侍郎、知制诰,依前充。四年十一月三日,守本官、同中书门下平章事。"按宣宗朝前期,如萧邺、宇文临皆亦有两次入院、出院情况,且第二次在院时官衔迁转更快,令狐绹亦同。如令狐绹于大中三年(849)五月迁御史中丞,即出院,而仅数月,同年九月十六日,又入,且充承旨(当接替裴谂,裴谂于本年五月二十三日出院)。充承旨后之同月二十三日,又由正五品上之御史中丞迁为正四品下之兵部侍郎,第二年即入相。

按《旧传》云:"大中二年,召拜考功郎中,寻知制诰,其年,召入充翰林学士。三年,拜中书舍人,袭封彭阳男,食邑三百户,寻拜御史中丞。"与丁《记》合,但未记后以御史中丞出院,而云:"四年,转户部侍郎,判本司事。其年,改兵部侍郎、同中书门下平章事。"

关于令狐绹入相之时间,诸书所记亦有小异。丁《记》记为大中四年(850)十一月三日,《旧纪》记为十一月己亥,同。而《新唐书》卷八《宣宗纪》、卷六三《宰相年表》及《通鉴》卷二四九,皆记为大中四年十月辛未,以翰林学士承旨、兵部侍郎令狐绹守本官、同中书门下平章事。十月辛未,为十月二十七日。《通鉴》所记有《考异》,谓"《旧纪》在十一月,今从《实录》、《新纪》"。既提及《实录》,则当依《实录》,为十月辛未(二十七日)。令狐绹为宣宗时入院之翰林学士首位擢迁为相的。

关于宣宗提拔其为相,《新传》有具记,云:"它夜,召与论人间疾苦,帝出《金镜》书曰:'太宗所著也,卿为我举其要。'绹摘语曰:'至治未尝任不肖,至乱未尝任贤。任贤,享天下之福;任不肖,罹天下之祸。'帝曰:'善,朕读此常三复乃已。'绹再拜曰:'陛下必欲兴王业,舍此孰先?《诗》曰:惟其有之,是以似之。'"此事,唐末昭宗时康骈所著《剧谈录》卷上《宣宗夜召翰林学士》条有详记,《新传》当亦本此。令狐绹在院,虽未有显著业绩,但此处所述向宣宗进言,"欲兴王业",须以"任贤"为先,应该说还是有见识的。

令狐绹于大中四年(850)十月入相,时在相位者有白敏中、崔铉、崔龟从,而白敏中于第二年即大中五年(851)三月即出为邠宁庆等州节度使,终宣宗朝,再未入相;崔龟从亦于五年十一月出为宣武节度使,令狐绹则于大中十三年(859)十二月,懿宗即位后,才出为河中节度使,终宣宗一朝,前后十年,始终居于相位。但任相十年间,实无有作为,未有政绩。《全唐文》卷七九载宣宗《授令狐绹弘文馆大学士制》,称其居相位已"十载于兹",而其政绩则虚称为"保合太和,从容中道;左右王化,清夷国风"。《通鉴》卷二四九,大中十二年十月,曾记:"令狐绹谓人曰:'吾十年秉政,最承恩遇,然每延英奏事,未尝不汗沾衣也。'"令狐绹为维持自己地位,不敢有所措施,"从容中道"而已。

　　且令狐绹任相时,也有劣绩。《通鉴》卷二四九大中十三年十二月记其罢相时,有云:"司空、门下侍郎、同平章事令狐绹执政岁久,忌胜己者,中外侧目,其子滈颇招权受贿。宣宗既崩,言事者竞攻其短,丁酉,以绹同平章事,充河中节度使。"其主要劣迹,为其子滈,"骄纵不法,日事游宴,货贿盈门,中外为之侧目"(《旧传》)。《旧传》并载谏议大夫崔瑄上疏,谓:"令狐滈昨以父居相位,权在一门,求请者诡党风趋,妄动者群邪云集。每岁贡闱登第,在朝清列除官,事望虽出于绹,取舍全由于滈。喧然如市,旁若无人,权动寰中,势倾天下。"这是晚唐时科举考试腐败的突出事例。令狐滈之所以能如此,即因"父在枢衡,独挠文柄",其主要责任即在于令狐绹。正因如此,"及懿宗即位,讼者不一,故绹罢权轴"(《旧传》)。

　　令狐绹在院及任相时情况,已大致可清。现就其与当时文士交往,略加概述,并对史料中的某些记载,概予辨析。

　　李商隐因早期曾在令狐楚幕府,深得令狐楚的荐用,故与令狐绹也早有交往。如李商隐于开成二年(837)进士登第,令狐绹即有推荐之力，如《新唐书》卷二〇三《李商隐传》："开成二年，高锴知贡举，令狐绹雅善锴，奖誉甚力，故擢进士第。"李商隐《与陶进士书》即直述其事："时独令狐补阙最相厚，岁岁为写出旧文纳贡院"（《全唐文》卷七七六）。但两《唐书·李商隐传》对李商隐与令狐绹的关系，仍有不切实际的记述。如李商隐后在河阳节度使王茂元幕，并为其婿，而王茂元为李德裕重用，时即以王茂元为李德裕党。《旧·李商隐传》即记为："商隐既为茂元从事，宗闵党大薄之。时令狐楚已卒，子绹为员外郎，以商隐背恩，尤恶其无行。"又谓令狐绹作相时，"商隐屡启陈情，绹不之省"。《新唐书》卷二〇三《李商隐传》更记李商隐于大中初随郑亚至桂管幕，郑亚前曾与李德裕善，"绹以为忘家恩，放利偷合，谢不通"；"绹当国，商隐归穷自解，绹憾不置"。实则令狐绹于大中元年由左司郎中出为湖州刺史，在湖州任时，他还写有诗寄时在桂管郑亚幕府的李商隐，李商隐即有《酬令狐郎中见寄》[1]，首二句即谓"望郎临古郡，佳句洒丹青"，即令狐绹抵达湖州，就有诗寄至桂管李商隐处。可见此时郑亚虽亦受李德裕之累而被迫外出，令狐绹却仍关注时在郑亚幕府之李商隐，特寄与诗，而《新传》却谓令狐绹因李商隐在郑亚幕，"以为忘家恩，放利偷合，谢不通"，完全不合实际。

令狐绹入为翰林学士后，李商隐又有几首诗寄呈。《寄令狐学士》，刘学锴、余恕诚《李商隐诗歌集解》，引前人笺注，以为大中

---

[1] 见刘学锴、余恕诚《李商隐诗歌集解》，页 743，台北洪叶文化事业有限公司，1992 年。

二年二月郑亚受李德裕贬之影响,又由桂州改循州,李商隐只得离郑亚幕北归,北返途中即作此诗寄呈令狐绹,令狐绹时已入院。李诗首二句"秘殿崔嵬拂彩霓,曹司今在殿东西",盛赞翰林内署之高宏,亦为喻学士"玉堂天上"之地位。此诗虽未明白表示请求荐引之意,但仍显示仰望之情。后又有《梦令狐学士》(同上页818),首句"山驿荒凉白竹扉",即李商隐于大中二年秋冬之际将达长安,特以"梦"为题,亦显示心有所托。李商隐又有一诗《令狐舍人说昨夜西掖玩月因戏赠》(同上页898),此称舍人,则为令狐绹于大中三年二月二十一日至五月一日为中书舍人时,而李商隐此时已在京畿任盩厔县尉,后为京兆尹留参军事,即仍在京。就诗题,可见李商隐时与令狐绹会聚,令狐绹并向其闲叙宫中赏月之情景。

李商隐后于大中四年在徐州卢弘止幕,但第二年大中五年卢弘止卒,李商隐只得离徐州幕。《旧·李商隐传》有记:"府罢入朝,复以文章干绹,乃补太学博士。"《新传》同。此时令狐绹已任相,则有实权,故举引其为正六品上之太学博士,较尚书诸司员外郎(从六品上)还要高二阶。

由上述材料可见,令狐绹于外任湖州刺史及内任翰林学士及居相位时,均与李商隐有交往,并有所举荐。李商隐则数有诗奉呈,屡表请举之意。二人并无所谓牛李党争之嫌。

李商隐外,另有关于举荐李群玉事。李群玉亦为晚唐时著名诗人,杜牧《送李群玉赴举》诗有"玉白花红三百首"之句(《全唐诗》卷五二三),李频亦称其"逍遥蓬阁吏,才子复诗流"(《江上送从兄群玉校书东游》,《全唐诗》卷五八九)。但其出身清贫,屡应举不第①。"大中八年，以草泽臣来京，诣阙上表，自进诗三百篇"（《唐才子传》卷七），当本宋晁公武《郡斋读书志》卷一八著录《李群玉诗集》，一卷，有云："大中八年来京师，进诗三百篇。"②《全唐文》卷七九三载其《进诗表》，称献诗三百首，"谨诣光顺门昧死上进"，望有所举进。《全唐文》卷七五九载有令狐绹《荐处士李群玉状》："右，苦心歌篇，屏迹林壑，佳句流传于众口，芳声籍甚于一时。守道安贫，远绝名利。……臣绹等今日延英已面陈奏状，伏奉圣旨，令与一文学官者，臣等商量，望授弘文馆校书郎，未审可否。谨具奏闻，伏听敕旨。"传世之《李群玉诗集》，皆载有令狐绹此表。《四库全书总目》卷一五一集部别集类著录之《李群玉诗集》，提要有云："其集首载群玉进诗表及令狐绹荐状、郑处约所行制词。"即相传李群玉于大中八年进诗后得授弘文馆校书郎之职，即因令狐绹之荐。两《唐书》本传皆未载此事，现再加考辨。

按李群玉，两《唐书》无传，最早记李群玉得荐之事者，有两书，一为撰于五代末、北宋初之《北梦琐言》，其书卷六称李群玉"尝受知于相国河东裴公休，为其延誉，因进诗，授弘文馆校书"。另一即《新唐书》卷六〇《艺文志》四，集部别集类所著录之《李群玉诗》三卷、《后集》五卷，云："字文山，澧州人。裴休观察湖南，厚延致之，及为相，以诗论荐，授校书郎。"后南宋两部书目，《郡斋读书志》卷一八亦具体记为："裴休廉察湖南，延郡中。大中八年

①其生平事迹，可参《唐才子传校笺》卷七《李群玉传》羊春秋笺，中华书局，1990年。
②《郡斋读书志》，孙猛校证，上海古籍出版社，1990年。

来京师,进诗三百篇,休复论荐,授弘文馆校书郎。"《直斋书录解题》卷一九别集类著录《李群玉集》三卷,亦云"裴休以处士荐"。《唐诗纪事》卷五四亦有同记。即唐末五代至宋,均称为裴休举荐,未提及令狐绹。清修《全唐文》卷七九三亦载李群玉《进诗表》,《全唐文》于李群玉小传中亦谓"以裴休荐,征拜校书郎"。按裴休,《旧唐书》卷一七七、《新唐书》卷一八二有传,《旧传》称其"善为文,长于书翰,自成笔法",《新传》略同。《唐刺史考全编》卷一一六载其于会昌三年至大中元年(843—847)为湖南观察使。李群玉本澧州人,即今湖南省澧县。李群玉时当亦在长沙,有《长沙陪裴大夫登北楼》、《三月五日陪裴大夫泛长沙东湖》、《长沙陪裴大夫夜宴》等诗(皆载《全唐诗》卷五六九)。可见李群玉早已受裴休赏识,有交游。据《新唐书·宰相年表》,裴休于大中六年(852)为相,八年(854)十一月罢相,则李群玉于大中八年入京进诗,裴休正在相位。李群玉得到官职后,即撰有一诗,题为《始忝四座奏状闻荐蒙恩授官旋进歌诗延英宣赐言怀纪事呈同馆诸公二十四韵》(同上卷五六八),诗中云:"昨忝丞相召,扬鞭指冥鸿。姓名挂丹诏,文句飞天聪。"据《新唐书·宰相年表》,大中八年上半年在相位者为令狐绹、崔铉、魏謩、裴休,故李群玉诗题中称"四座"。就上述材料,应为:李群玉因与裴休早有交识,时裴休正居相位,故特自湖南北上来京,献诗进表,经裴休推荐,就以令狐绹领衔,四位宰臣共上荐状,荐状中云"臣等商量",即非令狐绹一人。故此荐状虽列令狐绹之名,实出裴休之荐,但令狐绹当时在宰臣中因居首位,当也具见其荐力。

又令狐绹任相时,又有诗人赵嘏进献诗:《上令狐相公》(《全唐诗》卷五四九）。赵嘏，两《唐书》无传，其行迹可参《唐才子传校笺》卷七《赵嘏传》谭优学笺。赵嘏亦有诗名，特别是"残星几点雁横塞，长笛一声人倚楼"，杜牧即特称为"赵倚楼"（《唐摭言》卷七《知己》条）。但赵嘏于会昌四年（844）登第后，仕迹仍不显，宣宗大中中，才仕为京郊之渭南尉，《唐才子传》即称其"卑宦颇不如意"。可能正因此，他就向令狐绹进诗，有云"前年风月满江湖"，即指绹前些年曾任湖州刺史。诗末二句云："不知机务时多暇，犹许诗家属和无。"表面上是叙友情，拟于机务之暇有所酬和，实含有求荐之意。按赵嘏另有《和令狐补阙春日独游西街》一诗（《全唐诗》卷五四九），云"左掖初辞近侍班，马嘶寻得过街闲"，末云"此时失意哀吟客，更觉风流不可攀"。令狐绹当于开成末、会昌初为右补阙（见前），时赵嘏以营求科举，滞留长安，与令狐绹有所交游，互有唱和。可能因早期已有交往，故大中时令狐绹为相，赵嘏又作诗进献。但未记载令狐绹对赵嘏进诗有何反响。

令狐绹于大中十三年（859）十二月罢相后，其仕迹亦甚繁，两《唐书》本传有具记，不复述，大致为历任河中晋绛节度使、宣武节度使、淮南节度使；懿宗咸通十二年（871）八月，以太子太保分司东都，十三年（872）为凤翔陇右节度使，不久即卒。

《新唐书·艺文志》未著录其著述。《全唐诗》卷五六三仅载其《登望京楼赋》一诗（七绝）。《全唐文》卷七五九载文三篇，即前所述之《请诏男滴就试表》（即《旧传》所载）、《荐处士李群玉状》，及《请申禁天门街左右置私庙并按品定庙室数奏》。

郑 颢

郑颢,两《唐书》有传,见《旧唐书》卷一五九、《新唐书》卷一六五,附于其祖郑絪传后。郑絪,德宗、顺宗朝翰林学士,宪宗即位,擢迁为相(详见前传)。

两《唐书·郑絪传》皆记其子祗德,但仅提其名,未记事。今检吴钢主编《全唐文补遗》第六辑①,有卢辂所撰《唐故范阳卢氏荥阳郑夫人墓志铭》(页174—175),此郑夫人即郑祗德女,撰者卢辂为其夫,故所记当可信。据《郑志》,此郑夫人卒于宣宗大中十二年(858)闰二月,其年五月葬。《郑志》具体记述祗德仕历,称其以门荫入仕,历任库部郎中、国子司业、河南少尹、汾州刺史、楚州团练,可补两《唐书》传之缺记。

两《唐书·郑絪传》传后记郑颢事甚简,均未记任翰林学士事,《新传》所记则仅十余字。《新唐书》卷七五上《宰相世系表》五上,记有郑颢,云字养正,两《唐书》传则未记其字号。

两《唐书》传皆载郑颢举进士及第,但未记年。清徐松《登科记考》卷二二武宗会昌二年(842),于进士及第郑诚名下引《淳熙三山志》所云"会昌二年郑颢榜进士郑诚",即据此列郑颢为会昌二年进士科状元。

又前所引述之《荥阳郑夫人墓志》,有具体记叙郑颢者,称其

---

① 吴钢主编《全唐文补遗》第六辑,三秦出版社,1999年5月。

"幼而爽晤,尝遇识者曰:'此儿神宇奥彻,必杰起其类,整志吾言。'长果博文强识,廿六首冠上第"。此为郑颢状元登科之最早第一手材料。按此云时年二十六,参据《淳熙三山志》,即会昌二年为二十六岁,则当生于宪宗元和十二年(817)。又据《郑志》,此郑夫人卒于大中十二年(858),年三十二,则生于文宗大和元年(827)。郑颢为其兄,故《郑志》所记合实。

《旧传》记其登进士第后,云:"结绶弘文馆校书,迁右拾遗,内供奉,诏授银青光禄大夫,迁起居郎。尚宣宗女万寿公主,拜驸马都尉。"《新传》简记为:"举进士,以起居郎尚万寿公主,拜驸马都尉。"《新唐书》卷八三《诸帝公主传》,宣宗女,亦记有万寿公主,云"下嫁郑颢"。皆未记年。《通鉴》卷二四八则明确记于大中二年(848),云:"十一月庚午,万寿公主适起居郎郑颢。"《南部新书》壬卷亦记为:"大中二年,以起居郎郑颢尚万寿公主。"以上皆记郑颢时为起居郎。但《旧唐书》卷一八下《宣宗纪》所记有异,记为大中四年,云:"二月,皇女万寿公主出降右拾遗郑颢,以颢为银青光禄大夫、行起居郎、驸马都尉。"按据丁《记》,郑颢于大中三年二月二日,自起居郎充,即大中三年二月前为起居郎,与《通鉴》所记大中二年十一月万寿公主嫁于起居郎郑颢合。即大中二年十一月,郑颢已为从六品上之起居郎,又据丁《记》,郑颢于大中三年闰十一月又迁为右谏议大夫,右谏议大夫为正五品上。而《旧纪》记大中四年二月前郑颢仅为右拾遗(从八品上),尚万寿公主后才迁为起居郎,也仅从六品上,与丁《记》等所记官衔、时间均不合,《旧纪》此处所记当不确。

郑颢当于会昌二年进士登第后,历仕为弘文馆校书郎,右拾遗,于大中二年十一月任起居郎时尚万寿公主,旋即以起居郎召入为翰林学士。可见郑颢之所以能入为翰林学士,与其为驸马都尉有直接关系,这是唐时由驸马都尉入为翰林学士之又一例。此时郑颢已三十三岁,其时能尚公主,似亦不易。

据丁《记》,郑颢于大中三年二月二日入院,后于同年四月十日,以起居郎兼知制诰,又于闰十一月四日,"特恩迁右谏议大夫、知制诰",即入院不到一年,就由从六品上之起居郎迁升为正五品上之右谏议大夫,故称"特恩",当也与为驸马都尉有关。

又,据《新唐书》卷一一九《白敏中传》,郑颢之被选尚万寿公主,系出于白敏中的推荐:"初,帝爱万寿公主,欲下嫁士人。时郑颢擢进士第,有阀阅,敏中以充选。颢与卢氏婚,将授室而罢,衔之。"《东观奏记》卷上、《唐语林》卷七亦皆有记,但未有《新唐书·白敏中传》所谓"时郑颢擢进士第"。据前所述,郑颢登进士第乃在会昌二年,即武宗朝,宣宗尚未立,何以能选驸马? 可见《新唐书·白敏中传》此处所记亦不确。

丁《记》记郑颢于大中三年闰十一月四日迁右谏议大夫,接云:"四年十月七日,拜中书舍人,依前充。五年八月二日,授□庶子出院。""庶子"前空一字。今检前所引述之《郑夫人墓志》,记郑颢入院后,"自谏议大夫、知制诰转中书舍人,固辞出翰苑,守右庶子"。即可补丁《记》所缺之字。又此《志》所述郑颢在院时官阶迁转,即自谏议大夫、知制诰转中书舍人,亦与丁《记》合,由此亦可证此处所记,已为丁居晦出院之后,但仍就当时壁记实录,仍具史料性。

郑颢以右庶子出院,可能不久又改为中书舍人,并于大中九年(855)十一月改迁为礼部侍郎,以备翌年初知举。《旧唐书》卷一八下《宣宗纪》大中九年十一月记:"以中书舍人郑颢为礼部侍郎。"

《旧传》亦记郑颢曾任礼部侍郎,并云"典贡士二年",唯未记年。《新传》不仅未记郑颢任翰林学士事,于礼部侍郎知举亦一字未提,可见其甚有所缺。实则郑颢任礼部侍郎时,不仅有两年知举,且有登科记著作,为其一生之重要学术业绩。

徐松《登科记考》卷二二列郑颢于大中十年(856)知贡举,主要根据为:《唐才子传》记李郢于大中十年进士及第,《唐语林》称李郢为"郑尚书颢门生"。可以注意的是,郑颢不仅于大中十年初知举,并在此期间编撰《诸家科目记》一书,且于是年四月即上进于宣宗。《册府元龟》卷六四一《贡举部·条制》三,记云:"(大中)十年四月,礼部侍郎郑颢进《诸家科目记》十三卷,敕付翰林,自今放榜后仰写及第人姓名及所试诗赋题目进入内,仍付所司逐年编次。"关于此事,宋王谠《唐语林》卷四稍有具体记述:"宣宗尚文学,尤重科名。大中十年,郑颢知举,宣宗索登科记,颢表曰:'自武德以后,便有进士诸科,所传前代姓名,皆是私家记录。臣寻委当行祠部员外郎赵璘采访诸科目记,撰成十三卷,自武德元年至于圣朝。'敕翰林,自今放榜后,仰写及第人姓名及所试诗赋题目进入,仰所司逐年编次。"(《唐语林》此条据《东观奏记》卷上)

按郑颢所上表,谓此前所传之登科名录"皆是私家记录",是。《新唐书·艺文志》三,记有三种:崔氏《唐显庆登科记》五卷,姚康《科第录》十六卷,李奕《唐登科记》二卷;又据《玉海》卷一一五

《选举》引姚康《科第录叙》，在穆宗长庆前，就有十几种登科名录。此次郑颢主持、赵璘具体撰作之《诸家科目记》，当由官家有关机构编撰，汇集前此私家所编之好几种登科名录，故称"诸家"。且此次所编，历时极久，自唐初武德至大中年间，历二百余年，其所辑集除进士科外，当还有其他科目。这应当是唐人所编规模最大、历时最长，并较具规范性的登科记。由此亦可见，郑颢刚出翰林学士院，即有此学术见识，洵属不易。可惜此书后未存，《新唐书·艺文志》及宋时所编的几种书目如《崇文总目》、《郡斋读书志》、《直斋书录解题》，均未著录，当编就后存于宫中（或翰林学士院内），经唐几次战乱，被毁①。郑颢后于大中十三年（859）又知贡举（徐松《登科记考》卷二二）。《旧传》称"典贡士二年，振拔滞才，至今称之"。当时应举及第者，确对其甚为钦仰。唐末五代初王定保《唐摭言》卷三有记："大中十年，郑颢都尉放榜，请假往东洛觐省，生徒饯于长乐驿。俄有记于屋壁曰：'三十骅骝一哄尘，来时不锁杏园春。杨花满地如飞雪，应有偷游曲水人。'"此诗未注著者姓名。按《全唐诗》卷五九〇李郢《春晚与诸同舍出城迎座主侍郎》，即此诗（第三句作"东风柳絮轻如雪"），唯《全唐诗》所载此诗，题作"迎"，据《唐摭言》，似应作"饯"。李郢，《郡斋读书志》（卷四）、《直斋书录解题》（卷一九）及《唐才子传》（卷八），皆记其为大中十年进士及第者，晚唐时有诗名，《金华子杂编》称其"诗调美丽"。由此，则郑颢于大中十年春知举后，赴洛阳省亲，

①关于郑颢编纂此书及唐登科记，详参傅璇琮著《唐代科举与文学》第一章《材料叙说；唐登科记考索》，陕西人民出版社，1986年。

及第诸生相聚饯送,还作诗刻写于驿站屋壁,确可观。

但关于郑颢知举情况,也有不同记载。孙棨《北里志》自序,有云:"自大中皇帝好儒术,特重科第,故其爱婿郑詹事再掌春闱。"后又云:"然率多膏粱子弟,平进岁不及三数人,由是仆马豪华,宴游崇侈。"《金华子》卷上:"崔起居雍,甲族之子,少有令名,进士第,与郑颢齐名。士之游其门者多登第,时人语为崔雍、郑颢世界。"此亦为晚唐科试风习,可参前令狐绹传所叙其子滈事。不过《金华子》所记崔雍事,有可疑。崔雍,附见于《新唐书》卷一五九其父崔戎传后,未记其知举事,徐松《登科记考》亦未记其曾知举。故《金华子》所记崔雍、郑颢事,究属如何,待核。不过前所引述之《郑夫人墓志》,亦提及郑颢知举,云:"上以公文学之领袖,乃命屈主文柄。其趋名者皆争出其下。既贡事毕,颇归人望。"此《志》为大中末所作,所谓"颇归人望",则当时对郑颢知举是颇为肯定的。

《郑夫人墓志》记郑颢后由礼部侍郎改为户部侍郎、判户部事,"戚戚不乐",不愿作此琐事,乃"亟拜诏,乞守闲职","上知公志不可夺,乃除秘书监"。郑颢以此闲职为"美迁","乃闭关自固,唯以艺植琴书为乐,人罕见其面"。《通鉴》卷二四九亦有记,而系于大中十年,云:"户部侍郎、判户部、驸马都尉郑颢,营求作相甚切。其父祗德与书曰:'闻汝已判户部,是吾必死之年;又闻欲求宰相,是吾必死之日也。'颢惧,累表辞剧务。冬十月乙酉,以颢为秘书监。"据《通鉴·考异》,时其父祗德以太子宾客分司东都(与前所述郑颢知举后赴洛省亲合)。《通鉴》所记郑颢当时之心情与《郑夫人墓志》不同,可参。

《旧传》后记为："大中十三年，检校礼部尚书、河南尹。"据《旧唐书·懿宗纪》，在大中十三年（859）十月。按宣宗于此年八月卒，懿宗立，易代之际，郑颢为前朝驸马都尉，当然外出。《旧传》末云"未几，颢亦卒"，当在咸通初。

前已述，郑颢虽撰有《诸家登科记》，但《新唐书·艺文志》未有著录。《全唐文》卷七九一所载一文，《进科名记表》，即向宣宗上进《诸家科名记》者。

郑处诲

郑处诲，两《唐书》有传，见《旧唐书》卷一五八、《新唐书》卷一六五，皆附于其祖郑馀庆传后。郑馀庆，宪宗时曾为相；处诲父澣，文宗时翰林侍讲学士（见前传）。

《旧传》记"处诲字延美"，《新唐书》卷七五上《宰相世系表》五上，亦作延美，而《新传》作廷美。杜牧有一诗，诗题颇长，首云：《道一大尹、存之学士、庭美学士简于圣明，自致霄汉……》（《樊川文集》卷二）。胡可先《杜牧诗文与唐史互证》一文对此有考①，谓此"庭美学士"即郑处诲，"庭"与"廷"通。杜牧此诗作于大中四年（850）初，时郑处诲在院为翰林学士（详后）。陶敏《全唐诗人名考证》（页773）亦谓此庭美为郑处诲字。如此，则《旧传》、《新表》作"延美"，当为形讹。

---

① 文载胡可先所著《杜牧研究丛稿》，人民文学出版社，1993年。

《旧传》称郑处海"于昆仲间文章拔秀，早为士友所推。大和八年登进士第，释褐秘府"。《新传》仅云"文辞秀拔"，未言应举事。清徐松《登科记考》卷二一即据《旧传》系于文宗大和八年（834）。

《旧传》记其登第后"释褐秘府"，亦可以杜牧诗佐证。杜牧有《东都送郑处海校书归上都》诗（《樊川文集》卷三）："悠悠渠水清，雨霁洛阳城。槿堕初开艳，蝉闻第一声。故人容易去，白发等闲生。此别无多语，期君晦盛名。"据缪钺《杜牧年谱》①，此诗作于文宗开成元年（836），时杜牧为监察御史、分司东都。郑处海当于大和八年进士及第后，经铨试，为秘书省校书郎（即《旧传》所云"释褐秘府"），开成元年曾有事至洛阳，与杜牧有交，归还长安时，杜牧特作诗饯送。秘书省校书郎为正九品上，官阶较低，故杜牧特以"此别无多语，期君晦盛名"慰勉之。由此亦可见郑处海确为"文章拔秀，早为士友所推"，并与杜牧早有交往。

又据《旧唐书》卷一六八《韦温传》，郑处海后于武宗会昌四、五年间（844—845）在韦温之宣歙观察使幕②。韦温后于会昌五年五月卒于任，郑处海或即返朝。

《旧传》未提及郑处海为外镇幕僚事，于"释褐秘府"后接云

---

① 缪钺《杜牧年谱》，人民文学出版社，1980年。
② 韦温为宣歙观察使在会昌四、五年间，可参《唐刺史考全编》卷一五六江南西道宣州。又《旧唐书·韦温传》谓韦温于武宗时为吏部侍郎，后因替李汉说情，为李德裕不满，"居无何，出温为宣歙观察使，辟郑处海为观察判官，德裕愈不悦"。按所谓"德裕愈不悦"，不确。《新唐书》卷一六九《韦温传》及杜牧《韦公（温）墓志铭》（《樊川文集》卷八），皆未有记。

"转监察、拾遗、尚书郎、给事中",未记翰林学士事。《新传》则更简略,应举及早期仕历,以及翰林学士,皆未记,仅云"仕历刑部侍郎、浙东观察、宣武节度使,卒"。晚唐时翰林学士,有时两《唐书》虽有传,但常缺记其入院之事者。

丁《记》记为:"大中三年五月二十日,自监察御史里行充。七月十八日,迁屯田员外郎,依前充。闰十一月九日,三殿召对赐绯。四年八月五日,守本官出院。"岑氏《注补》已指出,拾遗为从八品上,监察御史为正八品下,而《旧传》记郑处海之早期仕历,为"转监察、拾遗",当不合官序,拾遗应在监察前。由此,郑处海当于会昌五年五月后由宣歙幕入朝,受仕拾遗,后迁监察御史里行,旋即于大中三年(849)入为翰林学士。

郑处海任职期间,杜牧即有诗上同在院中之郑处海、毕諴及时任京兆尹郑涓,诗题为:《道一大尹、存之学士、庭美学士,简于圣明,自致霄汉,皆与舍弟昔年还往;牧支离穷悴,窃于一麾,书美歌诗,兼自言志,因成长句四韵呈上三君子》(《樊川文集》卷二)。据现有研究①,杜牧于大中四年(850)夏为吏部员外郎,因经济等各种原因,屡上书求任外州刺史(有《上宰相求湖州》三启),后即于是年秋出守湖州。杜牧此诗当作于大中四年夏秋间,即郑处海于八月八日出院前。诗题中之"道一大尹"为京兆尹郑涓,"存之学士"为翰林学士毕諴,"庭美学士"即郑处海。诗末云"若念西河旧交友,鱼符应许出函关",表达出守的愿望。由此亦可见当时

①参缪钺《杜牧年谱》,吴在庆《杜牧论稿》,胡可先《杜牧研究丛稿》,及傅璇琮主编《唐五代文学编年史·晚唐卷》。

文士在仕途上多有期求翰林学士为其举荐者。

按郑处海于大中三年五月入，四年八月即出院，在院仅一年余。杜牧后所作之《郑处海守职方员外郎兼侍御史知杂事制》（《樊川文集》卷一七），曾有记："以尔处海常（尝）居内庭，草具密命，自以疾去，于今惜之。"则郑处海此次之出，乃以疾病告辞。此皆为两《唐书》本传未载，亦可见唐时制文之史料价值。

《旧唐书》卷一八下《宣宗纪》所记有一显误，其大中三年十一月记："以刑部侍郎韦有翼为御史中丞，以职方员外郎郑处海兼御史知杂。"即以郑处海仍仕为职方员外郎，但兼为侍御史知杂，隶于御史中丞韦有翼麾下。而据前所记述之丁《记》，大中三年十一月，郑处海时仍在院中为翰林学士，他于大中三年五月二十日以监察御史入院，同年七月即改为屯田员外郎，并无职方员外郎衔。又杜牧有《郑处海守职方员外郎兼侍御史知杂事制》（《樊川文集》卷一七），中有引述御史中丞韦有翼上言："御史府其属三十人，例以中台郎官一人稽参其事，以重风宪。如曰处海族清胄贵，能文博学，人伦义理，无不讲求，朝廷典章，饱于闻见，乞为副贰，以佐纪纲。"宣宗遂接受韦有翼之建言，诏郑处海："有翼为尔之知己，余为有翼之德邻，上下交举，岂有私爱，勉修职业，所报非一。可守本官，兼御史知杂事，散官勋赐如故。"未提在院任翰林学士事，明确指出郑处海此前已在尚书省职方员外郎任。按大中三年杜牧确在京，但时任为司勋员外郎、史馆修撰，即在史馆任职，不可能撰写制文。大中五年秋，杜牧又由湖州刺史入为考功郎中、知制诰，六年改为中书舍人，在此期间即可撰制。今《樊川文集》卷一七至二〇，为制词，皆为大中五、六年间杜牧任考功郎中、知制诰及中书舍人时所作,卷一七即有《韦有翼除御史中丞制》。由此,则《旧纪》所记大中三年十一月韦有翼、郑处海授任事,当为大中五年十一月,《旧纪》以"五"讹为"三"。

由此,则郑处海于大中四年八月以屯田员外郎出院,后改为职方员外郎,五年十一月又应御史中丞韦有翼之辟,以职方员外郎兼侍御史知杂。

《旧传》又云:"累迁工部、刑部侍郎,出为越州刺史、浙东观察使。"《新传》略同,但均未记年。《会稽掇英总集·唐太守题名》:"郑处海:大中十二年七月自太子宾客授,十三年移工部尚书,充浙西观察使。"《嘉泰会稽志》记为:"郑处海:大中十二年七月自刑部侍郎授,十二月移浙西观察使。"两书所记稍有异,但大致属实。两《唐书》本传记郑处海由刑部侍郎授浙东观察使,与《嘉泰会稽志》合,唯两《唐书》本传缺记由浙东改浙西事。按罗隐后于懿宗咸通年间在汴州作有《投宣武郑尚书二十韵》(《罗隐集·甲乙集》,页 167)①,即记郑处海连续任浙东、浙西二镇:"绛霄无系滞,浙水忽西东。庾监高楼月,袁郎满扇风。四年将故事,两地有全功。"罗隐本为钱塘人,生于文宗大和七年(参据《唐才子传校笺》卷九《罗隐传》周祖譔、吴在庆笺),大中十二年为二十七岁。

两《唐书》本传又记郑处海于浙东观察使后为汴州刺史、宣武节度使,不仅缺记浙西,又缺记于懿宗咸通三年(862)十一月以吏部侍郎试博学宏词选人事,此事见《旧唐书》卷一九上《懿宗纪》咸通三年十一月:"以吏部侍郎郑处海、萧倣、吏部员外郎杨俨、户

①《罗隐集·甲乙集》,页 167,雍文华校辑本,中华书局,1983 年。

部员外郎崔彦昭等试宏词选人。"此时博学宏词已非制举,为吏部铨试,故以吏部主持。由此可知,郑处诲当于咸通初又自浙西返朝,于咸通三年已为吏部侍郎。此后,约咸通五至八年间(864—867)为汴州刺史、宣武节度使(参《唐刺史考全编》卷五五河南道汴州)。

郑处诲在汴州为宣武军节度使时,曾拟辟罗隐为其幕僚。按罗隐出身清贫,多年应举不第,其作于咸通十三、四年间之《投湖南王大夫启》即感慨云:"一枝仙桂,尝欲觊觎;十年恸哭于秦庭,八举摧风于宋野。"(《罗隐集·杂著》)①又据其《陈先生后集序》(《罗隐集·杂著》),他于咸通五年甲申(864)自长安至洛阳,即献诗于郑处诲:《投宣武郑尚书二十韵》(《罗隐集·甲乙集》,页167),有对其在翰苑供职时之钦仰:"翰苑论思外,纶闱啸傲中。健毫惊彩凤,高步出冥鸿。"后即望其举荐:"骑儿逢郭伋,战士得文翁。人地应无比,箪瓢奈屡空。因思一枝桂,已作断根蓬。往事应归捷,劳歌且责躬。"当时作为宣武节度使的郑处诲拟辟其在幕府供职,罗隐又上进《辞宣武郑尚书启》(《罗隐集·杂著》,页301),一方面致谢,一方面表示另谋仕途。郑处诲卒后,罗隐又曾有诗缅怀,题为《故洛阳公镇大梁时,隐得游门下,今之经历,事往人非,聊抒所怀,以伤以谢》(《罗隐集·甲乙集》,页51)②,诗云:"孤舟欲泊思何穷,曾忆西来值雪中。朱履少年初满座,白衣游子

---

① 《罗隐集·杂著》,又参《唐才子传校笺》卷九《罗隐传》周祖譔、吴在庆笺,中华书局,1990年。

② 陶敏《全唐诗人名考证》页904,谓此诗题之"洛"当为"荥"之误,郑处诲为徐庆孙,徐庆荥阳人,封荥阳郡公,故未能称其为洛阳公。

也从公。狂抛赋笔琉璃冷，醉倚歌筵玳瑁红。今日斯文向谁说，泪碑棠树两成空。"由此也可见郑处诲对晚唐清贫文士的眷顾。

两《唐书》本传皆谓其卒于宣武节度使任。《宝刻丛编》卷六怀州，有《唐太子太师裴休神道碑》，署"唐宣武节度副大使处诲撰，右散骑常侍韩琮书"。据《集古录目》，碑以咸通八年（867）立，此碑文，今不存。据两《唐书》裴休本传，其卒年不详，但由此可知，郑处诲作此碑文在咸通八年，仍在宣武节镇任。又据《旧唐书·懿宗纪》，咸通九年正月，以李蔚为汴州刺史、宣武节度使，则郑处诲当于咸通八年卒于任。

《全唐文》卷七六一载其文二篇。一为《授郑薰礼部侍郎制》，据徐松《登科记考》卷二二，郑薰于大中八年以礼部侍郎知贡举，则郑处诲作制文当在大中七年秋冬间。而据前所述，郑处诲于大中五年十一月任职方员外郎兼侍御史知杂，后迁工部侍郎，以其所任官职，似未能撰此制词，俟考。另一篇为《邠州节度使厅记》，末署"大中二年三月二十日记"。按文中云"廷议以我季父尚书公前为夏帅……迁镇是军"，据《旧唐书·宣宗纪》，大中十一年二月，"以夏绥银宥节度使……夏州刺史……郑助为……邠州刺史，充邠宁庆节度"。又据《新唐书》卷七五上《宰相世系表》五上，处诲父瀚，瀚弟渤，则《旧纪》之郑助当即郑渤，故《厅记》称其为季父。由此，则《全唐文》所载此文，其所署"大中二年"应为"大中十二年"，于"二"字前缺"十"字。由此亦可对《全唐文》加以订正。

郑处诲值得一提的，是著有《明皇杂录》。《旧传》记谓："处诲方雅好古，且勤于著述，撰集至多。为校书郎时，撰次《明皇杂录》三篇,行于世。"《新传》亦有记:"先是,李德裕《次柳氏旧闻》,处诲谓未详,更撰《明皇杂录》,为时盛传。"《新唐书》卷五八《艺文志》二,史部杂史类,著录郑处诲《明皇杂录》二卷。《旧传》谓郑处诲于校书郎时撰此书,则为早期之作。但宋陈振孙《直斋书录解题》卷五杂史类著录此书,虽亦云"唐校书郎郑处诲撰",但又云"大中九年序",即成稿于宣宗大中九年。但后所传各本,皆未有其序。关于此书,清《四库全书总目》卷一四〇子部小说家类著录,提要中对其所记失实,有所评议,但仍云:"然小说所记,真伪相参,自古已然,不独处诲,在博考而慎取之,固不能以一二事之失实,遂废此一书也。"此书不仅为史料笔记,也为传奇小说,就文学的角度,也值得探讨。中晚唐时翰林学士,多有传奇及笔记小说之作,也值得研究。关于此书之流传及版本情况,可参阅《四库全书总目提要》及中华书局1999年出版之《明皇杂录》点校者田建柱"点校本说明",此处不再复述。

崔慎由

　　崔慎由,两《唐书》有传,见《旧唐书》卷一七七、《新唐书》卷一一四。《旧传》记其字敬止,《新传》与《新唐书》卷七二下《宰相世系表》二下,所记同。又《旧传》记其为"清河武城人",《新传》云"齐州全节人"。据《元和郡县图志》,清河县属河北道贝州(卷一六),齐州全节属河南道(卷十),所记有异。

　　关于崔慎由生平事迹,有一出土墓志,值得注意。按《全唐文》未载有崔慎由文,三秦出版社于 1998 年 5 月出版之《全唐文补遗》第五辑(吴钢主编),页 43 著录有《唐太子太保分司东都赠太尉清河崔府君墓志》,云"墓主自撰"。按此志全文不可能全由墓主自撰,即其所卒月日及卒后葬事,当由其家人所补(详见后)。此志当为崔慎由于重病时记述,其前文叙其生平事迹,则间可补正两《唐书》本传。如首云"慎由字敬止,代为清河武城人",清河武城当为其郡籍,与《旧传》合,即可佐证《旧传》,并订正《新传》。

又其自撰志云:"咸通九年六月廿九日,终于河南府洛阳县履道里,年六十五。"两《唐书》本传皆未记其卒年及年岁。由此推算,则其当生于德宗贞元二十年(804)。

《旧传》记其"大和初擢进士第,又登贤良方正制科"。《新传》则仅云"由进士第擢贤良方正异等",未记年。清徐松《登科记考》卷二〇即据《旧传》系于文宗大和元年(827)。

据前所考述之生年,进士登第时为二十四岁。又《唐会要》卷七六《制科举》,记大和二年闰三月贤良方正能直言极谏科,有崔慎由,《登科记考》卷二〇即据此及《册府元龟》系崔慎由于本年登制科。又本年应贤良方正科者有刘蕡,《通鉴》卷二四三大和二年有记,称其对策极言宦官专横之弊,"考官左散骑常侍冯宿等见刘蕡策,皆叹服,而畏宦官,不敢取"。此为有唐一代制举对策之突出事件。

《通鉴》卷二四三大和二年又记:"贤良方正裴休、李郃、李甘、杜牧、马植、崔玙、王式、崔慎由等二十二人中第,皆除官。"则崔慎由当于大和二年制举登科后授官入仕。唯《旧传》仅笼统叙为"释褐诸侯府",即曾在方镇幕府任职,《新传》则具体记云"郑滑高铢辟府判官"。按据《旧唐书》卷一六八《高铢传》,高铢于文宗大和八年前均在朝,未出镇(《新唐书》卷一七七传同),大和九年五月才出为浙东观察使,后又历任他镇,于开成五年(840)才为滑州刺史、义成节度使(《唐刺史考全编》卷五七河南道滑州),已在崔慎由贤良方正登科后十二年,《新传》记其登科后,即由"郑滑高铢辟府判官",当不确。

其自撰墓志,则于直言极谏制科后,历记其仕迹,云:"历秘书省正字、试太常寺协律郎、剑南东川节度推官、浙江东道观察判官、试大理评事、山南东道观察推官,入台为监察御史、试秘书省校书郎、兼殿中侍御史、义成军节度判官,复入台为监察御史,转殿中侍御史、兼集贤殿直学士、尚书户部员外郎,学士如故,吏部员外郎、考功员外郎知制诰、职方郎中知制诰。"由此可知,其应辟为义成(郑滑)节度判官前,已历任中外不少职事。

丁《记》记为:"大中三年六月八日,自职方郎中、知制诰充。"即前所引述之自撰墓志,曾任职方郎中、知制诰,而之前为考功员外郎。而两《唐书》本传皆记其先曾任右拾遗,后为员外郎、知制诰,自撰墓志未记其曾任右拾遗者。

丁《记》记其入院后,接云:"(大中三年)九月六日,拜中书舍人,依前充。十二月九日,守本官出院。"即入院后,历三月,由从五品上之职方郎迁为正五品上之中书舍人,而《旧传》则记其入院前已为中书舍人,以中书舍人召为翰林学士,则又为一误。

又《新唐书》记崔慎由在翰林学士任期内一事,亦有一明显错误,即卷二〇七《宦者上·仇士良传》,记宦者仇士良与鱼弘志于大和九年十一月甘露事变后,"愤文宗与李训谋,屡欲废帝。崔慎由为翰林学士，直夜未半，有中使召入，至秘殿，见士良等坐堂上，帷帐周密，谓慎由曰：'上不豫已久，自即位，政令多荒阙，皇太后有制更立嗣君，学士当作诏。'慎由惊曰：'上高明之德在天下，安可轻议？慎由亲族中表千人，兄弟群从且三百，何可与覆族事？虽死不承命。'士良等默然，久乃启后户，引至小殿，帝在焉。士良等历阶数帝过失，帝俯首。既而士良指帝曰：'不为学士，不得更坐此。'乃送慎由出，戒曰：'毋泄，祸及尔宗。'慎由记其事，藏箱枕间，时人莫知。将没，以授其子胤，故胤恶中官，终讨除之，盖祸原于士良、弘志云"。此事记叙得富有情节，甚为动人，实则基本事实完全错。据前述，崔慎由于宣宗大中三年始入为翰林学士，而文宗大和、开成年间，他不过历在方镇幕府供职，何能在宫中以翰林学士为宦者仇士良所胁，使其撰制诏文，废文宗帝位？

按《通鉴》卷二四五大和九年十一月，有《考异》，引皮光业《见闻录》，亦具叙此事，司马光指出"《新传》承皮《录》之误"。可见《新唐书》此处所记，完全抄袭唐末五代之稗志、小说。又《通鉴·考异》所引之皮光业《见闻录》，记崔慎由事，另有一误，即称"崔慎由以元和元年登第"，实则据前记述，崔慎由为文宗大和元年登第，且崔慎由生于贞元二十年（804），元和元年（806）时年仅三岁，可见《见闻录》所记甚为显误①。

按皮光业为晚唐诗人皮日休子，清吴任臣《十国春秋》卷八六

①按王谠《唐语林》卷三亦有一条记崔慎由此事，即据皮光业《见闻录》。《唐语林》此条又云："崔慎由以元和元年登第，至开成已入翰林。"即记其登第年及入院年，均误。《唐语林校证》（中华书局，1987年）未提及此误。

有传,记其唐亡后仕于吴越,五代晋天福二年(937)曾任吴越国宰相,八年(943)去世。《传》称"所撰《皮氏见闻录》十三卷,行世"。《郡斋读书志》卷一三小说类,著录有《皮氏见闻录》五卷,云:"右五代皮光业撰。唐末为余杭从事,记当时诡异见闻,自唐乾符四年,迄晋天福二年。"此书后未存。晁《志》评其书"诡异见闻",则确多不可信者。

崔慎由在院仅半年,实未有业绩。后于大中十年(856)十二月为相时,《全唐文》卷七九宣宗《授崔慎由平章事制》,中称其在院任职:"洎擢参内署,润色王猷,忠谠尽规,诚明纳诲。"后大中十二年(858)二月出任剑南东川节度使,宣宗之诏,亦称其"自居名器,累历清华,禁林才擅于多能,纶阁词推于巨丽"(《旧传》),虽为赞词,实为一般。

据两《唐书》本传,崔慎由出院后,累历方镇,后入朝,于大中十年十二月为工部尚书、同中书门下平章事(《新唐书》卷六三《宰相年表》)。《旧传》记其任相时,又有一误,谓:"初,慎由与萧邺同在翰林,情不相洽,及慎由作相,罢邺学士。"即任相时将萧邺排斥出院。按崔慎由于大中十年十二月至十二年二月在相位,而萧邺第二次入院在大中五年正月,于八年十二月出院(见前萧邺传),即崔慎由入相时,萧邺已于两年前出院,何以云崔慎由任相时即迫使萧邺出院。此亦为《旧传》显误,《新传》则未有记。

不过两《唐书》本传均记,崔慎由任相后,萧邺亦于大中十一年七月入相(《新唐书·宰相年表》),因与崔有隙,乃又引刘瑑入相(《新表》记为十二年正月),即谋使崔慎由罢相出镇。此与当时情事相合,或即与当初共在院中相处不洽有关。

此后，崔慎由又历任华州刺史、河中节度使，《旧传》末云："入为吏部尚书，移疾请老，拜太子太保、分司东都，卒。"按前所引之自撰墓志，确累叙其仕历，但未记年，末云："咸通九年六月廿九日，终于河南府洛阳县履道里，年六十五。"当为其家属补记。

《新唐书·艺文志》未著录其著述。除前所记述之自撰墓志，亦未有诗文载记。

郑　薰

郑薰，《新唐书》有传，见卷一七七。《新传》："郑薰字子溥，亡乡里世系。"按《全唐文》卷七六一郑处诲《授郑薰礼部侍郎制》，有云："高阳茂族，通德盛门；秉庄氏之遗风，蕴名卿之品业。"则亦出名门，但亦未记其郡籍。

又《新传》仅言"擢进士第"，未记年，故清徐松《登科记考》卷二七列于已登第未记年者。岑仲勉对郑薰之及第年有考，其《唐史馀瀋》卷三《郑薰大和二年进士》条①，引赵璘《因话录》卷六所载："子溥又自说，应举时曾梦看及第榜，榜上但见大书'凤'字。大中元年冬，求解凤翔，偶看本府乡贡士纸之首，便是'凤'字。至东都，试《猴山月夜闻王子晋吹笙》诗，坐侧诸诗悉有'凤'字，明年果登第焉。子溥，郑公之子。"徐松《登科记考》卷二〇即因文宗大和二年（828）于洛阳试举，即以《因话录》此条所记"大中"字改

---

① 岑仲勉《唐史馀瀋》，上海古籍出版社，1960年。

正为"大和",而系郑子溥为大和二年进士及第者。岑氏考谓"子溥,郑公之子","子"应为"字",即据《新传》所记郑薰字子溥,因此据以考谓大和二年进士及第者非郑子溥,而为郑薰。黄震玉《〈登科记考〉甄补》(《文教资料》1996 年第 4 期)及孟二冬《登科记考补正》即据岑说,谓郑薰于大和二年进士及第。

又,《因话录》记子溥于大和元年冬"求解凤翔,偶看本府乡贡士纸之首,便是'凤'字"。按唐科举制,举子一般应由本籍贯举,郑薰既然"求解凤翔",且言及"本府乡贡",则郑薰之郡籍或即为凤翔,此亦可补《新传》所谓"亡乡里"。

《新传》于"擢进士第"后,即云"历考功郎中、翰林学士"。按据丁《记》,郑薰"大中三年九月十八日,自考功郎中充"。自大和二年(828)进士及第,至大中三年(849)为翰林学士,其间有二十年,《新传》对此期间之仕历却一无所记。今据有关史料,略考如下。

明陶宗仪《古刻丛钞》著录有《张公洞壁记》,后有题名:"前检校户部郎中兼兴元少尹摄御史中丞赐紫金鱼袋杨汉公。岭南观察推官试秘书省校书郎郑薰。"杨汉公,两《唐书》有传(《旧唐书》卷一七六、《新唐书》卷一七五),曾在兴元李绛幕府,"绛死,不与其祸,迁累户部郎中、史馆修撰"(《新传》)。据《旧唐书·文宗纪》,李绛任兴元尹、山南西道节度使在大和三年(829)正月,大和四年(830)二月,兴元军乱,李绛被害。杨汉公题名,于兴元少尹加"前",当为李绛遇害,杨尚未改新职时,即大和四年二月之后。郑薰所题,当亦大致同时,即大和四、五年间,时已于岭南幕府任职(岭南观察判官)。清《四库全书总目》卷八六史部目录类著录《古刻丛钞》一卷,提要对此书颇为肯定,谓"是书摭拾佚文,首尾完具,非惟补金石家之缺漏,即读史谈艺,亦均为有所裨矣"。由此可知,郑薰于大和二年登第后,于大和四、五年间在岭南幕府。

约再过十余年,会昌六年(846),在台州刺史任,与诗人许浑有交往。《赤城志》:"会昌六年,乔庶、郑薰。"《唐刺史考全编》卷一四四江南东道台州,据《唐文拾遗》卷三〇宋诚《苍山庙记》,记乔庶于会昌四年(844)冬就任台州刺史,则会昌六年(846)当为郑薰。许浑有《陪越中使院诸公镜波馆饯明台裴郑二使君》诗,罗时进《丁卯集笺证》卷三①,及陶敏《全唐诗人名考证》,皆考定此郑使君为郑薰,许浑于会昌年间曾再游越中。

此五律诗前四句云:"倾幕来华馆,淹留二使君。舞移清夜月,歌断碧空云。"极写宴饯之盛。许浑又有单独陪郑薰泛舟而游者,有《陪郑使君泛舟晚归》(《丁卯集笺证》卷五)。由此可见郑薰入院前即与文士有交往。

郑薰于大中初又任漳州刺史。《全唐文》卷七九一王讽《漳州三平大师碑铭并序》,记三平大师义中,"宝历初到漳州,州有三平山",因建为寺;武宗时禁佛,"大师至于三平深岩。至宣宗皇帝稍复佛法,有巡礼僧常肇、惟建等二十人,刺史故太子郑少师薰俾葳其事"。则为宣宗即位初复佛时。《闽书》卷二九《漳州》,更具体记"大中三年本州刺史郑薰"。

据此,则郑薰于大中初在漳州刺史任,大中三年初入朝,改任

---

① 罗时进《丁卯集笺证》,江西人民出版社,1998 年。

考功郎中，三年九月十八日，即自考功郎中入为翰林学士。

丁《记》记郑薰于大中三年（849）九月十八日自考功郎中入院后，接云："（同年）闰十一月二十七日，特恩加知制诰。四年十月七日，拜中书舍人，并依前充。十三日，守本官出院。"于大中四年（850）十月七日由考功郎中（从五品上）迁升为中书舍人（正五品上），而仅数日，即出院，不知何故。在院亦仅一年，而后于七年（853）秋冬间任礼部侍郎（详后），郑处诲草撰之《授郑薰礼部侍郎制》（《全唐文》卷七六一），先赞誉其文才："文谐骚雅，鼓吹前言，誉洽搢绅，领袖时辈。"后又称其入院时业绩："叠中词科，亟升清贯；持橐列金华之侍，挥毫擅紫闼之工。"

郑薰在院期间未传存草撰之制文，可以注意的是，他于出院后任中书舍人时，却应命撰有《内侍省监楚国公仇士良神道碑》（《全唐文》卷七九〇）。按仇士良卒于会昌三年（843）六月，四年正月葬。武宗时李德裕为相，对宦官有所抑制，《新唐书》卷二〇七《宦者上·仇士良传》称"李德裕得君，士良愈恐"，甚至"死之明年，有发其家藏兵数千物，诏削官爵，籍其家"。而宣宗却于大中五年（851）特命郑薰为撰神道碑文，文云："皇帝念功轸虑，录旧申恩。惟楚公永贞时祖宫有翼戴之劳，元和时宣徽有委遇之渥。今则已悲封树，未刻松铭，乃命举其殊庸，勒在贞石，用传不朽，昭示将来。特诏词臣，俾其撰述。臣薰恐惶直叙，不敢虚美，谨为铭曰。"虽云"不敢虚美"，实则文中叙其一生，过溢之极，特别是提及甘露事变，称诛灭所谓逆臣，"莫不尽苞恢网，同抵国章，由是宗社乂宁，中外协睦"，完全与时论相背。按宣宗为宪宗子，仇士良于顺宗时极力反对王叔文新政，策划立宪宗为太子、接位，故郑薰所撰此碑文称其"永贞时祖宫有翼戴之劳"。又仇士良在武宗朝因受李德裕抑制,卒后且被削官籍,宣宗是一反前朝之政的,故亦特为仇士良立碑。郑薰时当仍在中书舍人任,故应命撰写,自称词臣,这也是中书舍人的职责,也是中晚唐时中书舍人职能备受重视的表现。

郑薰时当甚为宣宗宠信,故即由中书舍人(正五品上)擢迁为工部侍郎(正四品下),后又转任礼部侍郎,知贡举。

郑薰于大中八年(854)知举试,唐宋时皆未有记年。《唐才子传》卷八《刘沧传》记有"大中八年礼部侍郎郑薰下进士榜"。元辛文房作此书时,曾辑存有唐人登科记材料,故记唐时文士,多记有登科材料①。徐松《登科记考》卷二二即据此及《唐摭言》等所载,记郑薰于大中八年以礼部侍郎知举。郑处诲《授郑薰礼部侍郎制》(《全唐文》卷七六一),先称其"中散大夫、尚书工部侍郎",当于大中七年秋冬间先由工部侍郎转任礼部侍郎,后即于八年初知举。

不过《新传》后又称郑薰"再知礼部举",即于大中八年后又曾知举,实则据现有史料,郑薰知举仅大中八年一次。不过《新传》谓郑薰大中八年知举时,"引寒俊,士类多之",是合实的。如此年进士登第者刘沧,出身清寒,多年应举不第,《唐才子传》卷八《刘沧传》记刘沧于此年及第后,谒谢座主郑薰,郑薰答:"初谓刘君锐志,一第不足取。故人别来三十载不相知闻,谁谓今白头纷纷矣。"刘沧及第后曾任华原县尉,后辞任时,曾上诗郑薰:《罢华

---

① 此可参傅璇琮主编《唐才子传校笺》前言,载第一册,中华书局,1987年。

原尉上座主尚书》(《全唐诗》卷五八六），又致对座主怀念之情，诗末云："白露黄花岁时晚，不堪霜鬓镜前愁。"则其及第时确已为中老年。刘沧于晚唐时亦有诗名，宋严羽《沧浪诗话》称"马戴在晚唐诸人之上，刘沧、吕温亦胜诸人"。明《艺苑卮言》卷四："权德舆、武元衡、马戴、刘沧五言，皆铁中铮铮者。"①由此亦可见郑薰知举时确能甄辨人才，这也是唐翰林学士出院后知科举试之一例。

《新传》记郑薰于翰林学士后，"出为宣歙观察使"，即郑薰出院后即出任宣歙观察使。实则据前考述，郑薰于大中四年十月出院，五年仍在中书舍人任，后迁为工部侍郎，大中七年秋冬间改为礼部侍郎，八年初知礼部贡举，而在宣歙观察使前又曾任河南尹。可见《新传》甚有缺记。《全唐文》卷七九〇载郑薰《祭梓华府君神文》，有云："薰以丙子岁自河南尹蒙恩擢授宣歙观察使。"丙子为大中十年(856)。由此则郑薰于大中八年初知举后，曾任河南尹(洛阳)，大中十年改任宣歙观察使(宣州)②。在宣州时，郑薰又有一项文化建设工程，即将颜真卿于大历六年(771)经过宣州溧水县时所题一诗，因担心其字迹受损，移于另一处，以备观赏，作有《移颜鲁公诗记》(《全唐文》卷七九〇)，具体记叙。文中记此事为"大中之丁丑岁"，即大中十一年(857)。但《全唐文》所载此文，文末署为"大中十二年十一月十九日宣歙池观察使检校右

①参《唐才子传校笺》卷八《刘沧传》梁超然笺，中华书局，1990年。
②岑仲勉《郎官石柱题名新考订》(上海古籍出版社，1984年)页80，谓"郑薰出为宣歙观察在大中三年九月前"，仅一句，未有论证，当误。

散骑常侍兼御史大夫郑薰记"。按大中十二年七月宣州兵乱,郑薰出走(详后),不可能于十二年十一月仍在任。今检《宝刻丛编》卷一五"宣州",据《复斋碑录》,著录有:"唐郑薰记颜鲁公题蒲塘客旅:宣宣歙池观察使郑薰记,大中十一年十一月十九日。"由此可确证《全唐文》所载此文,"十二年"为"十一年"之误。又文中记云:"颜鲁公既用贞鲠为元载所忌,由刑部尚书贬夷陵郡别驾。大历六年,又以前秩转庐陵郡,道出宣州之溧水县。县之南经古烈士左伯桃墓,节概交感,即于墓下作诗一首,自题于蒲塘之客舍。词韵凄激,点画崭壮,穷国艺之奇事。"可惜清编《全唐诗》及今人所编《全唐诗补编》皆未有此诗。当后迭经战乱,被毁,后藉郑薰此文,可见颜真卿于代宗大历时道经宣州溧水县作有诗,此亦为书法家颜真卿研究之甚有参考价值之史料。

《新传》记郑薰任宣歙观察使,"前人不治,薰颇以清力自将。牙将素骄,共谋逐出之,薰奔扬州"。《新唐书》卷八《宣宗纪》大中十二年:"八月,宣歙将康全泰逐其观察使郑薰,淮南节度使崔铉兼宣歙池观察处置使以讨之……十月,康全泰伏诛。"《通鉴》卷二四九所记同,唯记于十二年七月。宣州之乱虽很快平定,但郑薰仍以此贬责,《新传》称"贬棣王府长史,分司东都"。

《全唐诗》卷五四七载有郑薰《赠巩畴诗》,五言十二韵,记"己卯冬十一月半",仍"休居洛师,锁扉独静"。己卯为大中十三年(859)。是年八月宣宗卒,懿宗立。则此年冬,仍在洛阳任。《新传》记云:"懿宗立,召为太常少卿,擢累吏部侍郎。"但郑薰屡有辞,"后以太子少师致仕"。卒年不详。杜宣猷《郑左丞祭梓华府君碑阴记》(《全唐文》卷七六五)。文末署"咸通七年七月十一日宣歙观察使兼御史大夫杜宣猷记"，文首称"今左丞郑公"，即懿宗咸通七年（866）七月，郑薰仍仕为左丞，后以太子少师致仕，则其卒当在咸通后期。

值得注意的是，郑薰于咸通中虽年老退居，但仍有文士与之交往。如张乔有《隐岩陪郑少师夜坐》（《全唐诗》卷六三八），首二句云"幸喜陪骖驭，频来向此宵"，按《新传》记有"既老，号所居为隐岩"，则张乔乃常至郑薰居处拜谒。张乔亦为池州人（郑薰即曾为宣歙池观察使），多年应试不第，《唐诗纪事》卷七〇《张乔》条称其有诗名，咸通中与许棠、郑谷等，被称为"十哲"，即世所传之"咸通十哲"。《唐摭言》卷十称张乔"诗句清雅"，时无与伦者①。另李频有《奉和郑薰相公》（《全唐诗》卷五八七），题下校云"一本此下有'七松亭'三字"。《新传》即记郑薰晚年退居于隐岩时，特植松于庭，"号'七松处士'云"。《南部新书》戊卷亦有记："郑少师薰于里第植小松七本，自号七松处士，异代可对五柳先生。"则李频所叙亦为郑薰所居之隐岩者。诗题云"奉和"，则郑薰此前已有诗赠与李频。唯《全唐诗》所载此诗，诗题称"相公"，则误，因郑薰未曾任相（陶敏《全唐诗人名考证》页873亦已指出）。按李频于大中八年进士及第，此年郑薰知举，当为其座主，李频为其门生，故甚有交谊②。

更值得一提的是，郑薰所居之隐岩，经唐末多次战乱（如黄巢

①关于张乔事，可参《唐才子传校笺》卷十《张乔传》周祖譔、贾晋华笺，中华书局，1990年。
②参《唐才子传校笺》卷七《李频传》梁超然笺，中华书局，1990年。

军攻占长安），毁坏，唐末知名诗人郑谷，曾游历其故居遗址，作有一诗，深致感怀之情：《故少师从翁隐岩别墅乱后榛芜感旧怆怀遂有追记》①，五言长句。诗称郑薰任翰林学士、中书舍人时，"密行称闺阃，明诚动搢绅。周旋居显重，内外掌丝纶"。又特称其知举时，"生徒得李频"。于"寄鹤眠云叟，骑驴入室宾"句下自注："（张）乔诗苦道贞，孤卿延于门下。"此可参前所引述之张乔《隐岩陪郑少师夜坐》诗，可见郑薰曾主动招张乔至其居，共商诗文。特别是诗中"僻与段卿亲"句，句下自注云："段少常成式奥学辛勤，章句入微，孤卿为前序。"段成式为文宗朝宰相段文昌之孙，与李商隐、温庭筠均工骈文，又著有《酉阳杂著》。就郑谷注，则郑薰将段成式之文学成就置于前列。

又据前所述，郑薰于大中八年以礼部侍郎知举后，出为河南尹，薛能时有《寄河南郑侍郎》诗（《全唐诗》卷五五九），陶敏《全唐诗人名考证》（页843）谓此郑侍郎即郑薰，是。按薛能亦以诗擅称，据《唐才子传》卷六，薛能于会昌六年（846）及进士第，后历仕方镇幕府，《郡斋读书志》卷一八著录《薛能集》十卷，注谓"李福镇滑，表署观察判官"（《唐诗纪事》卷六〇所记同）。据《唐方镇年表》，李福于大中八年至咸通二年为滑州刺史、义成节度使。则薛能于大中八、九年间去滑州义成节镇幕，与洛阳近，闻郑薰仕为河南尹，故特献寄一诗，中云："大雅何由接，微荣亦已逃。寒窗不可寐，风地叶萧骚。"既抒有郁郁不得志之感，也寓望其荐引之意。

①《郑谷诗集笺注》卷二，严寿澂、黄明、赵昌平笺注，上海古籍出版社，1991年。

由上所述，可见宣宗朝翰林学士中，与当时诗文名家有如此广交深情，如郑薰那样，是极为少见的。

《新唐书·艺文志》未著录其著述，《全唐诗》、《全唐文》所载，前已述及。

毕　諴

毕諴，两《唐书》有传，见《旧唐书》卷一七七、《新唐书》卷一八三。

《旧传》：“毕諴者，字存之，郓州须昌人也。”据《元和郡县图志》卷十，郓州属河南道，有须昌县（今山东东平县）。《新传》未载其郡籍，有云：“凌生匀，世失官为盐估。”据《旧传》及《新唐书》卷七五下《宰相世系表》五下，记毕凌为諴祖，匀为諴父，匀曾为协律郎。由此，则其父毕匀虽曾任正八品上之协律郎，但不久即失官，改为盐商。唐末昭宗时裴庭裕《东观奏记》卷下，即记“毕諴，本估客子”。五代末北宋初孙光宪《北梦琐言》卷四《毕寡知分》，称：“唐毕相諴，家本寒微，其舅向为太湖县伍伯（下注：伍伯，即今号杂职行仗者）。”同书卷三《戏改毕諴相名》，即称其为“吴乡人”，又载毕諴进士登第后，“未遂其志”，乃因“朝士讥其为鹾贾之子”。清徐松《登科记考》卷二一载其于文宗大和六年（832）登进士第，所据即《永乐大典》所辑之《苏州府志》。由此可见，毕諴先世郡籍为郓州须昌，后其父匀改官为商，至苏州做盐商，毕諴遂自幼即居于苏州，故其应科试即由苏州举拔。由此也可见唐代科举试对进士出身,其要求较为宽松,特别是晚唐,有好几位进士及第者为盐商之子,如唐欧迟枢《南楚新闻》载,咸通六年(865)进士及第者常修,为江陵某盐商子,"才学优博,越绝流辈"。又《唐诗纪事》卷六七记顾云为"池州醝贾之子",咸通中登第。晚唐诗人曾特有诗寄常修:《广陵秋夜读进士常修三篇因题》(《全唐诗》卷六五七)、《东归别常修》(同上卷六六四),并不因其为盐商子而歧视①。而毕諴由盐商出身,进士及第,后又入为翰林学士,这在唐代文士中是唯一一位。

《旧传》记其年幼时,"少孤贫,燃薪读书,刻苦自励";《新传》也称他"早孤",则其父虽经营盐业,但于毕諴年幼时即卒,毕諴居于苏州,甚贫苦。但仍刻苦读书,"既长,博通经史,尤能歌诗"(《旧传》)。后遂于文宗大和六年(832)进士及第,即徐松《登科记考》卷二一所据《永乐大典》所辑《苏州府志》:"毕諴,大和六年登第。"

又据《旧传》及《旧唐书·懿宗纪》,毕諴于咸通四年(863)十二月二十三日卒,年六十二(详后),则当生于德宗贞元十八年(802)②。如此,大和六年进士及第为三十一岁。

《旧传》记毕諴于进士及第、书判拔萃后,"尚书杜悰镇许昌,辟为从事。悰领度支,諴为巡官。悰镇扬州,又从之"。杜悰,《旧唐书》卷一四七、《新唐书》卷一六六有传,为杜佑孙,元和时尚宪

---

① 参见傅璇琮著《唐代科举与文学》第八章《进士出身与地区》,陕西人民出版社,1986年,又2003年修订版。

② 咸通四年为公元863年,但十二月二十三日,当已为864年,现仍按传统纪年计算。

宗女岐阳公主,为驸马都尉。文宗大和七年(833)任凤翔尹、凤翔陇右节度,后丁内艰,八年(834)起复为忠武军节度使、陈许蔡节度观察使,开成初入为工部尚书、判度支(《旧唐书·文宗纪》记于开成二年十二月),会昌初为淮南节度使(据《通鉴》为会昌二年二月)。由此,则自大和后期至会昌前期,毕諴皆随杜悰任职。当正因此,遂涉及当时朋党之争。

《旧传》记谓:"(杜)悰入相,諴为监察,转侍御史。武宗朝,宰相李德裕专政,出悰为东蜀节度。悰之故吏,莫敢饯送问讯,唯諴无所顾虑,问遗不绝。德裕怒,出諴为磁州刺史。"《新传》所记略同,唯"磁"作"慈"。据《元和郡县图志》,磁州与慈州虽皆属河东道,但磁州属河东道泽潞节度(卷一五),慈州属河东道河中府(卷一二),纯为两地,疑《新传》沿袭《旧传》,误将"磁"作"慈"(中华书局点校本未有校)。

关于会昌时杜悰事,据《新唐书》卷六三《宰相年表》,杜悰于会昌四年(844)闰七月由淮南节度使入相,五年(845)五月罢相,乃与崔铉同时罢相者。《唐大诏令集》卷五六"宰相罢免"下,载《杜悰右仆射崔铉户部尚书制》,对二人颇有责语,中云:"或趋尚之间,时闻于朋比;黜陟之际,每涉于依违。"新旧《崔铉传》,皆载铉"为德裕所嫉,罢相","与德裕不叶"。崔铉入相,本非李德裕之意,铉居相位时又奏崔珙罪状,使罢相,而珙与李德裕友善。又杜悰则素与牛党接近。崔、杜此次罢相,确含有党争的色彩。后宣宗时,崔铉即积极配合白敏中,加害于李德裕(详见前崔铉传,并参傅璇琮著《李德裕年谱》会昌五年条)。杜悰与毕諴于宣宗时则未有向李德裕报复,不过两《唐书·杜悰传》对杜悰评价并不高,《新传》更评其"虽出入将相,而厚自奉养,未尝荐进幽隐,(杜)佑之素风衰焉"。

《旧·毕諴传》接云:"宣宗即位,德裕得罪,凡被谴者皆征还。諴入为户部员外郎、分司东都,历驾部员外郎、仓部郎中。……改职方郎中,兼侍御史知杂。期年,召为翰林学士、中书舍人,迁刑部侍郎。"《新传》亦记为"以职方郎中兼侍御史知杂事,召入翰林为学士"。此与丁《记》所记"大中四年二月十三日,自职方郎中兼侍御史知杂事充"合。又,前已述,毕諴生于贞元十八年(802),则大中四年(850)入院,时年四十九。

按丁《记》记毕諴于大中四年二月入院,而《旧唐书》卷一八下《宣宗纪》却记毕諴于大中二年八月由翰林学士出院,云:"八月戊子,朝散大夫、中书舍人、充翰林学士、上柱国、平阴县开国男、食实封三百户、赐紫金鱼袋毕諴为刑部侍郎。"有明显的时间差误。

丁《记》记毕諴于大中四年二月以职方郎中兼侍御史知杂事入院,接云:"六年正月七日,三殿召对赐紫。其年七月七日,授权知刑部侍郎,出院。"即毕諴授刑部侍郎出院乃在大中六年(852)七月七日。杜牧有《毕諴除刑部侍郎制》(《樊川文集》卷一七)。按杜牧于大中二年尚在睦州刺史任,是年八月任为司勋员外郎、史馆修撰,十二月才抵长安①。即大中二年八月不可能撰此制文,再可确证前所引述之《旧纪》记毕諴于大中二年八月出院任刑部侍郎之误。又杜牧后于大中五年秋由湖州刺史入为考功员外郎、

———————

① 参见缪钺《杜牧年谱》,人民文学出版社,1980年。

知制诰，六年迁授中书舍人，杜牧撰此制，即在中书舍人任。

不过《旧纪》记毕諴出院时所带之官衔倒可补丁《记》之缺。按丁《记》记毕諴于大中四年二月自职方郎中兼侍御史知杂事入院，至大中六年七月迁刑部侍郎出院，在院两年余，一无迁转，为当时翰林学士任职所未有的。《旧纪》称为"中书舍人、充翰林学士"，则毕諴在院时已迁为中书舍人。杜牧《毕諴除刑部侍郎制》，即称其为"翰林学士、朝散大夫、守中书舍人、上柱国、平阴县开国男、食邑三百户、赐紫金鱼袋毕諴"。毕諴当以从五品上之职方郎中入，其间迁为正五品上之中书舍人，后又授以正四品下之刑部侍郎出院。丁《记》即缺记中书舍人，可能于大中六年正月七日三殿召对赐紫时授以中书舍人。

毕諴在院期间，有两事值得一提。一为李商隐有《为度支卢侍郎贺毕学士启》，为李商隐在徐州武宁镇幕，为节度使卢弘止起草祝贺毕諴任翰林学士[1]。据《旧唐书》卷一六三《卢弘止传》，卢弘止于大中三年任徐州刺史、武宁军节度使，历两年，至大中四年（参《唐刺史考全编》卷五五河南道汴州）。李商隐此文，一方面代卢弘止对毕諴入任翰林学士表示钦仰，"唯兹出入，不在寻常"，"击水抟风，一举千里"；一方面又请为荐引，望有所升迁："今则坎轲藩维，淹留气律。……抃贺之余，兼有倚望，伏冀必赐监（鉴）察。"

由此亦可见翰林学士当时之声望，方镇重臣亦望其举荐。又，就李商隐此文，益可证丁《记》记毕諴入院，确在大中四年，非

①参刘学锴、余恕诚《李商隐文编年校注》，页1840，中华书局，2002年。

如《旧纪》所记于大中二年八月即已出院。

另一为杜牧一诗,诗题颇长,为:《道一大尹、存之学士、庭美学士,简于圣明,自致霄汉,皆与舍弟昔年还往,牧支离穷悴,窃于一麾,书美歌诗,兼自言志,因成长句四韵,呈上三君子》(《樊川文集》卷二)。此道一大尹为京兆尹郑涓,存之学士即毕諴,庭美学士为郑处诲[1]。由此则毕諴、郑处诲为同时在院者,当在大中四年二月至八月间(参书后"学士年表")。按杜牧于大中二年秋冬由睦州刺史入朝为司勋员外郎、史馆修撰,后因京官俸薄,未能赡养全家,曾上书宰相求出知外州,即于大中四年秋出为湖州刺史。杜牧此诗当作于大中四年春夏间,诗题自称"牧支离穷悴,窃于一麾",故特"呈上三君子",诗末云"若念西河旧交友,鱼符应许出函关",寄以期望。这也为向翰林学士祈求,望在仕途上有所引进。

后毕諴于大中六年七月出院,杜牧所草撰的《毕諴除刑部侍郎制》(即前已引述者),中称其在院中任职之业绩:"爰自郎署,擢居内庭,谋议有同于寿王,奇异辄委于严助。竭尽心力,裨补机要。"实际上,宣宗对毕諴之操政能力是有所认识的,毕諴之授为刑部侍郎,乃出于当时的实际需要。《通鉴》卷二四九大中六年载:"党项复扰边,上欲择可为邠宁帅者,而难其人,从容与翰林学士、中书舍人须昌毕諴论边事,諴援古据今,具陈方略,上悦曰:'吾方择帅,不意颇、牧近在禁廷。卿其为朕行乎?'諴欣然奉命。

---

[1]参胡可先《杜牧诗文人名新考》(《杜牧研究丛稿》,人民文学出版社,1993年),又前郑处诲传。

上欲重其资履,六月壬申,先以诚为刑部侍郎,癸酉,乃除邠宁节度使。"由此可知,毕诚出院,乃因当时安定边境之需要。《旧传》亦记此事,唯云:"自大中末,党项羌叛,屡扰河西。懿宗召学士对边事,诚即援引古今,论列破羌之状。"此处所记"懿宗",显误,中华书局点校本有校,谓应据《新唐书》卷一八三《毕诚传》、《通鉴》卷二四九,改"懿宗"为"宣宗",是;唯《旧传》此处所载又有一误,中华书局点校本未及,即云"自大中末",按宣宗与毕诚论此事乃在大中六年,大中共十三年,何云"大中末"? 此"大中末",当为"大中中"。

又《通鉴》所记毕诚为刑部侍郎,在六月壬申,而丁《记》则记为七月七日。岑氏《注补》谓据陈垣《二十史朔闰表》,大中六年六月丙申朔,月内无壬申,壬申乃七月七日,则丁《记》所记确切,《通鉴》误系于六月。又《唐会要》卷五七《翰林院》,记"(大中)十年,党项屡扰河西,上召翰林学士问边计,学士毕诚即援引古今,论列破羌之计"。《唐会要》竟记为十年,更误。可见现存诸史,确须仔细校勘、辨析。

另《全唐文》卷七六三载有沈询《授毕诚邠宁节度使制》,中云:"权知刑部侍郎毕诚,端悫知善,文学致身,气则沉详,思有高妙。早驰荣问,亟践清途,该洽宪章,抑扬台阁。聿来禁署,益茂芳猷。"对其在职时关心政事并积极参与,甚为肯定。按沈询也于大中元年入为翰林学士,二年十月以起居舍人、知制诰出院(见前沈询传)。此制当作于大中六年,即仍任为起居舍人、知制诰。沈询现存制文,多出院后所撰,这也值得研究。

据两《唐书》本传,毕诚后历任外镇,并于懿宗咸通元年(860)

十月为相,四年(863)正月罢为兵部尚书,同年十二月二十三日卒于河中节度使任,年六十二。

《全唐文》未载毕諴文,今考知其所撰有三篇碑志,存二佚一。在任翰林学士时作有《唐故朝请大夫尚书刑部郎中上柱国范阳卢府君墓志铭并序》,署“翰林学士、朝散大夫、守中书舍人、上柱国毕諴撰”①。文中记卢就卒于大中五年四月六日,葬于六年二月。如此,则更可确证,大中六年二月,毕諴在院时具中书舍人衔。毕諴所撰另一篇为《唐工部尚书杜公长女墓志铭并序》②,署“度支巡官、试大理评事毕諴撰”。此为杜悰长女卒后所作。据《志》,此女卒于开成五年(840)五月,八月葬,称杜悰“是时为工部尚书、判度支”,即据前述,毕諴于开成五年八月仍为杜悰属下之度支巡官,具试大理评事官衔,亦可补其仕迹。

另欧阳修《集古录》卷九著录有《白敏中碑》,下注“咸通三年”,毕諴撰。按两《唐书·白敏中传》,皆未记白敏中之确切卒年,且互异(参见前武宗朝白敏中传)。据《集古录》所记,则白敏中于咸通三年(862)即卒,时毕諴尚居相位,当应命而作。惜此文已佚,故未能知其详情。欧阳修当见过此碑文,谓文中对白敏中甚为颂谀,极为不满。

《新唐书·艺文志》未著录其著述。《全唐诗》也未载其诗。实则毕諴曾撰有诗,与文士交往者。许浑有《和毕员外雪中见寄》

①见周绍良主编《唐代墓志汇编》,页2299,上海古籍出版社,1992年。
②见陈尚君编《全唐文补编》卷八一,页1002,谓据《考古与文物》1988年第4
  期刊拓本,中华书局,2005年。

（《全唐诗》卷五三〇）："仙署淹清景,雪华松桂阴。夜凌瑶席宴,春寄玉京吟。烛晃垂罗幕,香寒重绣衾。相思不相访,烟月剡溪深。"陶敏《全唐诗人名考证》页786,罗时进《丁卯集笺证》卷三,皆谓此毕员外为毕諴,是。据前考述,毕諴于武宗会昌后期出为磁州刺史,宣宗立,入为户部员外郎、驾部员外郎,在大中初期。许浑此诗谓毕諴时在"仙署"供职,即称其在尚书所属任事。诗末云"烟月剡溪深",乃大中初期许浑曾游浙中(许浑有几首诗记叙在浙游者)。又许浑亦大和六年登第,由诗题,则毕諴时为京官,作诗远寄其同年好友。惜毕諴原诗未存,由许浑此诗,亦可见毕諴颇注意与士人之交往。

萧 寊

萧寊,两《唐书》无传,仅附见于《旧唐书》卷一七九《萧遘传》,记遘祖湛"生寊,咸通中宰相","寊生遘";又《新唐书》卷一〇一《萧瑀传》,记"湛子寊,咸通中位宰相,无显功,史逸其传"。皆未记萧寊曾为翰林学士。按据丁《记》,萧寊于大中四年(850)至十年(856)任为翰林学士(详后),历时七年,在宣宗朝学士中是在院最长的,且后于懿宗时又曾任相,但两《唐书》皆未为其立传。如无丁《记》,则晚唐时翰林学士即失萧寊之名。

史书未记萧寊事迹,现仅据丁《记》及有关记载,概述如下。

《新唐书》卷一三二《沈传师传》记沈曾先后任江西、宣歙观察使,"传师性夷粹无竞,更二镇十年,无书贿入权家。……故其僚佐如李景让、萧真、杜牧,极当时选云"。据《唐刺史考全编》,沈传师于文宗大和二年(828)至四年(830)为江西观察使,四年九月至七年(833)四月为宣歙观察使。则萧真当于文宗大和二年至七年间先后在沈传师幕,并与杜牧同为幕僚。杜牧《唐故平庐军节度巡官陇西李府君(戡)墓志铭》(《樊川文集》卷九),记李戡于大和元年进士及第,后在沈传师江西、宣歙幕府,称"同舍生兰陵萧真、京兆韩乂、博陵崔寿",又谓萧真、韩乂、崔寿等"皆得进士第"。李戡于大和元年及第后入沈传师幕,韩乂亦如此(《樊川文集》卷一六《荐韩乂启》有云"韩及第后,归越中,佐沈公江西、宣城")。中晚唐士人,一般多为登第后应辟在方镇幕府任职,据杜牧文,李戡、韩乂均先后进士及第,后入沈传师幕,则萧真当亦于大和二年前数年间进士及第者(徐松《登科记考》卷二七仅列萧真名,未有注)。

又《剧谈录》卷上《龙待诏相笏》条,先记文宗开成中有龙复本者善相人,后李德裕执政时,有宋祁(按当从《唐语林校证》卷六,页606,作刓),官补阙,"时永乐萧相真亦居谏署",则武宗会昌时萧真曾任拾遗或补阙之职。

后即丁《记》所记:"大中四年七月二十四日,自兵部员外郎充。十月七日,加知制诰。五年□月十四日,加驾部郎中。六年五月十九日,拜中书舍人。七年十月十二日,三殿召对赐紫。八年五月十九日,迁户部侍郎、知制诰,并依前充。九年二月十七日,加承旨。十年八月四日,检校工部尚书、浙西观察使。"萧真在院,前后历七年,时间较长,且官阶升迁亦甚顺速,入院时兵部员外郎为从六品上,出院时工部尚书已为正三品。

又，岑氏《注补》谓大中五年□月十四日加驾部郎中，应仍有"知制诰"，是。另，萧寘于大中九年（855）二月十七日加承旨，乃因上一年大中八年（854）十二月十八日，萧邺以户部侍郎、知制诰、承旨出院，大中九年，萧寘为在院资历最深者，故依循例，接任为承旨。

萧寘入院时，有崔瑶草撰之《授萧寘充翰林学士制》（《全唐文》卷七五七），称"朝议郎、行尚书兵部员外郎萧寘"，与丁《记》合。又赞誉其文采与政能："文摘锦绣，学富缣缃。早命中于射宫，遂从知于壶奥。静无违心，动有余裕。"并提出在院供职之要求："是宜擢居密地，掌我命书。励凤夜之讲求，备朝夕之视听。"再次声明翰林学士院为"密地"，既掌公文诏书，又备君主咨询，参与政事。

萧寘在院期间，当时士人亦与其有交往。杜牧有《早春阁下寓直萧九舍人亦直内署因寄书怀四韵》（《樊川文集》卷二）："御水初销冻，宫花尚怯寒。千峰横紫翠，双阙凭栏干。玉漏轻风顺，金茎淡日残。王乔在何处，清汉正骖鸾。"按萧寘于大中六年五月十九日由驾部郎中、知制诰迁中书舍人，杜牧则于大中五年秋由湖州刺史入为考功郎中、知制诰，大中六年迁为中书舍人。诗中云"初销冻"、"尚怯寒"，与诗题之"早春"时合，即为大中六年初，萧、杜二人皆为尚书郎中兼知制诰，尚未为中书舍人，但按唐习例，凡带有知制诰者亦可称舍人，故杜牧诗题云"萧九舍人亦直内署"。按萧寘与杜牧早为交友，大和、开成间曾同在沈传师之江西、宣歙幕（见前述），现在则一在学士院，一在中书省，同值班，故即有文字交往。

又李商隐有《为举人上翰林萧侍郎启》，刘学锴、余恕诚《李商隐文编年校注》参据前人笺注，谓此文系李商隐为柳璧作。《旧唐书·柳公绰传》载柳璧于大中九年进士登第，而萧寘于大中八年五月至十年八月具户部侍郎衔，另有翰林学士萧邺亦于七年六月至八年十二月为户部侍郎。一般为举子求荐者乃在应试前一年秋冬间，故刘、余承前人笺注（包括岑氏《注补》），以为"萧邺、萧寘均有可能"，当是。不过李商隐此文称"侍郎又绸缪武帐，密勿皇闱。九天九地之兵，宁因旧学；七纵七擒之术，固已玄通。用视草之工，解按剑之怒"。据丁《记》及前所引述之崔瑶制文，萧寘乃先为兵部员外郎，后即以兵部员外郎入，李商隐文此数句乃喻以武入文，则与萧寘官衔合，似为萧寘。时李商隐尚在东川节度使柳仲郢梓州幕，虽在远地，但仍为应试之举子向翰林学士上书求荐，这也为唐代科举考试风气之研究提供值得参考之资料。

又，《全唐文》未载有萧寘文，《新唐书》卷七七《后妃传》下，载宣宗元昭皇后晁氏事，记萧寘在职时曾应命撰有铭文，谓晁氏"大中中薨，赠昭容，诏翰林学士萧寘铭其竁，具载生郓王、万寿公主。后夔、昭等五王居内院，而郓独出阁。及即位，是为懿宗。外颇疑帝非长，寘出铭辞以示外廷，乃解"。按《新传》此处所记，实本《东观奏记》，其书卷下记："晁美人薨，上震悼久之。美人上在藩邸时，承恩遇，实生郓王、万寿公主焉。……及夔、昭已下五王居内院，而郓王独还藩邸。大中末嗣位之后，人间切有拟议者，寘以此事言于公卿，方辨立长之顺。"按宣宗卒，郓王（懿宗）立，当时曾有兵变。《通鉴》卷二四九大中十三年（859）六月记："初，上长子郓王温，无宠，居十六宅，余子皆居禁中。夔王滋，第三子也，上爱之，欲以为嗣，为其非次，故久不建东宫。"是年八月，宣宗病甚，将卒，乃密以夔王托宦官枢密使王归长、马公儒及右军中尉王茂玄等，而左军中尉王宗实为另一派宦者，与王归长等不合，乃仓促之间迎郓王即位，并谋杀王归长等。由此，则郓王之立，当时既有兵争，外廷或亦有歧议，萧寊乃出示宣宗时应命所作昭容后晁氏之铭文，文中当明记郓王乃昭容后所生之长子，"方辨立长之顺"。可见萧寊在院任职所撰之文所起的现实政治作用，当亦有助于萧寊于懿宗即位后迁居相位。

萧寊之出院，《东观奏记》亦有记，卷中："上听政之暇，多赋诗，多令翰林学士属和。一日赋诗赐寓直学士萧寊、曹确，令继和，寊手状谢曰：陛下此诗虽'湘水日千里，因之平生怀'，亦无以加也。明日召学士韦澳问此两句，澳奏曰：'齐太子家令沈约诗，实以睿藻清新，可方沈约尔。'上不悦，曰：'将人臣比我，得否？'恩遇渐薄，执政乘之出为浙西观察使。"按韦澳于大中五年七月入院，十年五月出院（详后韦澳传），则宣宗与韦澳议萧寊事，当在大中十年五月前。就《东观奏记》所载，宣宗乃不满萧寊以沈约之诗与其相比，乃"恩遇渐薄"，终使出院。这一记述，对于翰林学士之处境，也值得参考。

萧寊于大中十年八月出为浙西观察使。《通鉴》卷二四九大中十二年记："秋七月丙寅，宣州都将康全泰作乱，逐观察使郑薰，薰奔扬州。"此事，见前郑薰传。《东观奏记》卷下又有记："大中十二年，宣州叛将康全泰噪逐观察使郑薰，朝廷用宋州刺史温璋问罪，时萧寊为浙西观察使，地与宣州接连，遂擢用武臣李璩代寊。"李璩代萧寊事，两《唐书》皆未有记。

不过萧寘离浙西任,即入朝。《剧谈录》卷上《龙待诏相笏》,记萧寘"自浙西观察使入判户部,非久遂居廊庙"。所谓"居廊庙",即任相。《新唐书》卷六三《宰相年表》,记懿宗咸通五年(864)"四月,兵部侍郎、判户部萧寘本官同中书门下平章事"。《新唐书·懿宗纪》同。不过《新表》于六年三月记:"(萧)寘薨。"《新纪》、《通鉴》卷二五〇同,即居相位仅一年即卒。唯《旧唐书》卷一九上《懿宗纪》所记却有异,于咸通五年十一月记,"乙未,以兵部侍郎萧寘本官同中书门下平章事",即入相在咸通五年十一月,非该年三月;后于咸通六年四月记:"兵部侍郎平章事徐商、萧寘转中书侍郎、知政事。"《新表》、《新纪》与《通鉴》则皆记咸通六年六月庚戌,以御史大夫徐商为兵部侍郎、同中书门下平章事,徐商后于咸通七年为中书侍郎,而萧寘则于咸通六年三月即卒于位。《旧纪》所记显误。

萧寘著作、诗文,皆未有载录。《新唐书·后妃传》所记为昭容皇后作有铭文,也未存。

苏　涤

苏涤,两《唐书》无传。今据有关记载,概述如下,并订正两《唐书》数处之误。

《新唐书》卷五八《艺文志》二、史部实录类,著录《穆宗实录》,路随监修,参与撰修者有苏涤,记云:"涤,字玄献,冕子也,荆南节度使、吏部尚书。"此记涤为冕子。冕,《旧唐书》卷一八九下

《文苑·苏弁传》有记，冕为苏弁兄。《旧唐书·苏弁传》记苏氏为京兆武功人，苏冕曾"缵国朝政事，撰《会要》四十卷，行于时"。则苏涤其家学有史学渊源，故后能参与撰修《穆宗实录》。

苏涤早年事迹不详，沈亚之《异梦录》有记其元和时与苏涤同在泾州相聚者。文中亦记其为武功人，据《元和郡县图志》卷二关内道，京兆府有武功县，谓"东至府一百四十里"，在渭水南，"今郿县地是也"。即今陕西眉县。《沈下贤集》卷四《异梦录》，有云："元和十年，亚之以记室从陇西公军泾州，而长安中贤士皆来客之。五月十八日，陇西公与客期宴于东池便馆，既坐，陇西公曰：'余少从邢凤游，得记其异，请语之。'客曰愿备听，陇西公曰……是日，监军使与宾府郡佐及宴客陇西独孤铉、范阳卢简辞、常山张又新、武功苏涤皆叹息曰可记，故亚之退而著录。"沈亚之又有《泾原节度李常侍墓志铭》（《全唐文》卷七三八），此泾原节度使为李彙，李光弼少子，元和"十年春加左散骑常侍，拜节帅泾原"，但同年六月"公疾发，视政不能勤，七月十二日薨"，年五十九。《旧唐书·宪宗纪》亦记李彙于元和十年二月为泾原节度使，七月丙戌卒。据此，则苏涤于宪宗元和十年（794）曾客游泾州（非在其幕府供职），与沈亚之同宴聚于节度使府。沈亚之为中唐时文学名家，以作传奇著称。按据沈亚之所记，苏涤于元和十年即出游外镇，当已成人，若以该年为二十岁计，则至少生于代宗大历十年（775），后于宣宗大中四年（850）入为翰林学士，当已七十六岁，以如此高龄入院，甚罕。不过沈亚之当时记苏涤为武功人，与前所引述之《新唐书·艺文志》著录之苏涤"京兆武功人"同，当为同一人。不过，苏涤之仕迹，与其年岁，也有不当者（见后），似甚有可疑。

《旧唐书》卷一七下《文宗纪》,大和六年(832)七月记:"甲午,以谏议大夫王彦威、户部郎中杨汉公、祠部员外郎苏涤、右补阙裴休并充史馆修撰。故事,史官不过三员,或止两员,今四人并命,论者非之。"按据前所引述之《新唐书·艺文志》,此四人及苏景胤皆预修《穆宗实录》者。按《穆宗实录》为路随监修,路随于文宗大和二年(828)二月接韦处厚,由翰林学士为相,其在相位至大和九年;大和六年七月任命王彦威、苏涤等四人为史馆修撰,当为路随任相监修《穆宗实录》所特意安排的(路随监修实录事,参见前穆宗敬宗朝路随传)。由此可见,苏涤于大和六年前已任为祠部员外郎,六年七月兼为史馆修撰,预修《穆宗实录》。以前所计算之775年生,则此年苏涤已五十八岁。

《旧唐书·文宗纪》于大和九年(835)七月戊午记:"贬工部侍郎、充皇太子侍读崔侑为洋州刺史,贬吏部郎中张讽夔州刺史,考功郎中、皇太子侍读苏涤忠州刺史,户部郎中杨敬之连州刺史。"按李宗闵因受李训、郑注之嫉,于大和九年六月被罢相,出贬,此后,与李宗闵亲党者如杨虞卿等也皆被贬。《新唐书》卷一七七《李景让传》,谓"所善苏涤、裴夷直皆为李宗闵、杨嗣复所擢",则苏涤于大和九年七月之贬,亦受李宗闵之累。

按杨嗣复于文宗开成三年(838)正月复入相,至五年(840)五月,据前所引述之《新唐书·李景让传》,苏涤当于杨嗣复开成年间为相时亦由忠州刺史入朝,于开成中期任给事中。《唐会要》卷三三《雅乐下·太常乐章》条,有记:"庄恪太子庙乐章六,给事中裴泰章、苏涤等共撰。"据《旧唐书》卷一七五《庄恪太子永传》,庄恪太子为文宗长子；又据《旧唐书·文宗纪》，开成三年十月，"庚子，皇太子薨于少阳院，谥曰庄恪"。则此"庄恪太子庙乐章"，乃其卒、赐谥号后所作。裴泰章，两《唐书》亦无传，《新唐书》卷七一上《宰相世系表》一上，记裴泰章字敦藻，给事中。又清劳格《唐尚书省郎官石柱题名考》卷五司封郎中，于裴泰章名下引《淳熙秘阁续法帖》卷六，有《唐李绅拜相告》，后有署"给事中臣裴泰章等言"，为会昌二年（842）二月。则苏涤与裴泰章当于开成三年十月庄恪太子卒后共撰庙乐章，已为给事中。

另《严州图经》有记："苏涤，会昌三年九月十四日自给事中拜。"《唐刺史考全编》卷一四七江南东道睦州，即据此系苏涤于会昌三年（843）九月任睦州刺史，而此前在朝中任给事中。给事中为正五品上，则苏涤自开成时入朝累有升迁，至会昌前期已迁与中书舍人同阶之给事中。按会昌三年，苏涤当为六十九岁，如此高龄尚出为外州刺史，亦甚可疑。且据《唐刺史考全编》又引《严州图经》，韦有翼于会昌五年（845）三月自安州刺史为睦州刺史；又《旧唐书·武宗纪》记会昌六年（846）二月，"贬舒州刺史苏涤为连州刺史"，并云："涤，李宗闵党，前自给事中为德裕所斥，累年郡守，至是李绅言其无政故也。"则会昌三年九月自给事中出为睦州刺史，亦与李德裕有关；会昌五年三月前又由睦州改舒州，会昌六年二月又因李绅奏议，远贬为连州刺史（连州在今广东）。

会昌六年三月武宗卒，宣宗立，局势大变，连贬李德裕，并召还会昌时所贬之牛党成员。苏涤当于大中初即由连州入朝，大中四年十二月任翰林学士前已任为尚书右丞。尚书右丞，官阶为正四品下，与尚书诸司侍郎（如礼部侍郎、户部侍郎等）同阶，官品已相当高,这当与他已有长期仕宦有关。

丁《记》记为:"大中四年十二月二十四日,自右丞入。五年六月五日,迁兵部侍郎、知制诰,并依前充。六年六月九日,上表病免。□年十一月,守本官出院。"按大中四年为公元 850 年,依前记述,其生年为 775 年或稍前,则大中四年为七十六岁。以如此高龄,尚召其入院,实亦可疑。现姑依前记,俟考。

岑氏《注补》谓据杜牧集卷一七之制词及《旧唐书》卷一八所载,均提及苏涤为翰林学士承旨,即以为苏涤于大中四年十二月入院时,已为承旨,丁《记》缺记。按岑氏所考,计时有误,今加考辨。

按杜牧有《崔璪除刑部尚书苏涤除左丞崔玙除兵部侍郎制》(《樊川文集》卷一七)。制中称崔璪由正议大夫、尚书左丞为刑部尚书,崔玙由正议大夫、前权知户部侍郎为兵部侍郎,皆为新授官职,则苏涤当亦如此,称其原任为"翰林学士承旨、银青光禄大夫、行尚书兵部侍郎、知制诰、武功县开国男、食邑三百户",现改为"尚书左丞,散官封如故"。《旧唐书》卷一八下《宣宗纪》大中七年七月亦记此三人,其原任与新授官,与杜牧制文同。按崔璪、崔玙,皆为崔琪弟,《旧唐书》卷一七七《崔琪传》记崔璪、崔玙迁授上述官职,亦谓在大中七年。而据现有研究成果,杜牧乃卒于大中六年冬;胡可先《杜牧所撰部分制文〈旧唐书〉系年订误》[1],据郭文镐《杜牧诗文系年小札》(《人文杂志》1984 年第 4 期),考定此制词为大中六年撰,《旧纪》误。按现存杜牧制文,据现有研

---

[1] 载胡可先著《杜牧研究丛稿》,人民文学出版社,1993 年。

究,并无他人所作而杂入其集者,即前所引之杜牧制文确为其所作,而《旧唐书·宣宗纪》及《旧唐书·崔琪传》载苏涤三人改授官职在大中七年,则误。又杜牧制文言及苏涤,云:"近以微恙,恳请自便,君子之道,进退可观。"丁《记》于大中六年六月九日已记苏涤"上表病免",杜牧制文称其"近以微恙,恳请自便",与丁《记》所记合。由此又可证,丁《记》云"□年十一月,守本官出院",即当为同年。如此,则杜牧此制当作于大中六年十一月,后即病卒。《旧唐书·宣宗纪》于大中七年七月所记崔璪、苏涤、崔玙三人授官事,当原为六年七月,而误列于七年六月。岑氏《注补》则偏信《旧纪》,而未注意杜牧之卒年,故致误。

据此,则杜牧于大中六年十一月所撰制文,其记苏涤此时官衔,又可订正丁《记》所记"守本官出院",亦不确。因丁《记》所谓"守本官",据其此前所记,当为大中五年六月五日所授之兵部侍郎、知制诰,而据杜牧制文,则应为"以左丞出院"。至于杜牧制文称其为"翰林学士承旨",当其入院时未能即为承旨,有可能于五年六月五日改授兵部侍郎、知制诰时,加任承旨。

《旧唐书·宣宗纪》另有一误,其于大中八年五月记:"以户部侍郎、翰林学士承旨、上柱国、武功县开国子、食邑三百户苏涤检校兵部尚书、兼江陵尹、御史大夫,充荆南节度管内观察处置等使。"按据前述,苏涤已于大中六年七月以尚书左丞出院,何以于八年五月仍称其为"翰林学士承旨";且此时萧邺在院,为承旨(见前萧邺传及书后"学士年表")。《旧纪》竟有此显误,值得作进一步考订、研究。

《旧纪》后于大中十一年(857)二月,记苏涤由荆南节度使改为太常卿,当又入朝;同年八月,又谓"以太常卿苏涤为兵部尚书、权知吏部铨事"。按苏涤出镇荆南在大中八年(854),则为八十岁;十一年入朝,改授太常卿,后又为兵部尚书、权知吏部铨事,则为八十三岁。如此高龄,尚任内外要职。如此,则沈亚之《异梦录》所记元和十年事,确甚可疑,但现代对沈亚之此文,似未有提出疑义者,可作进一步考索。

苏涤所作,现存者仅《全唐文》卷七九〇《宣宗谥议》一文,末云"谨上尊谥曰圣武献文孝皇帝,庙号宣宗,谨议"。按《旧唐书·宣宗纪》记宣宗于大中十三年八月七日卒,"群臣上谥曰圣武献文孝皇帝,庙号宣宗。十四年二月,葬于贞陵"。其谥号与苏涤之文同。则大中十三年八、九月间苏涤尚在世,但未详其官职。

韦　澳

韦澳,两《唐书》有传,见《旧唐书》卷一五八、《新唐书》卷一六九,皆附于其父韦贯之传后。据两《唐书》传,贯之父肇,"官至吏部侍郎,有重名于时"(《旧传》)。韦贯之于宪宗元和时曾任宰相;其兄绶,德宗贞元时翰林学士,"密政多所参逮"(《新传》)。韦氏后世,亦有名士。故《旧传》末"史臣"曰:"韦氏三宗,世多才俊","澳之贞亮,不替祖风。"

《旧传》记韦澳"字子斐,大和六年擢进士第,又以弘词登科"。《新传》则仅称"第进士,复擢宏辞",未记年。清徐松《登科记考》卷二一即据《旧传》,系于大和六年(832),又载同年登第者有许浑、毕诚、杜觊(杜牧弟)等。又,徐《考》于韦澳名下引许浑《酬康州韦侍御同年》诗,徐松谓"澳未为御史,俟考"。罗时进《丁卯集笺证》①,卷一一载许浑此诗,亦据徐《考》以"韦侍御"为韦澳,但对徐松所云"澳未为御史",未有再考,孟二冬《登科记考补正》卷二一亦仅引徐氏语,未有补。按两《唐书》本传确未记韦澳曾任御史,但《全唐文》卷七二六载有崔嘏《授李稦韦澳裴达殿中侍御史等制》,首称"右拾遗李稦等",后叙李、韦、裴三人仕绩,称"咸用词学器识,累参宾画,研朱益丹,莹玉无玷,皆可以修明宪职,振凛霜标",即同授三人为殿中侍御史。由此,则韦澳确曾任御史之职,徐松等当未阅及崔嘏制文,故有误断。

《旧传》记韦澳登科后,多年不仕,后"周墀镇郑滑,辟为从事",《新传》略同。按《旧唐书》卷一七六《周墀传》,墀于宣宗大中初为义成节度、郑滑观察使。《旧唐书》卷一八下《宣宗纪》,记大中元年六月"以义成军节度使周墀为兵部侍郎、判度支"。又前所引述崔嘏撰有韦澳等授以殿中侍御史制,按崔嘏于会昌后期、大中初期任知制诰及中书舍人(参傅璇琮《李德裕年谱》),即于此一时期撰写制文,则韦澳当于会昌后期已由右拾遗改任殿中侍御史,后又应辟在周墀义成节度使幕。

《旧传》后云:"墀辅政,以澳为考功员外郎、史馆修撰。"周墀于宣宗大中二年正月任相(按周墀为相,有记此年五月、六月者,参见前周墀传),三年四月出任东川节度使,则韦澳当于大中二年因周墀举荐,由节镇幕僚入朝为考功员外郎。至于史馆修撰,则

---

①罗时进《丁卯集笺证》,江西人民出版社,1998年。

在大中四、五年间,因《新唐书》卷五八《艺文志》二,史部编年类,著录《续唐历》二十二卷,云:"韦澳、蒋偕、李荀、张彦远、崔瑄撰,崔龟从监修。"据《新唐书·宰相年表》,崔龟从于大中四年六月至五年十一月为相。

《旧传》记韦澳入任翰林学士,有一误,即记韦澳入朝为考功员外郎、史馆修撰后,"不周岁,以本官知制诰,寻召充翰林学士"。丁《记》则记为:"大中五年七月二十日,自库部郎中、知制诰充。"则韦澳当于预修《续唐历》后,就由考功员外郎迁库部郎中,并知制诰,后即以此入院,非以考功员外郎(本官)入。

丁《记》接云:"六年五月十九日,迁中书舍人。八年五月十九日,迁工部侍郎、知制诰,并依前充。七月二日,三殿召对赐紫。十年五月二十五日,授京兆尹。"

《旧传》记韦澳入院后,云"累迁户部、兵部侍郎,学士承旨"。《新传》未记户部,云"累迁兵部侍郎,进学士承旨"。而据丁《记》,韦澳在院迁转,仅为工部侍郎,未有户部、兵部侍郎,两《唐书》本传所载无据。又两《唐书》本传皆谓韦澳于兵部侍郎后为学士承旨,参丁《记》,当为大中八年(854)五月以后,而据前所考,大中八年十二月前萧邺已在承旨任,该年十二月十八日萧邺出院,萧寘即于第二年即大中九年(855)二月十七日接为承旨,直至大中十年(856)八月四日出院(见前萧邺、萧寘传,及书后"学士年表",岑氏《注补》亦于此有辨)。唐翰林学士承旨在同一时期只能一人,不能重复,于此可证两《唐书》本传记其曾为承旨,又误。

又《旧唐书·宣宗纪》另有一误,大中八年记:"五月,以中书舍人、翰林学士韦澳为京兆尹。"实则大中八年五月,韦澳乃由中书舍人迁为工部侍郎并知制诰,仍在院,何以即由中书舍人出为京兆尹?《旧纪》同月又记苏涤由翰林学士承旨、户部侍郎出为江陵尹、荆南节度使,实则苏涤于此前两年即大中六年十一月即已出院(见前苏涤传)。《旧唐书·宣宗纪》于同一月记翰林学士事竟有两误。且此年所记,仅正月、二月、三月、五月、七月、八月,且正月、二月仅各一、二句,可见《旧唐书》本纪晚唐部分失误情况。

韦澳在院期间,颇受宣宗信重,《旧传》有记:"与同僚萧寊深为宣宗所遇,每二人同直,无不召见,询访时事。每有邦国刑政大事,中使传宣草词,澳心欲论谏,即曰:'此一事,须降御札,方敢施行。'迟留至旦,必论其可否,上旨多从之。"可见其敢直言,无党见。另有一事,值得提出的,即唐末昭宗时裴庭裕所著《东观奏记》卷中,详记一事:"上每孜孜求理,焦劳不倦。一日,密召学士韦澳,尽屏左右,谓澳曰:'朕每便殿与节度观察使、刺史语,要知所委州郡风俗物产,卿宜密采访,撰次一文书进来,虽家臣舆老,不得漏泄。'澳奉宣旨,即采十道四蕃志更博探访,撰成一书,题曰《处分语》,自写面进,虽子弟不得闻也。后数日,薛弘宗除邓州刺史,澳有别业在南阳,召弘宗,饯之。弘宗曰:'昨日中谢,圣上处分当州事,惊人。'澳访之,即《处分语》中事也。"此事,《旧传》未记,《新传》虽有记,但甚略,《通鉴》卷二四九则记于大中九年五月,所记较明晰:"上密令翰林学士韦澳纂次诸州境土风物及诸利害为一书,自写而上之,虽子弟不知也,号曰《处分语》。他日,邓州刺史薛弘宗入谢,出谓澳曰:'上处分本州事,惊人。'澳询之,皆《处分语》中事也。"按《新唐书》卷五八《艺文志》二,史部地理类,著录有韦澳《诸道山河地名要略》九卷,云"一作《处分语》"。由此可知,此为广采各地州郡境土风物及民间习俗之书,当甚真切,连某州刺史也甚为叹服,这样的著作在唐翰林学士中也极少见。又,《通鉴》《新传》等所记,当皆本《东观奏记》,于此也可见晚唐五代笔记稗史的史料价值。

据丁《记》,韦澳于大中十年(856)五月出院,由工部侍郎(正四品下)改任京兆尹(从三品),此次出院、改任,不仅是迁阶,主要还是宣宗想再次予以重用,《通鉴》卷二四九大中十年,有记,云:"上以京兆久不理,夏五月丁卯,以翰林学士、工部侍郎韦澳为京兆尹。"关于韦澳此次授任京兆,后僖宗时中书舍人钱珝草撰的《为集贤崔相公论京兆除授表》又特为称述①,谓:"伏以三辅之雄,京兆居首,王畿之理,专制甚难,历代重官,当今急务。比者任用,多是丞、郎、给、舍有才之人,或藩方善政之师,宣宗皇帝求理之切,尝辍翰林学士韦澳授以此官。"此文作于黄巢事平返京后,时僖宗任命郑某为京兆尹,征求崔相公之意,钱珝乃代为草书,不同意任郑某,另推荐一人,就于文中特举韦澳为例,由此也可见韦澳吏治能力在晚唐时甚为人看重。

《旧传》称韦澳"出为京兆尹,不避权豪,京师詟惮"。他出任京兆尹后,在科举试方面作有一项改革措施,即按唐科举制,礼部会试,由各地解送举子,京兆府也有举送。京兆府所送,对省试录取起较大作用,故一般对京兆府解送甚为重视;京兆府所送之举子,又设等第(分殊、次、平三等),权贵者就更关注。《东观奏记》

<hr />

① 载《全唐文》卷八三四。按岑氏《注补》亦引及钱珝此文,但误记为《全唐文》卷八三一。

卷中记,韦澳为京兆尹后,认为京兆府解送时分等第,有弊,谓"礼部格文,本无等第,府庭解送,不当区分。今年合送省进士、明经等,并以纳策试前后为定,不在更分等第之限"。《东观奏记》著者以为,"自文学道丧,朋党弊兴,纷竞既多",韦澳乃"愤浇弊而革之"。五代王定保所著《唐摭言》卷二《废等第》条,亦详载其榜文①。由此亦可见韦澳刚自翰林学士出院,就注意于科举试制的改革,这也是唐翰林学士与科举试研究值得参考的材料。又关于京兆府试情况,可参见傅璇琮著《唐代科举与文学》第三章《乡贡》②。

此后,韦澳历任节镇,晚年累表求辞,约懿宗咸通时卒,赠户部尚书,两《唐书》本传有记,不复述。

其著作,《新唐书·艺文志》著录其《处分语》,前已记述。《全唐诗》卷七九五载其《韦鉴》二句(七言),即《旧传》所载懿宗时罢邠宁节度使任,以秘书监司东都,有所感慨,戏吟二句。《唐诗纪事》卷五〇亦据《旧传》载此二句。《全唐文》卷七五九载其一文:《解送进士明经不分等第榜文》,即前所述,乃据《唐摭言》辑录者。

曹　确

曹确,两《唐书》有传,见《旧唐书》卷一七七、《新唐书》卷一

---

① 唯《唐摭言》所载,云"大中七年,韦澳为京兆尹","七年"误,应为"十年"。
② 傅璇琮《唐代科举与文学》,陕西人民出版社,1986年,又2003年修订新版。

八一。

《旧传》:"曹确字刚中,河南人。"《新传》同。《元和郡县图志》卷五河南道有河南府,即今河南洛阳。据《旧传》,其父景伯,德宗贞元十九年(803)进士及第,后又登制科,未记其他。《新唐书》卷七五下《宰相世系表》五下,亦记其父景伯,但未记其官职。

《旧传》记曹确"开成二年登进士第",《新传》则仅云"擢进士第"。清徐松《登科记考》卷二一即据《旧传》系于文宗开成二年(837),同年登进士第者有李商隐、韩瞻(昭宗朝翰林学士韩偓父)。徐《考》于曹确名下云:"按李商隐《寄四门同年诗》,曹疑即曹确。"按此诗,《全唐诗》卷五三九所载,题为《寄在朝郑曹独孤李四同年》,刘学锴、余恕诚《李商隐诗歌集解》(页1416)①,陶敏《全唐诗人名考证》(页802),均确定曹为曹确。此诗之作年,详后。

《旧传》于擢进士第后,略云"历聘藩府"。后沈询所撰之《授曹确充翰林学士制》(《全唐文》卷七六七),记其入朝前,亦"爰自侯府,列于王庭"。此为中晚唐时士人之仕途常轨,即科试及第后,先在节镇幕府供职,后再入朝。

《旧传》记其返朝并入为翰林学士,云:"入朝为侍御史,以工部员外郎知制诰,转郎中,入内署为学士,正拜中书舍人,赐金紫,权知河南尹事。入为兵部侍郎。"《新传》所记较简,仅云"历践中外官,累拜兵部侍郎",未提及翰林学士事。按《旧传》虽较《新传》稍详,但有误(见后考)。

---

①刘学锴、余恕诚《李商隐诗歌集解》,台北洪叶文化事业有限公司,1992年。

丁《记》记为："大中五年八月十一日，自起居郎充。十月十六日，三殿召对赐绯。六年五月十九日，加兵部员外郎。七年四月十一日，加知制诰。八年五月十九日，加库部郎中。九年闰四月六日，拜中书舍人，依前充。十年五月十三日，三殿召对赐紫。十一年八月二十一日，授河南尹，出院。"

按沈询《授曹确充翰林学士制》（《全唐文》卷七六七），即首称"起居郎曹确"，与丁《记》合。而《旧传》却谓"以工部员外郎知制诰，转郎中，入内署为学士"，即以工部郎中、知制诰入，与沈询制文及丁《记》均不合。曹确当由外镇入朝，先为侍御史（从六品下），后迁起居郎（从六品上），入为翰林学士。入院后，第二年（大中六年）五月九日加兵部员外郎（同为从六品上），后于八年五月十九日迁库部郎中（从五品上），九年闰四月六日，又迁为中书舍人（正五品上），即按官阶常例迁转。《旧传》将其员外郎、郎中官位列于入翰林学士前，则为显误。且据丁《记》，非工部，而应为兵部员外郎、库部郎中。当然，丁《记》也有缺记者，即大中七年四月十一日已由兵部员外郎加知制诰，则八年五月十九日加库部郎中，也应仍加知制诰（岑氏《注补》亦谓须补此三字）。

沈询所撰制文，叙及翰林学士之声望及职责，云："是用宠尔良吏，为予近臣，俾从琐闼之荣，更侍玉堂之奥。皇猷思畅，用宣秘密之文；清秩不移，尚受无私之旨。秉心勿替于正道，视草勉高乎训词，无忘懿图，伫答休命。"沈询时为中书舍人。

按曹确在院期间颇长，历时七年，但未有制诏传存，似也未记有业绩。现可述者，为当时一位诗家曹邺有与其文字交往。曹邺有一诗，题为《将赴天平职书怀寄翰林从兄》（《全唐诗》卷五九二）。按曹邺，两《唐书》无传，桂州阳朔人，连年累举不第，宣宗大中四年（850）登进士第，其应辟为天平军节度推官，当为大中六年（852）以后①。按曹邺为桂州人，曹确为河南人，可能因同姓，即视为同宗，故曹邺特称为从兄。曹邺多年应试，现总算及第，并出仕为方镇幕僚，故亦甚舒爽，诗中云"谁遣辟书至，仆隶皆展眉"。但仍对曹确有所寄望，因曹确现居内署，境遇异常，"吾宗处清切，立在白玉墀；方得一侍座，单车又星飞"，故诗末云："愿将门底水，永托万顷陂。"以门底水自比，以万顷波赞喻其从兄，望能得其引荐。其实曹邺于早期未及第时已有诗献曹确，有《寄监察从兄》（《全唐诗》卷五九三），梁超然、毛水清《曹邺诗注》②，及陶敏《全唐诗人名考证》（页878），皆谓此"监察从兄"为曹确。按据前考述，曹确于开成二年登进士第，曾历仕于藩府，后入朝为侍御史，当为会昌末、大中初。此诗当亦作于此一时期，时曹邺则尚未及第，故诗中极盼侍御史从兄能为其荐引："吾宗戴豸冠，忽然入西京。怜其羽翼单，恍若亲弟兄。松根已坚牢，松叶岂不荣。言罢眼无泪，心中如酒醒。"由此亦可见晚唐寒士切望举荐之勤苦心情。

曹确于大中十一年（857）八月二十一日出任河南尹，据《旧传》，后又"入为兵部侍郎"，但未记年。丁《记》记孔温裕于大中十二年（858）八月三十日出院为河南尹（见后孔温裕传），则为孔温裕接曹确之河南尹任，曹确即于大中十二年九月入朝为兵部

---

① 参《唐才子传校笺》卷七《曹邺传》梁超然笺，中华书局，1990年。
② 梁超然、毛水清《曹邺诗注》，上海古籍出版社，1982年。

侍郎。

前曾提及李商隐《寄在朝郑曹独孤李四同年》诗,刘学锴、余恕诚《李商隐诗歌集解》(页1416)系于大中十二年,但未注依据。按李商隐于大中十一年任盐铁推官,十二年罢,还郑州,未几病卒,即卒于十二年。《唐五代文学编年史·晚唐卷》[①],亦记本年李商隐卒前有此寄四同年诗,时在郑州。则李商隐此诗当为曹确于该年九月入朝后作。诗题之郑为郑茂休,独孤为独孤云,李为李定言,皆与李商隐、曹确同年进士及第者(参见徐松《登科记考》卷二一)。李诗七绝:"昔岁陪游旧迹多,风光今日两蹉跎。不因醉本《兰亭》在,兼忘当年旧永和。"当为李商隐当时处境不好,身又有病,故缅怀故友,并深致感伤之情。

曹确则后于懿宗朝仕途顺利,擢居相位。《旧传》记其"入为兵部侍郎"后,云:"咸通五年,以本官同平章事。"而《旧唐书》卷一九上《懿宗纪》则记于咸通四年(863)十一月。又《新唐书》卷九《懿宗纪》、卷六三《宰相年表》及《通鉴》卷二五〇,皆记为咸通四年闰六月,因此前,四月癸巳,时在相位的毕諴罢为兵部尚书,五月戊子,杜审权出为镇海军节度使,故擢曹确为相。《新唐书》之《纪》、《表》及《通鉴》纂修时,有北宋时辑集之唐实录,故所记较一致,有据,当可信,《旧唐书》记曹确入相年月,则不确。

《旧传》又云"在相位六年,九年罢相",如以其所记于咸通五年任相,则九年罢相,也仅五年,何云六年? 又所谓"九年罢相",

———————————

① 傅璇琮主编《唐五代文学编年史》,《晚唐卷》,吴在庆、傅璇琮撰,辽海出版社,1998年。

亦误。据《新唐书》之《懿宗纪》、《宰相年表》及《通鉴》卷二五二，均记于咸通十一年（870）三月，并载其出为镇海军节度使。《旧唐书》卷一九上《懿宗纪》于咸通十一年三月亦记曹确"以病求免"，乃出为润州刺史、充浙江西道（即镇海军）观察等使。

《新传》未具体记曹确任相、罢相年月，但亦称其"居位六年"，与《旧传》同。实则曹确于咸通四年闰六月任相，十一年三月罢相，当为历时八年，则《新传》与《旧传》同误。

《旧传》记曹确任相时，"精儒术，器识谨重，动循法度"，实则在位八年间，实无所作为。《南部新书》甲卷有记："曹确、杨收、徐商、路岩同秉政，外有嘲之曰：'确确无余事，钱财总被收。商人都不管，货路（同赂）几时休。'"后宋王谠《唐语林》卷七亦记，更明晰，云："咸通末，曹相确，杨相收，徐相商，路相岩，同为宰相。杨、路以弄权卖官，曹、徐但备员而已。长安谣曰：'确确无论事，钱财总被收。商人都不管，货赂几时休。'"杨收、路岩为懿宗时翰林学士（详见后传）。

据前《新纪》、《通鉴》等记，曹确于咸通十一年出为浙西镇海等节度使，又据《旧唐书》卷一九下《僖宗纪》，乾符元年（874）三月，以宰相赵隐出镇浙西。《新传》则记曹确任浙西后，云："徙河中，卒。"则当于乾符元年初又转为河中节度使，不久即卒，或即在乾符初，因《通鉴》于乾符四年（877）十月记："河中军乱，逐节度使刘侔。"即刘侔于乾符四年前已任河中。

《新唐书·艺文志》未著录其著述，《全唐诗》也未载其诗。《全唐文》卷七六一载其文二篇：《请令场监钱绢直纳延资库奏》、《谏用伶官李可及为威卫将军疏》，皆任相时作。

庾道蔚

庾道蔚,两《唐书》无传。《元和姓纂》七,记:"左拾遗庾敬休生道蔚,翰林学士。"庾敬休为穆宗朝翰林学士(见前传),《旧唐书》卷一八七、《新唐书》卷一六一有传,记为"先南阳新野人"。但两《唐书》本传皆未提及道蔚。

庾道蔚早年事迹不详,现可知者,为丁《记》所记,于宣宗大中六年(852)任翰林学士起。丁《记》记云:"大中六年七月十五日,自起居舍人充。其年十二月二十九日,三殿召对赐绯。七年九月十九日,加司封员外郎。九年八月十三日,加驾部郎中、知制诰,并依前充。十年正月十四日,守本官出院,寻除连州刺史。"

杜牧有《庾道蔚守起居舍人李汶儒守礼部员外郎充翰林学士等制》(《樊川文集》卷一七)。按杜牧于大中六年任中书舍人,其年冬卒,此制称庾道蔚为起居舍人,与李汶儒同时入,皆与丁《记》合(李汶儒事,见后传)。但《旧唐书》卷一八下《宣宗纪》,于大中三年八月记为:"以起居郎庾道蔚、礼部员外郎李文儒并充翰林学士。"按杜牧于大中三年虽在京,但时任司勋员外郎、史馆修撰,未能撰写制诰,故《旧纪》所记年月均误,又将李汶儒之"汶"误作"文"。

又杜牧此篇制文,对翰林学士职能,颇有概括性的评述,云:"天下为公,选贤与能也。况乎拔出流辈,超侍帷幄,岂唯独以文学,止于代言,亦乃密参机要,得执所见。若非贤彦,岂膺选擢。"

意谓翰林学士,不仅在于代君主起草制诏,还应当是"密参机要,得执所见",即参与朝政中之机要,这是唐代翰林学士职能之时代特色,宋以后就未能如此。

又杜牧制文称庾道蔚在此前,"尝自侯府,升为谏臣",则曾为方镇幕僚,后入朝在御史府中供职。

庾道蔚在院期间,又有李商隐赠诗,李商隐《赠庾十二朱版》,刘学锴、余恕诚《李商隐诗歌集解》(页 1341)①,结合丁《记》,定李商隐于大中八、九年在东川节度(梓州)幕时,以朱笔书写之手板,远赠于庾,并进此诗:"固漆投胶不可开,赠君珍重抵琼瑰。君王晓坐金銮殿,只待相如草诏来。"此七绝,仅四句,但特表言以此珍贵朱板书远赠,致念,后二句更誉庾之身份贵重,虽未明言,似仍含有望其荐引之意。李商隐为当时一大名家,尚能以诗进献,可见庾道蔚于当时尚有声望,惜两《唐书》未有为其立传。

丁《记》记庾道蔚于大中七年(853)九月十九日由起居舍人(从六品上)改为司封员外郎(亦从六品上),而《唐尚书省郎官石柱题名考》卷六司封员外郎,无庾道蔚名,卷八司勋员外郎则有其名,故清劳格疑丁《记》所记之"司封"应为"司勋"。但此仅为小异,俟考。

又,庾道蔚于大中十年(856)正月十四日出院,寻除连州刺史。连州远在广东(即今广东西北部连州市),唐时多为官员贬地,如宪宗时刘禹锡、敬宗时翰林学士蒋防,均曾贬于此地。关于庾道蔚出任连州刺史事,裴庭裕《东观奏记》(卷中)有记:"翰林

_____

① 刘学锴、余恕诚《李商隐诗歌集解》,台北洪叶文化事业有限公司,1992 年。

学士、驾部郎中、知制诰庾道蔚，敕曰：'以艺文擢居近密，乖检慎，难处禁林。宜守本官，续连州刺史。'郑朗为御史大夫，道蔚以事干之，乞庇罪人者，朗衔之。朗既大用，积前事，尽闻于上，故及此罪。"按郑朗，文宗时曾为翰林侍讲学士（见前传）。据《旧唐书》卷一七三《郑朗传》及《新唐书·宰相年表》，郑朗约于大中五年底、六年初为御史大夫，大中十年正月丁巳，由御史大夫为守工部尚书、同中书门下平章事，任相。庾道蔚于大中六年七月由起居舍人入院，此前曾为谏官（参前杜牧制文），则当为郑朗于大中六年初为御史大夫时，庾道蔚亦在谏任，曾有事干托郑朗，郑朗不满，并记存于心，故于大中十年正月任相时，即迫使庾道蔚出院，后又使其远贬。这是宣宗朝翰林学士因受宰相之迫而出贬的首例，也可由此见宰相对翰林学士所起的作用，既可引荐（如李德裕举荐白敏中），也可促其外出（此类事例甚多，不具述）。

庾道蔚贬连州后，何时召还，不详。按庾道蔚撰有《唐朝散大夫前行尚书司勋员外郎柱国苗绅妻故新野县君庾氏夫人墓志铭并序》，《全唐文》未载，著录于周绍良所编之《唐代墓志汇编》①咸通〇三四（页2404）。此志称庾夫人之祖讳何，即庾道蔚之祖（《旧传》），故志中庾道蔚自称"从父兄"。又志中称此庾夫人卒于咸通癸未即四年（863）冬季月，年四十八，翌年六月归葬于河南府洛阳县平阴乡陶村，庾道蔚自署其官衔为"朝议郎、守太子左庶子、分司东都、柱国、赐绯鱼袋"，即懿宗咸通五年（864）六月，尚为太子左庶子、分司东都，实为闲职。由此，则当为大中十年正月贬

---

①《唐代墓志汇编》，周绍良编，上海古籍出版社，1992年。

连州后,懿宗即位,召还,后授以太子左庶子、分司东都,居洛阳。此后或即卒于洛阳。

按庾道蔚,两《唐书》既无专传,两书也无所记(据前述,仅一处,尚有误),今据丁《记》,李商隐、杜牧等诗文,及出土墓志,尚能概述其一生主要事迹,亦属不易。

庾道蔚所著,除前述庾氏夫人墓志外,其他皆无载记。

李汶儒

李汶儒,两《唐书》无传。其事迹,以丁《记》所记最详(当然亦仅限于任翰林学士期间)。唯丁《记》记其名为"李淳儒",他书所载者,淳皆作汶。岑氏《注补》谓:"按宪宗后唐人讳淳,此作淳,当误。"按据《旧唐书》卷一四《宪宗纪》,宪宗名纯,则唐人有名淳者,亦有避讳而改者,丁《记》当据院内壁录,仍录记为"淳"。现据各书所载,作"汶"。

《唐诗纪事》卷五三李汶儒条,云"登大和五年进士第",清徐松《登科记考》卷二一即据此系于文宗大和五年(831)。及第后仕迹无考,此后即丁《记》所记于宣宗大中六年(852)任为翰林学士,其间已距有二十余年。

丁《记》记为:"大中六年七月十五日,自礼部员外郎充。其年十二月二十九日,三殿召对赐绯。七年十二月五日,加礼部郎中、知制诰。九年十月十二日,拜中书舍人,依前充。十年十月十六日,三殿召对赐紫。十一年正月五日,守本官出院。"

杜牧有《庾道蔚守起居舍人李汶儒守礼部员外郎充翰林学士等制》(《樊川文集》卷一七)。据丁《记》,庾道蔚亦于大中六年七月十五日入(见前庾道蔚传)。杜牧所撰制文称李汶儒为"朝议郎、守尚书礼部员外郎",并称其此前之仕绩:"才行冠时,名声华众,扬历台阁,宣昭职业。无入而不得其道,守正而莫混其源。并为儒者之英,咸蕴贤人之操。"即叙其在尚书省任职,即入院前之礼部员外郎。清劳格《唐尚书省郎官石柱题名考》卷二○礼部员外郎、卷一九礼部郎中皆列有其名。

　　李汶儒在院期间值得一提的,是他与其他文士,共同参与诗之唱和。《唐诗纪事》卷五三于兴宗条,称于兴宗"大中时以御史中丞守绵州","初在左绵作此诗,和者李朋、杨牢辈,皆朝中知友也"。即载有于兴宗《夏杪登越王楼临涪江望雪山寄朝中诸友》诗,五律。《唐诗纪事》同卷载有许浑《酬绵州于中丞见寄》(七律),李朋《绵州中丞以江山小图远垂赐及兼寄诗》(五律),杨牢《奉酬于中丞见寄之什》(五言排律),和作者另有薛蒙、李邺、卢求等十余人,并有李汶儒《和绵州于中丞》(五律)。按于兴宗,两《唐书》无传,《新唐书》卷七二下《宰相世系表》二下,记有其名,谓"河南少尹"。又《唐诗纪事》载李朋和诗时,称李任尚书郎。按杜牧有《李朋除刑部员外郎李从诲除都官员外郎等制》(《樊川文集》卷一七),杜牧撰作制诰,当在大中五、六年间。又罗时进《丁卯集笺证》①,卷八载许浑此诗,谓许浑大中八年出任郢州刺史,此诗当作于大中七年在京期间。据此,则李汶儒作此和诗,当

_____

①罗时进《丁卯集笺证》,江西人民出版社,1998年。

即在院时,诗云:"珍重巴西守,殷勤寄远情。剑峰当户碧,诗韵满楼清。日照涪川阔,烟笼雪峤明。征黄看即及,莫叹滞江城。"颇有诗意。

绵州为今四川绵阳市,成都附近。按唐时,在朝中任官出任蜀中州县之职,常为贬出,间有诗作,请朝中友人和作者。如唐次于德宗贞元八年(792)夏出任开州(今重庆开县)刺史,在开州时作有诗,寄与朝臣及地方官员友人,和者甚多,有二十余人,后权德舆为撰《唐使君盛山唱和集序》(《全唐文》卷四九〇)。后韦处厚于宪宗元和十一年(816)因受朝中人事纠争之牵累,由考功员外郎亦出为开州刺史,在开州时作有《盛山十二诗》,记当地胜景。后返京,于穆宗时为翰林侍讲学士,将此诗转赠京中友人,和作者亦多人,韩愈即于长庆二年(822)特为和作之集撰写序文,题为《韦侍讲〈盛山十二诗〉序》,记当时和作者有白居易、元稹等(详见前穆宗朝韦处厚传)。由此亦可见唐时文士以诗唱和,亦为文人群体创作的一种风尚。李汶儒时为翰林学士,职居内廷,但外地文士仍有诗寄他,他亦有诗酬和,也可见他与文士之交往情况。

另有一事须加辨析,即清劳格《唐尚书省郎官石柱题名考》卷一九礼部郎中,于李淳(汶)儒名下,引《宝庆四明志》卷一,云:"大和三年,明州刺史李文孺修得桥,见曾从龙所撰《浮桥记》。"劳格于"文孺"名下校云《通志》作"文儒"。《唐刺史考全编》卷一四三江南东道明州,于大和三年(829)亦列有李文孺,引《延祐志》所云"李文孺,大和三年刺史,修浮桥,见曾从龙所撰《浮桥记》"。按李汶儒于大和六年登进士第,不可能在此前三年即大和三年已任为明州刺史,此李文孺与李汶儒当为二人,劳格作为同一人而列于《唐郎官考》之礼部郎中，非是。又《宝庆四明志》提及之曾从龙《浮桥记》，《全唐文》未载；曾从龙，唐代史传材料中也未有。

李汶儒所作，除前所引述之和于兴宗诗外，其他皆未有载记。

孔温裕

孔温裕，附见于《旧唐书》卷一五四、《新唐书》卷一六三《孔巢父传》后，孔巢父为其伯祖。

《旧唐书·孔巢父传》记为冀州人，《新传》则称其为"孔子三十七世孙"。据两《唐书》传，孔巢父兄岑父，岑父之子戣，孔温裕即为戣子。孔戣，两《唐书》有传，即附于孔巢父传后。唯《新唐书·孔戣传》记温裕，仅一句，云："温裕，仕为天平节度使。"《旧唐书·孔戣传》亦简云："子遵孺、温裕，皆登进士第。大中已后，迭居显职。温裕位京兆尹、天平军节度使。"皆未提及翰林学士事，且《旧传》所记，虽仅数句，又有二误（详后）。由此，则孔温裕于两《唐书》实无专传，今检辑有关史料，概述其事迹如下。

按孔戣于宪宗时曾任谏议大夫、吏部侍郎、国子祭酒、岭南节度使，有政绩，与韩愈善交；孔戣于穆宗长庆四年（824）正月卒，韩愈即为孔戣撰写墓志：《唐正议大夫尚书左丞孔公墓志铭》①。韩《志》记戣"有四子，长曰温质，四门博士；遵孺、遵宪、温裕，皆明经"。据此，则孔温裕为明经出身，非进士，《旧传》则谓"遵孺、温

---

① 《韩昌黎文集校注》卷七，马其昶校注，上海古籍出版社，1986年。

裕,皆登进士第",当误。

又《旧唐书》卷一七九《孔纬传》,记纬父遵孺,遵孺即温裕兄。《旧·孔纬传》云:"纬少孤,依诸父温裕、温业,皆居方镇,与名公交,故纬声籍早达。大中十三年,进士擢第。"据此,则孔温裕当于明经及第后,曾历职于方镇幕府,唯具情不详。

《通鉴》卷二四九宣宗大中四年(850)八月,记:"党项为边患,发诸道兵讨之,连年无功,戍馈不已。右补阙孔温裕上疏切谏,上怒,贬柳州司马。"此为孔温裕仕迹最早可知者,由此可知,孔温裕于大中前期曾任右补阙(从七品上),大中四年八月因上疏论用兵党项事,被贬为柳州司马。柳州远在广西,柳宗元于宪宗元和时亦曾贬为柳州刺史,则亦为唐时贬地。又,《通鉴》记此事时,有谓:"温裕,戣之兄子也。"据前所述,温裕为戣子,非"兄子",《通鉴》所记误。另,晚唐赵璘《因话录》卷六亦记有此事,唯云贬郴州司马,云:"河南孔尹温裕任补阙日,谏讨党项事,贬郴州司马。"[1]郴、柳字形近,当以《通鉴》所记为是。

《因话录》又继云:"久之得堂兄尚书温业书,报云'宪府欲取尔作侍御史',日望敕下。忽又得书云:'宰相以右史处之。'皆无音耗。一日,有鹊喜于庭,直若语状,孩稚拜且祝曰:'愿早得官。'鹊既飞去,坠下方寸纸,有'补阙'二字,极异之。无几,却除此官。"《因话录》所记,当然有小说情节,但由此亦可获有信息,即孔

---

[1] 此处所引之《因话录》,据上海古籍出版社《唐五代笔记小说大观》点校本,2003年。经查,《太平广记》卷一三八《孔温裕》条,注据《因话录》,亦记此事,则谓"贬柳州司马",则《因话录》原亦记为"柳州"。

温裕后又以补阙召入朝，故后于大中九年（855）又以礼部员外郎入任翰林学士。

丁《记》记为："大中九年二月二十九日，自礼部员外郎、集贤院直学士充。其年三月三日，加司封员外郎、知制诰。十二年正月十八日，迁中书舍人。其年八月三十日，除河南尹，出院。"

关于迁中书舍人，《旧唐书》卷一八下《宣宗纪》大中十二年（858）正月亦有记："以翰林学士、朝议郎、守尚书司勋郎中、知制诰、赐绯鱼袋孔温裕为中书舍人，充职。"虽未记正月何日，但当与丁《记》所记"十二年正月十八日，迁中书舍人"合，不过《旧纪》此处所记，可对丁《记》作一补正，即《旧纪》记谓自司勋郎中、知制诰迁，而丁《记》则记先为司封员外郎、知制诰，后即迁中书舍人，缺记司勋郎中。关于此，清劳格于《唐尚书省郎官石柱题名考》卷七司勋郎中孔温裕名下，即引有《旧纪》此条，又引《东观奏记》所云"孔温裕自礼部员外郎改司封员外，入内廷二十五个月，改司勋郎中、知制诰"，谓"《壁记》失载"。按《东观奏记》卷中有云："皇甫珪自吏部员外召入内廷，改司勋员外，计吏员二十五个月限，转司封郎中、知制诰；孔温裕自礼部员外改司封员外，入内廷二十五个月，改司勋郎中、知制诰。动循官制，不以爵禄私近臣也。"即孔温裕自礼外、司封，经二十余月，改司封郎中、知制诰，则自大中九年二、三月起，于十一年四、五月乃迁为司勋郎中（仍知制诰）。又岑氏《注补》亦云按官制，员外郎不能超迁中书舍人。

另，《新唐书》卷一○一《萧倣传》亦有提及孔温裕事，但有误，云："（倣）除累给事中。宣宗力治，喜直言，尝以李璲为岭南节度使，使者已赐节，而倣封还诏书。帝方作乐，不暇命使，遣优工趋出追之，未及璙所而还。后以封敕脱误，法当罚，侍讲学士孔温裕曰：'给事中驳奏，为朝廷论得失，与有司奏事不类，不应罚。'诏可。"《东观奏记》卷上及《通鉴》卷二四九大中十二年（858）五月亦皆记萧倣封还制书事，但均未述及孔温裕。《新唐书·萧倣传》此处记孔温裕，称为翰林侍讲学士，则误。唐翰林侍讲学士始置于穆宗，至武宗朝已未有（详见前《唐翰林学士传论》上编《唐翰林侍讲侍读学士考论》），宣宗朝所有翰林学士也未有侍讲者。

据丁《记》，孔温裕于大中十二年（858）八月三十日以中书舍人出院，为河南尹。河南尹为从三品，其官阶较中书舍人（正五品上）为高，故虽出院，亦可谓升迁。其任河南尹约一年余，因《旧唐书》卷一九上《懿宗纪》，大中十三年（859）十月，记"又以兵部侍郎郑颢为河南尹"，即以郑颢接其任。

又《旧唐书·懿宗纪》于咸通六年（865）正月有记："丁亥，制以河东节度使、检校刑部尚书孔温裕为郓州刺史、天平军节度、郓曹棣观察处置等使。"按此处所记，即有二误：一、据此所记，则孔温裕于咸通六年正月前曾任河东节度使，今检《唐刺史考全编》卷九〇河东道太原府，咸通四年至七年，任河东节度使者为刘潼，咸通元年至四年为卢简求，皆有《旧唐书·懿宗纪》、《通鉴》等记述，则孔温裕未能于此期间亦有任河东节度使。二、孔温裕任郓州刺史、天平军节度使，在咸通八年，非六年（见后）。

《全唐文》卷八三载懿宗《授孔温裕忠武军节度使制》，先称其为"朝散大夫、守尚书户部侍郎"，现任为"检校礼部尚书兼许州刺史、御史大夫、充忠武军节度、陈许蔡州观察处置等使"。参《唐刺史考全编》卷五九，当在懿宗咸通初期。

《旧唐书·孔戣传》记孔温裕之仕迹，仅云"位京兆尹、天平军节度使"，即天平军之任前曾仕为京兆尹。按丁《记》明确记孔温裕于大中十二年八月出院后任河南尹，其他史书皆未有记其为京兆尹者。《旧传》此处所述，疑"京兆"为"河南"之讹。

两《唐书·孔戣传》记孔温裕曾仕为天平军节度使，则属实。《全唐文》卷七九一孔温裕《请修孔庙状》，自称"郓曹濮等州观察使"，状中又自称为孔氏"远裔"，曲阜"咫尺家乡"，既领郓城"故藩"，故特请于兖州修复孔庙。按天平军治郓州（今山东郓城），位山东西南，与曲阜相接，孔温裕状中所叙，与地境合。至于其出任天平的时间，可以《唐故华州衙前兵马使魏公墓志铭》参证。此志，《全唐文》未载，见周绍良编《唐代墓志汇编》（页2437）①，署"留守衙前判官郝乘撰"。志记墓主魏潼（字遵令）曾为孔温裕天平节镇幕僚，有云："至丁亥岁，邹鲁尚书自东都留守节镇天平，遵令获事旌麾。"孔温裕自称孔子后裔，其为忠武节度使时曾检校礼部尚书，故此志称其为"邹鲁尚书"。丁亥岁为咸通八年（867）。由此即可定，孔温裕于咸通八年任天平军节度使、郓州刺史，而此前为东都留守。

又《全唐文》卷七八八贾防《新修曲阜县文宣王庙记》，有云："皇帝御寓之十年，岁在己丑，夫子三十九代孙鲁国公节镇汶阳之三载"，曾赴曲阜，"瞻故乡以徘徊"，于是建议重修孔庙，即前引孔温裕之《请修孔庙状》。己丑为咸通十年，亦即"皇帝御寓之十年"，则咸通十年孔温裕仍在天平任。按贾防，两《唐书》无传，

①周绍良编《唐代墓志汇编》，上海古籍出版社，1992年。

《全唐文》卷七八八小传，称其"咸通中乡贡进士，摄郓曹濮等州馆驿巡官"，则曾在孔温裕天平节镇幕，故有此记。另，《全唐文》卷八一二有郑仁表《左拾遗鲁国孔府君墓志铭并序》，此孔府君为孔纾，即孔温裕子。志称"拾遗始及第，乞假拜庆……时仆射太常公节制天平军"。《登科记考》卷二三记孔纾为咸通九年进士第（郑仁表与其同年），由此亦佐证咸通九年孔温裕在天平节镇任。

孔温裕何时离天平任，史书未有明载。《通鉴》卷二五一咸通十年（869）十二月，记南诏进攻黎雅、邛等州，有《考异》，谓高骈"时为郓州节度使"。又《旧唐书·僖宗纪》记乾符元年（874）四月，高骈由天平节度使、郓州刺史改为成都尹、剑南西川节度副大使，则孔温裕当于咸通十年离天平，入朝。

《旧唐书·懿宗纪》咸通十三年（872）记："三月，以吏部尚书萧邺、吏部侍郎独孤云考官，职方郎中赵蒙、驾部员外郎李超考试宏词选人。试日，萧邺替差右丞孔温裕权判。"按《登科记考》卷二三记博学宏词科，有引《册府元龟》："三月，以礼部尚书萧邺、吏部侍郎独孤云考官，职方郎中赵蒙、驾部员外郎李超，考试宏词选人。试日，萧邺替差右丞孔温裕权判。"按博学宏词于晚唐已非制科，为吏部铨试，循例由吏部主持，《册府元龟》此处记萧邺为礼部尚书，当误。萧邺于咸通十一、十二年皆以吏部尚书主持博学宏词试（参见前萧邺传），故十三年亦当据《旧纪》为吏部尚书，则《登科记考》引《册府元龟》，"礼"字讹（孟二冬《登科记考补正》亦未有订正）。不过由此可知，孔温裕于咸通十年自天平军返朝，后任为尚书右丞，咸通十三年代替吏部尚书萧邺主持博学宏词试。

又郑仁表所作孔纾墓志（见前引），谓僖宗即位后，咸通十五年（乾符元年）三月，孔温裕在翰林侍讲任，于该年五月卒。岑氏《补僖昭哀三朝翰林学士记》即据此，系孔温裕为僖宗朝翰林侍讲学士。僖宗刚即位，不可能又任孔温裕为侍讲学士，且自武宗朝起，即未建置翰林侍讲学士。郑仁表所记当不实。

孙温裕著述，皆未有载记。

于德孙

于德孙，两《唐书》无传，仅《新唐书》卷七二下《宰相世系表》二下，于氏，记："德孙，字承休，吏部侍郎。"吏部侍郎当为其终官。又据《新表》，于氏郡籍为京兆。

于德孙早期仕迹不详，据丁《记》，自大中十年（856）始入为翰林学士。丁《记》记为："大中十年正月三十日，自职方员外郎、知制诰充。其年十一月二十八日，三殿召对赐紫。十一年四月十五日，加驾部郎中充。十二年闰二月，迁中书舍人，并依前充。其年十月十四日（以下缺七字）充。十三年四月二十九日，授御史中丞，出院。"其十一年四月十五日加驾部郎中，岑氏《注补》谓应加知制诰，因此前于十年正月入院时已为职方员外郎、知制诰，是。

又《旧唐书》卷一八下《宣宗纪》大中十二年（858）二月，记："以工部郎中、知制诰于德孙，库部郎中、知制诰苗恪，并可中书舍人，依前翰林学士。"即于德孙与苗恪同时迁为中书舍人。按丁《记》记于德孙于大中十二年闰二月由驾部郎中、知制诰迁中书舍人，未记日；丁《记》又记苗恪于大中十一年八月自库部郎中入，十

二年闰二月十三日,由库部郎中迁中书舍人(详见后苗恪传)。参
合《旧纪》,于德孙迁中书舍人,可补丁《记》,为十二年闰二月十
三日,而《旧纪》所记之二月,当为闰二月。

丁《记》记大中十二年十月十四日后缺七字。按此前已任为
中书舍人(正五品上),后十三年四月授御史中丞出院,御史中丞
亦正五品上,则大中十二年十月十四日未有迁官,可能为"三殿召
对赐紫"之类①。

于德孙出院后,约懿宗咸通前期曾任为鄂州刺史、鄂岳观察
使。《唐刺史考全编》卷一六四江南西道鄂州,列于德孙约于咸通
二年至五年(861—864)在鄂岳任,其所据为上海图书馆所藏拓片
《唐故鄂岳团练判官将仕郎试大理评事太原王公(潭)墓志铭并
序》,此《志》有云:"泊于公德孙廉问江夏,首辟为观察判官、大理
评事,诚佐四年……咸通五年十月二十日,终于鄂州官舍。"署为
咸通五年十月二十日。由此,则于德孙出院后,于大中末、咸通初
仍在朝任职,后出为鄂岳观察使,于咸通五年十月尚在任。

于德孙约咸通五年后返朝,据《旧唐书》卷一九下《懿宗纪》,
其于咸通十年(869)在吏部侍郎任,《旧纪》咸通十年十二月记:
"以吏部侍郎杨知温、吏部侍郎于德孙、李玄考官,司封员外郎卢
荛、刑部侍郎杨戴考试宏词选人。"又十一年正月记:"以吏部尚书
萧邺、吏部侍郎于德孙、吏部侍郎杨知温考官,司勋员外郎李耀、
礼部员外郎崔澹等考试应宏词选人。"按此时博学宏词已非制科,

---

① 按丁《记》记大中十年十一月二十八日"三殿召对赐紫",此时于之官衔为
职方员外郎,按官制,尚未能赐紫,应为赐绯,后即补有赐紫。

乃吏部铨试，故以吏部尚书、吏部侍郎主持，参前孔温裕传。

此后事迹不详。其著述亦皆未有载记。

皇甫珪

皇甫珪，两《唐书》无传，仅《新唐书》卷七五下《宰相世系表》五下有记，唯仅云"珪字德卿"，未记官职。不过《新表》记珪为镈子，皇甫镈，则两《唐书》有传，见《旧唐书》卷一三五、《新唐书》卷一六七。按《旧传》记其为安定朝那人，《新传》记为泾州临泾人，似有异。《元和郡县图志》卷三关内道泾州有临泾县，云："本汉旧县，属安定郡。隋大业元年于今县理置湫谷县，取县内湫谷为名。十二年，复为临泾县，皇朝因而不改。"又同卷于泾州后，记有原州，原州所属有平高县，县内有朝那湫，引苏林云"在安定朝那县"。如此，则两《唐书·皇甫镈传》所记，安定朝那，泾州临泾，实为一地，今为甘肃镇原县。

按皇甫镈于宪宗中期任户部侍郎、判度支时，对当时朝廷征讨淮西，于财力筹集上有所贡献，后宪宗即用以为相，但受到裴度等大臣的反对。史称皇甫镈联结李逢吉、令狐楚，排挤裴度，后穆宗即位，就贬其为崖州司户参军，即卒于贬地。皇甫镈于穆宗朝，时论对其评议亦甚不佳，而珪为其子，于宣宗时却能召入为翰林学士，且在院时间亦甚长。这可能因宣宗为宪宗子，对宪宗朝得用大臣之后人颇为重视，皇甫镈既于宪宗后期颇受信重，故宣宗即召用其子任为翰林学士（又皇甫镈与令狐楚甚有交结，令狐绹为令狐楚子,在宣宗朝长期居相位,则皇甫珪之召入,也可能与时居相位的令狐绹有关)。

皇甫珪前期仕迹不详。丁《记》记为:"大中十年六月五日,自吏部员外郎充。其月七日,改司封郎中。十一年正月十一日,三殿召对赐绯。其年十月二日,加司封郎中、知制诰。十二年八月十二日,拜中书舍人,依前充。十三年八月二十六日,赐紫。其年八月二十九日,加朝请大夫。其年十一月,迁工部侍郎、知制诰,依前充。十四年十月,改授同州刺史。"

丁《记》是记皇甫珪事迹最详具的材料,如无丁《记》,则唐翰林学士就无皇甫珪之名。但丁《记》此处所记也有问题,如记皇甫珪于大中十年(856)六月五日自吏部员外郎入院,其月七日,即同月(六月)七日,即迁为司封郎中,而又记十一年(857)十月二日,"加司封郎中",前后相重。于此,唐末昭宗时裴庭裕《东观奏记》(卷中)有记:"皇甫珪自吏部员外召入内廷,改司勋员外,计吏员二十五个月限,转司封郎中、知制诰。孔温裕自礼部员外改司封员外,入内廷二十五个月,改司勋郎中,知制诰。动循官制,不以爵禄私近臣也。"按《东观奏记》称皇甫珪自吏部员外郎入,后曾迁司封郎中、知制诰,均与丁《记》合,唯谓皇甫珪自吏外入,后改为司勋员外郎,则与丁《记》记入院仅三天即迁转司封郎中有异。清劳格《唐尚书省郎官石柱题名考》卷四吏部员外郎于皇甫珪名下,即引《东观奏记》此处所记,劳格加按语,谓"《壁记》前'司封郎中'当从《东观奏记》作'司勋员外郎'"。岑氏《注补》亦引及劳格按语,谓当从《东观奏记》,并据所谓"二十五个月",推算皇甫珪当于大中九年九月已授吏部员外郎。今按据此,则丁《记》所记之

"其月七日,改司封郎中",当改"司封郎中"为"司勋员外郎"。《唐郎官考》卷八司勋员外郎亦即有皇甫珪名。唯岑氏《注补》以二十五个月迁转推算,谓皇甫珪当于大中九年九月已为吏部员外郎,则仅为揣测。唐代,特别是晚唐,官阶迁转,并不限于此年例,有少于二十五个月,也有多于二十五个月的。

又,丁《记》记皇甫珪于大中十四年十月授同州刺史出院。按宣宗于大中十三年(859)八月卒,懿宗立,第二年应为咸通元年(860),但据《旧唐书》卷一九上《懿宗纪》,咸通元年十一月丙午朔,"丁未,上有事于郊庙,礼毕,御丹凤门,大赦,改元"。即此年十一月二日才改元为咸通,此前亦可称为大中十四年。丁《记》所记,当据当时壁记实录,于此亦可见丁《记》史料之原始性。

又,唐翰林学士迁转有一情况,即前朝之学士,皇室改换时,常逐渐出院,另召新文士入院。如大中十四年(咸通元年),前朝学士,共五人,其中皇甫珪、苗恪、杨知温即于此年冬出院,仅留严祁、高璩,而严祁则于第二年(咸通二年)四月出院,高璩于三年八月出任东川节度使,即至咸通三年八月,宣宗朝之翰林学士皆不在院,而时在院者七人,均懿宗即位后陆续召入的(参见本书后"学士年表")。

同州,据《元和郡县图志》卷二所记,属关内道,所辖相当今陕西大荔、合阳等县。

皇甫珪此后于咸通年间之仕历,可参《元和姓纂》所记。《元和姓纂》卷五,十一,皇甫,记有:"镈,宰相,生焕,中书舍人、福建观察使。"文渊阁《四库全书》本《元和姓纂》,于"焕"下有校,云:"镈子珪,字德卿,此作'生焕',误。"岑氏《注补》亦引及此,同意四库本校语,谓"证诸本记(丁《记》),则中书舍人是珪所历官"。据此,则皇甫珪于同州刺史后,曾任福建观察使,唯未能确定其所任时间。

皇甫珪其他仕迹则不详,其著述亦未有载记。

蒋　伸

蒋伸,两《唐书》有传,见《旧唐书》卷一四九、《新唐书》卷一三二,皆附于其父蒋乂传后。《旧传》记蒋伸事甚简,仅五十余字,然仍有误,《新传》稍详,而误益多,故极须考辨、订正。

《旧唐书·蒋乂传》载其为常州义兴人。《新唐书·蒋乂传》亦云常州义兴人,但又谓"徙家河南"。义兴,今江苏宜兴。当其先世原在江南,后徙于中原。

两《唐书·蒋乂传》皆记蒋乂之父蒋将明曾为集贤殿学士、副知院事,"代为名儒"。蒋乂则于德宗时长期任史馆修撰,宪宗时曾与独孤郁、韦处厚同修《德宗实录》;家藏书一万五千卷,居史馆之任有二十年,所著有《大唐宰辅录》七十卷,及《凌烟阁功臣》、《秦府十八学士》等书。其长子蒋係,亦曾充职于史馆,曾与沈传师等应命纂修《宪宗实录》。世称蒋氏家世有典实史风。

蒋伸为蒋乂次子。《新传》及《新唐书》卷七五下《宰相世系表》五下,记其字大直(《旧传》未记)。新旧《传》皆谓其曾登进士,但未记年,故清徐松《登科记考》列于虽登科而未记年之卷二七。《旧传》后云"历佐使府",即登第后先于外镇幕府供职。

《旧传》接云："大中初入朝，右补阙、史馆修撰。"《新传》则具体记为："大中二年，以右补阙为史馆修撰。"后云："转驾部郎中、知制诰。白敏中领邠宁节度，表伸自副，加右庶子。"按白敏中于宣宗大中五年（851）三月以相位出为邠宁节度使，《通鉴》卷二四九记其出行前，"请用裴度故事，择廷臣为将佐，许之"；"四月，以左谏议大夫孙景商为左庶子，充邠宁行军司马，知制诰蒋伸为右庶子，充节度副使"。《通鉴》所记蒋伸此时所带官衔，亦与《新传》合，而《旧传》未有记。

由此可见，蒋伸当于宣宗初入朝，大中二年以右补阙充史馆修撰，后为驾部郎中、知制诰，至大中五年四月出为邠宁节度副使。由此，则大中三年至五年间为驾部郎中、知制诰，即已撰写制诏。《全唐文》卷七八八载蒋伸文九篇，其《封鄂王制》、《封盛唐公主制》，《文苑英华》分别载于卷四四五、卷四四六，均列于"翰林制诏"类，其他七篇为授节镇制文，《文苑英华》分载于卷四五五、四五六，亦列于"翰林制诏"，实则此七篇节镇制文均作于大中三至五年间（参见岑氏《注补》所考），即在驾部郎中、知制诰任，非入院为翰林学士时，此亦可见《文苑英华》分类之不当。按蒋伸之《封鄂王制》、《封盛唐公主制》，岑氏《注补》未有考，今补述：《封鄂王制》，制文称"第六男润"，《文苑英华》卷四四五载，文末署为"大中五年六月"；《旧唐书》卷一七五《宣宗子传》，也谓"鄂王润，第六子也，大中五年封"。《封盛唐公主制》，制文中称"第七女祥开银汉"，《新唐书》卷八三《诸帝公主传》，记盛唐公主为宣宗第七女，虽未记何年封，当亦在大中三至五年间。由此可见，中晚唐时，中书舍人，或以他官加知制诰者，不仅有撰写授地方节镇制文,还可草撰封诸王、诸公主文(如《文苑英华》卷四四六载蒋伸《封盛唐公主制》前,载白居易《封大和长公主制》,文末署长庆元年三月,白居易时亦为主客郎中、知制诰)。

蒋伸随白敏中供职于邠宁幕府后,《新传》接云"入知户部侍郎",未记年。按白敏中于大中六年(852)四月由邠宁改为西川节度使,蒋伸当亦于此时返朝,改任户部侍郎,再过数年即以户部侍郎入为翰林学士。

丁《记》记为:"大中十一年八月二十六日,自权知户部侍郎入。九月二日,拜户部侍郎、知制诰。十月二日,加承旨。十一年十二月二十九日,转兵部侍郎、知制诰,依前充。十二年五月十三日,守本官、判户部出院。十二月二十九日,守本官、同中书门下平章事。"

丁《记》此处有一显误,即记蒋伸入院为大中十一年八月二十六日,后又记"大中十一年十二月二十九日,转兵部侍郎、知制诰",记年相重。岑氏《注补》有说,谓前条皇甫珪于大中十年六月入院,后条苗恪于十一年正月入院,蒋伸既在苗恪前入院,则当在十一年正月前,不应在十一年八月入。如此,则蒋伸入院当为大中十年八月二十六日,后叙之九月二日、十月二日,亦均为十年,此后之"十一年十二月二十九日",则不误。

如此,则其接任承旨,即为大中十年十月二日。《旧唐书》卷一八下《宣宗纪》,大中十一年十二月有记:"以翰林学士承旨、通议大夫、守尚书户部侍郎、知制诰、上护军、赐紫金鱼袋蒋伸为兵部侍郎,充职。"即与丁《记》所记于大中十年十月二日为承旨合。按萧真于大中九年十二月十七日为承旨,十年八月四日出院(见前萧寘传），此时在院共六人，蒋伸入院之时为最后，但其所具之官衔为户部侍郎，较他人为高（如曹确时为中书舍人，正五品上，也较户部侍郎为低），故可能即以官阶较高，即授为承旨。

关于记蒋伸任翰林学士，《新传》即有几处错误。其记蒋于"入知户部侍郎"后，云："九年，为翰林学士，进承旨。十年，改兵部侍郎，判户部。"据前考述，将伸乃于大中十年八月入，同年十月加承旨，《新传》却提前于九年，又将十一年十二月转兵部侍郎也移前一年，列于十年，且改兵部侍郎时加知制诰，非判户部。又《全唐文》卷七八八蒋伸小传，亦云"（大中）九年为翰林学士，进承旨，十年改兵部侍郎、判户部"，当即沿袭《新传》之误。又《旧传》所记既简，亦有数误，如云："转中书舍人，召入翰林为学士，自员外、郎中至户部侍郎、学士承旨，转兵部侍郎。"即蒋伸入院前已为中书舍人，乃以中书舍人入，实则蒋伸乃以权知户部侍郎入，已较中书舍人官阶为高。《旧传》又谓自中书舍人入院后，又"自员外、郎中至户部侍郎"，按中书舍人为正五品上，尚书诸司员外郎为从六品上，郎中为从五品上，何以入院后反而由正五品上之中书舍人降至从六品上之员外郎？真不知《旧传》何以有此舛误。

关于蒋伸出院、拜相，《旧唐书·宣宗纪》所记又有误。据丁《记》，蒋伸于大中十二年五月十三日先以兵部侍郎、判度支出院，同年十二月二十九日，以守本官同中书门下平章事，任相。《新唐书》卷八《宣宗纪》、《新唐书》卷六三《宰相年表》，及《通鉴》卷二四九，虽皆未记蒋伸出院事，但均于大中十二年十二月甲寅记："兵部侍郎、判户部蒋伸同中书门下平章事。"而《旧·宣宗纪》却记于大中十三年四月，谓"以翰林学士承旨、兵部侍郎、知制诰蒋伸本官同平章事"。且《旧纪》此处记蒋伸乃由翰林学士直接提拔为相,实则蒋伸先于大中十二年五月出院,十二月任相,其间有半年。

蒋伸以高品阶之户部侍郎入院,在院前后三年,出院后又任为相,但在院时并无撰写制诰的记载,现传存之九篇制文,皆为入院前以他官知制诰时所撰,这种情况也值得研究。

据《新唐书·宰相年表》,蒋伸于大中十二年(858)十二月入相,后于懿宗咸通三年(862)正月己酉,以检校兵部尚书、同平章事出为河中节度使。《通鉴》卷二五○同。而《旧唐书·懿宗纪》记蒋伸罢相,竟有两处:一为咸通二年(861)九月,记毕諴为工部尚书、同平章,"蒋伸罢知政事";二为咸通十年(869)正月:"中书侍郎、兼户部尚书、平章事蒋伸为太子太保,罢知政事,病免也。"实则据《新唐书·宰相年表》,毕諴以户部尚书、判度支为礼部尚书、同中书门下平章事,在咸通元年(860)十月,与此同时,夏侯孜罢相,出为西川节度使,非毕諴拜相而接替蒋伸。且蒋伸于咸通三年罢相后,未再入相,何以有咸通十年正月再次罢相事(《新纪》、《新表》及《通鉴》均未有记)。

《旧传》记蒋伸于"大中末,中书侍郎、平章事"后,未再有记。《新传》有记,却又有误,云"咸通二年,出为河中节度使、同中书门下平章事",而据前述,《新纪》、《新表》、《通鉴》皆记为咸通三年,《新传》之"二"当为"三"之形讹。

《新传》记其出任河中后,云"徙宣武",未记年。《全唐文》卷八三载有懿宗《授河中节度蒋伸宣武节度使、守兵部尚书毕諴河中节度使同制》,即蒋伸由河中节度改任宣武,而毕諴则同时出任河中,故可同制。据《旧唐书·懿宗纪》,咸通四年(863)十一月,"以中书侍郎、平章事毕諴检校吏部尚书、河中尹、晋绛慈隰节度使"。据《新唐书·宰相年表》,毕諴于咸通四年四月已罢为兵部尚书,同年十一月即出镇河中,接替蒋伸(所署官衔,《旧纪》与《新表》有异,不再考辨)。

按上述懿宗制文,对蒋伸、毕諴任职于翰林学士有所赞誉,今录之,供参:"文飞藻丽之词,位蕴名卿之望,或互参禁署,咸称染翰之工;或继秉国钧,俱播和羹之美。"

《新传》于"徙宣武"后,接云"俄以太子少保分司东都",此则《新唐书·宰相年表》也有记:咸通五年(864),"五月戊戌,伸为太子少保,分司东都"。

《新传》接云:"七年,用为华州刺史。"按周绍良主编《唐代墓志汇编》,页2437,载郝乘《唐故华州衙前兵马使魏公墓志铭》[1],记魏潼先于咸通八年丁亥(867)在孔温裕天平节度使幕(见前孔温裕传),后"至戊子年,华州蒋相国飞牒辟授华州衙前兵马使"。戊子为咸通九年(868)。据墓志,此魏潼于该年九月卒。《唐刺史考全编》卷三京畿道华州,即据《新表》及此墓志,系蒋伸于咸通七至九年为华州刺史。

蒋伸于此前尚未见有文士与其交往之资料,而在其任华州刺史时,诗人薛能有一诗:《蒙恩除侍御史行次华州寄蒋相》(《全唐诗》卷五五九):"林下天书起遁逃,不堪移疾入尘劳。黄河近岸阴风急,仙掌临关旭日高。行野众喧闻雁发,宿亭孤寂有狼嗥。苟

---

[1]《唐代墓志汇编》,周绍良编,上海古籍出版社,1992年。

家位极兼禅理,应笑埋轮著所操。"薛能,两《唐书》无传。据《唐才子传校笺》卷七《薛能传》谭优学笺①,薛能于会昌六年(846)进士及第,大中末曾书判入等中选,为鳌屋县尉,后历任节镇幕僚,又累仕侍御史、刑部员外郎。此诗当为由外镇幕府入京进华州,特进诗献于蒋伸。此诗似未有期望举荐之意,但抒发自己长期以来未能得有顺途之感慨,也可见较有真情,确也不易。

又晚唐诗僧贯休有一诗,曾称蒋伸虽仕历内外,仍"常事天王"者,即《全唐诗》卷八二八贯休《送卢舍人三首》,其第三首,有云:"自古皇王与贤哲,顶敬心师刻金玉……君不见近代韦裴蒋与萧,文房书府师百僚。"自注云:"韦处厚相国出入庙堂,礼佛如朝见君父。裴休相国师事空王,信敬无比,出将入相,偏重禅门。蒋□相国墙堑空门,为大檀越,中书藩镇,常事天王。萧倣相国清德冠世,白业常修,为佛骨碑,见行于当世。"此处"蒋□相国",即指蒋伸(参陶敏《全唐诗人名考证》,页1031)。其所举四人,其他三人,均于"相国"二字前记叙其名,《全唐诗》所载此诗,"蒋"字后所缺字当为"伸"。由贯休此诗,似蒋伸亦信奉佛旨者,故前所引述之薛能进献蒋伸诗,亦多喻有禅理。

《新传》记其华州任后,云:"再迁太子太傅,表乞骸骨,以本官致仕,卒,赠太尉。"或即卒于咸通末。

《新唐书·艺文志》及《全唐诗》对其所作均未有载记。如前所述,《全唐文》载其制文九篇,均为入院前以他官兼知制诰时所

---

① 《唐才子传校笺》,傅璇琮主编,卷七《薛能传》列于第三册,中华书局,1990年。

作,即于中书省所履之职责,这对于晚唐时中书省与翰林学士院职能之关系,也有研究参考意义。

苗　恪

　　苗恪,两《唐书》无传。《新唐书》卷七五上《宰相世系表》五上,有记其名及世系,记苗恪字无悔,唯未注官职。《新表》又记其祖蕃,蕃生著,著三子:愔字宜之,恽字甚鲁,恪字无悔。恪即著之季子。

　　按苗蕃,两《唐书》无传,韩愈则为其撰有墓志铭:《太原府参军苗君墓志铭》①。韩《志》称蕃字陈师,记其登进士第后曾历仕于江西、太原幕府,元和二年(807)卒,年仅四十二,并记有子三人:执规、执矩、必复,并云季子必复即生于卒年之三月。而《新唐书·宰相世系表》记苗蕃之子仅一人,即著,著三子:愔、恽、恪。韩愈集注本有引樊汝霖语,对《新表》所记有辨析,颇详,今具录如下:"按《世系表》,苗袭夔生延嗣,延嗣生含液,含液生颖,颖生蕃,蕃生著,著生愔、恽、恪,愔生台符,恽生廷议。又按《登科记》,愔长庆二年,恽大和五年,恪八年,台符大中八年,廷议乾符三年,皆相踵登第。然有可疑者:《世系表》以愔、恽、恪为蕃之孙,《志》谓蕃卒于元和二年,男女皆幼。自元和二年至长庆二年甫十五年,岂遂有孙登第耶? 然则《世系表》蕃之下所谓'著'者误矣。疑

---

①见《韩昌黎文集校注》卷六,马其昶校注,上海古籍出版社,1986年。

憎、恽、恪即蕃之子,而执规、执矩、必复者,蕃死时幼而未名,特其小字云尔,其后遂名憎、恽、恪也。"

樊汝霖所辨甚细,且合情理,故当世研究者多从其说,如岑氏《注补》,赵超《新唐书宰相世系表集校》①。又可参苗憎撰《唐故太原府参军赠尚书工部员外郎苗府君夫人河内县太君玄堂志铭并序》(周绍良编《唐代墓志汇编》会昌〇〇三)②。由此可正《新表》之误,并据韩《志》及樊注,可知苗恪生于宪宗元和二年(807),文宗大和八年登进士第(徐松《登科记考》卷二一即据此系于大和八年)。

又韩《志》记苗蕃官职甚低,"位卑而无年","四室之孤男女凡二十人,皆幼,遗资无十金,无田无宫以为归,无族亲朋友以为依也"。在宣宗朝翰林学士中,苗恪出身是最为贫寒的。

据前所述,苗恪于文宗大和八年(834)进士及第,当为二十八岁。此后仕迹不详。苗恪曾撰有《唐故朝议郎守殿中少监兼通事舍人知馆事上柱国赐紫金鱼袋苗公墓志铭》(载《唐代墓志汇编》大中〇九三),署为"侄朝议郎行尚书司勋员外郎充集贤殿直学士柱国恪撰"。志主为苗弘本,大中九年乙亥(855)三月六日卒,同年闰四月廿五日葬。由此,则苗恪于宣宗大中九年已任为司勋员外郎,充集贤殿直学士。清劳格《唐尚书省郎官石柱题名考》卷八司勋员外郎,即录有其名。

苗恪于司勋员外郎后,又出为洛阳令,见于裴庭裕《东观奏

①赵超《新唐书宰相世系表集校》,中华书局,1998年。
②《唐代墓志汇编》,上海古籍出版社,1992年。

记》卷中:"李藩自司勋郎中迁驾部郎中、知制诰,衣绿如故。郑裔绰自给事中以论驳杨汉公忤旨,出商州刺史,始赐绯衣、银鱼。沈询自礼部侍郎为浙东观察使,方赐金绶。苗恪自司勋员外除洛阳令,蓝衫赴任。裴处权自司封郎中出河南少尹,到任,本府奏荐赐绯,给事中崔罕驳还,上手诏褒奖曰:'有事不当,卿能驳还,职业既修,朕何所虑。'"此又见《唐语林》卷一。所记官阶与所赐衣制关系,颇值得研究。由此亦可知苗恪当于大中九年后曾任洛阳令。

此后即入为翰林学士。丁《记》记为:"大中十一年正月十五日,自库部郎中充。四月十五日,加知制诰。十二年闰二月十三日,迁中书舍人,并依前充。十三年八月二十六日,赐紫。二十九日,加朝请大夫兼户部侍郎、知制诰。十二月十三日,加承旨。十四年十一月八日,以检校工部尚书、山南西道节度使兼御史大夫。"

据前述,苗恪生于元和二年(807),则大中十一年(857)入院,为五十一岁。

关于迁中书舍人,《旧唐书》卷一八下《宣宗纪》亦有记:大中十二年(858)二月,"以工部郎中、知制诰于德孙,库部郎中、知制诰苗恪,并可中书舍人,依前翰林学士"。此云大中十二年二月,丁《记》记为大中十二年闰二月,当以丁《记》为是,参前于德孙传。

关于大中十三年(859)十二月十三日加承旨,是。因此前任承旨者为杜审权,此年十二月三日杜审权由翰林学士直接擢迁为相,出院,时在院具有侍郎官阶之资历较长者,为苗恪,故依常例,加为承旨。

据丁《记》，苗恪于大中十四年（860）十一月八日出任山南西道节度使。按宣宗于大中十三年八月卒，懿宗立，第二年为咸通元年，但据《旧唐书·懿宗纪》，于此年十一月丁未才改元，丁《记》按壁录，则仍记为大中十四年。

又《旧唐书·懿宗纪》，咸通三年（862），"九月，以户部侍郎李从晦检校工部尚书，兼兴元尹、山南西道节度使"。则苗恪当于三年九月离此任，此后仕迹未知。

苗恪所作，除前所引《苗公（弘本）墓志铭》外，其他皆未有载记。

杨知温

杨知温，《旧唐书》卷一七六、《新唐书》卷一七五附于其父杨汝士传后，甚简，《旧传》约五十余字，仅略记其所历官职，《新传》则更简，仅云"以进士第入官"，"终荆南节度使"，未记其任翰林学士事。

杨汝士为杨虞卿从兄，《旧唐书》同卷《杨虞卿传》记为虢州弘农（今陕西灵宝）人。

《新唐书》卷七一下《宰相世系表》一下，记杨知温"字德之，荆南节度使"。两《唐书》皆未记其字号。

两《唐书》传皆谓杨知温登进士第，但未记年。《唐摭言》卷三有记："杨汝士尚书镇东川，其子知温及第。汝士开家宴相贺，营妓咸集。汝士命人与红绫一匹。诗曰：'郎君得意及青春，蜀国将军又不贫。一曲高歌绫一匹,两头娘子谢夫人。'"则杨知温进士及第时,其父杨汝士正任为东川节度使。清徐松《登科记考》卷二二亦引及《旧传》、《唐摭言》及《旧唐书·杨虞卿传》,记杨汝士于开成元年(836)十二月镇东川,四年(839)九月入为吏部侍郎,而却定杨知温为武宗会昌四年(844)登进士第,未有说明,不知何故。岑仲勉《唐史馀瀋》卷三《文宗朝·杨知温及第》条,对此有辨,认为徐松"殊为失检",云:"知温及第,亦得为二年或三年。"①按据《旧唐书·文宗纪》,杨汝士确于开成元年十二月至四年九月为东川节度使,既于东川任时得知其子知温进士及第,则杨知温及第当在开成二、三、四年,但未能确定在哪一年。孟二冬《登科记考补正》卷二一,据岑氏之说,未列于会昌四年,是,但列于开成四年,未有说明,也不确。

杨知温于文宗开成年间进士及第,此后仕迹不详,现可知者,即丁《记》所记于宣宗后期入为翰林学士,距登进士第已十七、八年。

丁《记》:"大中十一年九月八日,自礼部郎中充。十二月十九日,加知制诰。十二年五月十二日,三殿召对赐绯。十月十一日,拜中书舍人,依前充。十三年九月十三日,召对赐紫。十四年十月,拜工部侍郎、知制诰,依前充。"

按清劳格《唐尚书省郎官石柱题名考》卷二左司员外郎有杨知温,则杨知温于入院前曾任左司员外郎,后迁礼部郎中,并于大中十一年(857)九月以礼部郎中入院。《旧唐书》卷一八下《宣宗

①《唐史馀瀋》,上海古籍出版社,1979年。

纪》,大中十一年九月,"以礼部郎中杨知温充翰林学士";十二月,"礼部郎中杨知温本官知制诰",皆与丁《记》合,唯未如丁《记》有确记日期,此亦可见丁《记》之据壁记实录,有史料原始性。

又杨知温于大中十一年(857)九月入院时为礼部郎中(从五品上),至十四年(860)十月为工部侍郎(正四品下),历时实仅三年,即升迁五阶,仕迹较顺。唯丁《记》于十四年十月记其迁工部侍郎、知制诰后,云"依前充",即仍在院,但后未记出院,似有缺。岑氏《注补》据《旧唐书》卷一九上《懿宗纪》,咸通六年(865)五月,以左丞杨知温为河南尹,未言翰林学士,谓或于转左丞时出院。按宣宗于大中十三年(859)八月卒,懿宗立,翌年十月改元咸通,丁《记》此云"十四年十月",即此时尚未改元。按唐翰林院习俗,皇室交替,前朝之翰林学士亦逐步出院,新召入,至大中十四年(咸通元年),宣宗朝之学士,杜审权已于上年十二月三日出院拜相,皇甫珪、苗恪于十四年上半年出院,严祁于咸通二年出院,高璩于咸通三年出院,如此,则杨知温亦当于咸通二、三年出院,并据前引《旧唐书·懿宗纪》,由正四品下之工部侍郎,迁正四品上之尚书左丞,唯为闲职,后于咸通六年则出任从三品之河南尹实职,至咸通七年三月(丁《记》记侯备于咸通七年三月九日出院为河南尹,详见后懿宗朝侯备传)。

据此,可略补正《旧传》。《旧传》记杨知温"累官至礼部郎中、知制诰,入为翰林学士、户部侍郎,转左丞,出为河南尹"。此谓杨知温入院前已为礼部郎中、知制诰,与前所述之丁《记》、《旧唐书·宣宗纪》不合,杨知温实先以礼部郎中入院,后再加知制诰。又据丁《记》,杨知温于大中十四年十月为工部侍郎,非户部侍郎。

《旧唐书·懿宗纪》后于咸通十年（869）十二月记："以吏部侍郎杨知温、吏部侍郎于德孙、李玄考官，司封员外郎卢蒙、刑部侍郎杨戭，考试宏词选人。"又十一年一月（疑为二、三月），"以吏部尚书萧邺、吏部侍郎于德孙、吏部侍郎杨知温考官……考试应宏词选人"。则杨知温于咸通六年五月出任河南尹，七年三月返朝，后又累任吏部侍郎。咸通十年、十一年即在吏部侍郎任，参与考试博学宏词选人（时博学宏词为吏部铨试，参见前萧邺、于德孙传）。

《旧传》未记其任吏部侍郎事，仅于河南尹后接云"陕虢观察使"，又云"迁检校兵部尚书、襄州刺史、山南东道节度使"，皆未记年。《新传》则于此皆未记。据前述，杨知温于咸通五年至七年为河南尹，十年、十一年在朝为吏部侍郎，吴氏《唐方镇年表》即据《旧传》所叙，系杨知温为陕虢观察使在咸通七年。《唐刺史考全编》卷五一都畿道陕州，亦据此记杨知温任陕虢观察使在咸通七至九年间。此亦为推测，无确据。《唐刺史考全编》卷一八九山南东道襄州，亦循吴氏《唐方镇年表》，系杨知温于咸通十三、十四年间为襄州刺史、山南东道节度使，不过云"姑从之"。

《旧传》载杨知温仕历，仅止于山南东道节度使，后未有记，《新传》则云"终荆南节度使"，《新唐书·宰相世系表》著录杨知温，亦记为荆南节度使，即为其终官，但均未记年。今按《旧唐书》卷一九下《僖宗纪》，乾符四年（877），"十一月，贼王仙芝率众渡汉，攻江陵，节度使杨知温婴城拒守。知温本非御侮之才，城无宿备，贼急攻之"。则此时确在荆南江陵任。又据《旧唐书·僖宗纪》,乾符三年(876)六月,"敕福建观察使李播、荆州刺史杨权古……黄州刺史计信卿等……并宜停任"。则杨权古于乾符三年六月停荆州任,当由杨知温接任。按此时正当王仙芝、黄巢战事频繁之际,江陵为交战要地,杨知温既非战才,当即为他人接替。《通鉴》卷二五三乾符四年十二月记:"王仙芝寇荆南。节度使杨知温,知至之兄也,以文学进,不知兵,或告贼至,知温以为妄,不设备。"外城遂陷。《通鉴》又于乾符五年正月记:"庚戌,以西川节度使高骈为荆南节度使兼盐铁转运使。"

由此,杨知温当于乾符五年正月离荆南任,此后不详,可能即返朝,卒于乾符中。

有一事可提,即杨知温卒后,唐末约昭宗时,诗人徐寅曾有诗怀念之,题为《经故翰林杨左丞池亭》(《全唐诗》卷七〇八):"八角红亭荫绿池,一朝青草盖遗基。蔷薇藤老开花浅,翡翠巢空落羽奇。春榜几深门下客,乐章多取集中诗。平生德义人间诵,身后何劳更立碑。"徐寅(原作夤),闽莆田人,昭宗乾宁元年(894)进士及第(徐松《登科记考》卷二四据《唐才子传》卷十《徐寅传》所载昭宗景福元年(892)登第,误,今据《唐才子传校笺》卷十《徐寅传》周祖譔、贾晋华笺,中华书局,1990年)。徐寅进士及第后,曾为秘书正字,后约于昭宗光化三年(900)弃职离京,仕于闽。在京时曾与司空图交游,亦为唐末五代著名诗人。由徐寅此诗,杨知温当于晚年闲居长安,有故居,唐末时尚存,徐寅曾特为访游,并作诗寄以怀念之情。末二句"平生德义人间诵,身后何劳更立碑",可见杨知温于唐末时仍有声誉。

又,《全唐诗》卷五五一载有卢肇《喜杨舍人入翰林》诗,当代研究者有以为此杨舍人为杨知温（如陶敏《全唐诗人名考证》，页833），即杨知温刚入院，即有人进诗祝贺者。唯此诗首句云"御笔亲批翰长衔"，"翰长"乃喻指翰林学士承旨，而杨知温则未有任承旨。经考，卢肇此诗乃献于杨收，杨收于懿宗咸通二年（861）四月入院，三年（862）二月迁中书舍人，同年九月加承旨，与诗题意合（详见后杨收传）。

杨知温著述，皆未有载记。

严　祁

严祁，两《唐书》无传，除丁《记》外，其他史书亦未记其为翰林学士，如无丁《记》，则唐翰林学士即无严祁之名。

《新唐书》卷八三《诸帝公主传》，中有宣宗第三女齐国恭怀公主，云："始封西华。下嫁严祁，祁为刑部侍郎。主薨大中时，追赠及谥。"《唐会要》卷六《公主》条，记宣宗女，有西华，云："降严祁。赠齐国，谥恭怀。"按据《旧唐书》卷一八下《宣宗纪》，宣宗于会昌六年（846）三月继武宗，即帝位，时年三十七，西华公主为其第三女，则大中前期即已成年，下嫁严祁亦当为大中中期。严祁当由驸马都尉召入为翰林学士者。

其前期仕迹不详。丁《记》记为："大中十二年五月二十一日，自左补阙内供奉充。九月十二日，加驾部员外郎。十三年七月八日，加知制诰。八月二十九日，加新野县开国男，食邑三百户。十四年六月十三日，改库部郎中，余如故。咸通二年四月，改中书舍人，出院。"

左补阙为从七品上，则其入院前虽已为驸马都尉，其官衔则不高。

丁《记》所记，未能有他书佐证。岑氏《注补》就丁《记》所记大中十三年八月二十九日加封新野县开国男，有志疑，云："此特书封爵，与各条异，盖居晦重修而后，续入者各随己意书之，故体例并不画一。"按大中十三年八月二十九日，为懿宗即位后半月，可能因其姊（或妹）曾嫁严祁，虽已卒，但仍加慰勉，故特授严祁以封爵。懿宗后又累迁其官衔，由从六品上之驾部员外郎迁为从五品上之库部郎中，及正五品上之中书舍人。

严祁于咸通二年（861）四月以中书舍人出院后，仕迹不详，时隔十余年，至咸通十三年（872）始有记，《旧唐书》卷一九上《懿宗纪》，咸通十三年五月丙子，记襄州刺史、山南东道节度使于琮改为守普王傅、分司东都，后又记当月辛巳，"敕尚书左丞李当贬道州刺史"，同时被贬者有十余人，其中有严祁："工部尚书严祁贬郴州刺史。"《旧纪》并云："自李当已下，皆于琮之亲党也，为韦保衡所逐。"

《通鉴》卷二五二咸通十三年亦记有此事，谓二月丁巳，于琮先罢相出为山南东道节度使，五月"丙子，贬山南东道节度使于琮为普王傅、分司，韦保衡谮之也"；后接叙诸人之贬，有工部尚书严祁，因诸人"坐与（于）琮厚善故也"。按于琮、韦保衡皆为懿宗朝翰林学士，两人极有争执（详见后于、韦传）。《旧唐书》卷一七七《韦保衡传》记韦保衡于咸通十年（869）尚懿宗女同昌公主，寻即召为翰林学士，不期年拜相。《旧传》云："保衡恃恩权，素所不悦者,必加排斥。"韦保衡为相时,被其排斥而出贬者多人。严祁于宣宗时虽亦为驸马,当咸通末距时已久,故亦受累被贬,但由此亦可见他于咸通后期已仕为工部尚书。

《旧唐书》卷一四九《于琮传》记于琮被贬后,僖宗即位,"保衡败,僖宗以太子少傅召,未几,复为山南节度使,入拜尚书右仆射"。严祁当亦于僖宗时免贬返朝,但具情未知。宣宗朝翰林学士中,其史料之缺,事迹所记之疏略,无如严祁者。其著作更未有载记。

杜审权

杜审权,两《唐书》有传,见《旧唐书》卷一七七、《新唐书》卷九六(附于其先世杜如晦传后)。杜审权为杜如晦六世孙,杜如晦于唐太宗时曾为相,颇得信重,与房玄龄齐名,"当世语良相,必曰房杜"(《旧传》)。杜审权之伯父元颖,宪宗朝翰林学士,穆宗时由学士擢迁为相(见前宪宗朝杜元颖传)。其父元绛,则仅太子宾客。

《旧唐书·杜如晦传》称其为京兆杜陵人,《新传》亦称杜审权为京兆人。

《新唐书》卷七二上《宰相世系表》二上,记杜审权之先世,有误。其记杜佐有二子,即元颖、元绛,而于元绛名下空一格,空格下为杜审权,如此,则杜审权为元绛孙。而《旧传》记杜审权"祖佐,位终大理正。佐生二子,元颖、元绛","绛生二子,审权、蔚"。

《新传》同,亦明确记"元绛子审权"。钱大昕《廿二史考异》卷五
〇即已指出《新表》之误,谓"审权即元绛子,中间不应空格"(此
为明显排印之误,中华书局点校本亦已校正)。

两《唐书》本传皆言其登进士第,但未记年。《旧传》接曰"释
褐江西观察判官,又以书判拔萃,拜右拾遗,转左补阙",《新传》则
云"第进士,辟浙西幕府,举拔萃中,为右拾遗"。一曰江西,一曰
浙西,必有一误。

又《新传》于"为右拾遗"后,接云"宣宗时,入翰林为学士",
即意谓杜审权任右拾遗后,即于宣宗时入为翰林学士,其间未有
仕迹,实则杜审权于宣宗前期任职频繁,甚至大中十年(856)还曾
以中书舍人主持科举考试,《新传》此处简述实为缺失。

《旧传》记云:"大中初,迁司勋员外郎,转郎中知杂。"清劳格
《唐尚书省郎官石柱题名考》卷八司勋员外郎、卷七司勋郎中皆有
杜审权名,又卷四吏部员外郎亦有其名。

《旧传》接云:"又以本官知制诰,正拜中书舍人。"未记年。
今检《全唐文》卷七九载有宣宗《授唐技虔州刺史、裴绅申州刺史
制》,称:"朝议郎、守尚书刑部郎中、柱国、赐绯鱼袋唐技,将仕郎、
守尚书职方员外郎裴绅,早以科名,荐由台阁,声猷素履,亦有可
嘉。昨者吏部以尔秉心精专,请委考核,而临事或乖于公当,物议
遂至于沸腾。岂可尚列弥纶,是宜并分符竹,善绥凋瘵,以补悔
尤。技可虔州刺史,散官勋封如故;绅可申州刺史,散官如故。"按
此事,《旧唐书》卷一八下《宣宗纪》记于大中九年(855)三月,谓
"试宏词举人,漏泄题目,为御史台所劾,侍郎裴谂改国子祭酒",
又记"考试官刑部郎中唐技出为处州刺史"。《东观奏记》卷下亦

有载，系此制文于大中九年正月十九日，其所录制文，即《全唐文》所载者，《全唐文》所载此制当即据《东观奏记》。堪可注意的是，《东观奏记》称此制文，"舍人杜德公之词也"。杜德公即杜审权（《旧传》记杜审权卒后谥德）。于此可知大中九年正月，杜审权已在中书舍人任，且撰有制文。又，《东观奏记》所载此制，亦为杜审权现存之唯一一文，清编《全唐文》即未载有杜审权文，于此亦可见唐五代笔记稗史的史料价值。

《旧传》又云："十年，权知礼部贡举。十一年，选士三十人，后多至达官。"关于权知礼部贡举，《旧唐书》卷一八下《宣宗纪》大中十年有记，云："九月，以中书舍人杜审权知礼部贡举。"即大中十年九月，任命杜审权于翌年以中书舍人权知礼部贡举。清徐松《登科记考》卷二二即据《旧纪》系杜审权于大中十一年知贡举。

《旧传》又载杜审权于大中十一年知举后，接云："正拜礼部侍郎，其年冬，出为陕州大都督府长史、陕虢都团练观察使。"此与《旧唐书·宣宗纪》所记合，《旧纪》于大中十一年九月记："以中散大夫、尚书礼部侍郎、上柱国、赐紫金鱼袋杜审权为陕州大都督府长史，兼御史大夫、陕虢都防御观察处置等使。"但《旧传》此后所叙则有误，云："加检校户部尚书、河中尹、河中晋绛节度使。懿宗即位，召拜吏部尚书。"即杜审权于大中十一年冬出镇陕虢，后又改为河中节度使，懿宗即位，则又将其召回，为吏部尚书。《新传》未记其出任陕虢、河中事，而云："宣宗时，入翰林为学士，累迁兵部侍郎、学士承旨。懿宗立，进同中书门下平章事。"虽未记年，而所记事与时则较合于实际，因据丁《记》，杜审权乃于大中十二年自刑部侍郎召入为翰林学士，直至十三年十二月由翰林学士承旨,以兵部侍郎守本官同平章事入相,即大中十二、十三年间未有出任河中节度使者。又据《旧唐书·懿宗纪》,杜审权任河中节镇,乃在咸通十一年(870)正月。由此可见,《旧传》竟将咸通时出镇河中事误提前十余年,叙于大中时。又《唐刺史考全编》卷七九确亦未记杜审权于大中后期有任河中节镇,但仍记杜审权为陕虢观察使在大中十一年至十三年(卷五一都畿道陕州),未顾及杜于大中十二年已入为翰林学士,此亦为疏失。

丁《记》记杜审权入院,为:"大中十二年,自刑部侍郎充。其月二十八日,转户部侍郎、知制诰、承旨。"此处记其入院,仅记年,无月日,而后又云"其月二十八日",则原作记入院时当记有月日,故后接云"其月二十八日",即同月。按据丁《记》所列次序,杜审权在严祁后,而严祁入院在大中十二年五月二十一日,又此年任承旨者原为蒋伸,蒋伸于五月十三日出院(见前蒋伸、严祁传,又书后"学士年表"),如此,则杜审权入院当在大中十二年五月下旬,即该月二十一日后,旋于同月二十八日接蒋伸任,为承旨,丁《记》原文于"大中十二年"后当有月日,当为传抄时缺记。按杜审权入院前,已累任为中书舍人、礼部侍郎、刑部侍郎,并主持过贡举省试,又曾为方镇节帅,其入院前官阶之高,职位之重,在宣宗朝翰林学士中是未有的,故其入院后仅数天,即接任承旨,合于例制。

丁《记》接云:"(大中)十三年八月二十九日,加通议大夫、知制诰,依前充承旨。其年十二月三日,守本官同平章事。"由此,则杜审权于大中十二年五月入院,至十三年十二月由翰林学士直接提拔为相,这是宣宗朝翰林学士直擢入相之第三例(此前为令狐绚、蒋伸）。

又据丁《记》，则杜审权于此二年间均在院内供职，而《旧唐书·宣宗纪》于此又有一误，云："（大中）十三年春正月，以陕虢观察使杜审权为户部侍郎、判户部事。"即大中十三年正月前，即大中十二年内，杜审权在陕虢观察使任，十三年正月乃入朝为户部侍郎，完全与翰林学士无关，这就完全不合实际。

另《旧唐书》卷一九上《懿宗纪》又有误，于大中十三年十二月记："以户部侍郎、翰林学士杜审权为检校礼部尚书、河中晋绛节度等使。"又咸通元年二月，"以河中节度使杜审权为兵部侍郎、判度支，寻以本官同平章事"，同时记令狐绹"执政岁久"，"中外侧目"，懿宗对其有所顾忌，即于此年十二月使其罢相，出为河中节度使，遂拔擢翰林学士承旨杜审权为相。

《唐大诏令集》卷五〇载《杜审权平章事制》，文末即署为"大中十三年十二月"，先称其"翰林学士承旨、通议大夫、守尚书兵部侍郎、知制诰、上柱国、赐紫金鱼袋"，其官衔亦与丁《记》、《新纪》、《新表》、《通鉴》合。中云："先皇帝藉其令誉，擢处禁林，振藻属词，发挥神化。道一贯于终始，器兼适于圆方。逮予嗣统，屡承密旨，每多弘益，弥见慎修。既彰已试之能，宜懋殊常之宠，是用委兹大政，列在中枢。"赞誉其在院时之业绩，即云因此而"委兹大政"，由此可证《旧纪》所记杜审权于大中十三年十二月先出任河中，第二年（咸通元年）二月又召回朝任相，显误。

又《旧传》记杜之任相时间，更有大误，其先叙为河中尹、晋绛节度使，接云："懿宗即位，召拜吏部尚书。三年，以本官同平章事。"即杜审权任相在咸通三年，则较《新纪》、《新表》、《通鉴》及前所引述之《唐大诏令集》所载制词，竟晚两年，真使人诧异。

杜审权在院，前后历两年，实仅一年半，而《新传》称为"居翰林最久"，亦不合实。按五代南唐刘崇远《金华子》卷上记杜审权事，亦有云"在翰苑最久"，《新传》当本此。又宋王谠《唐语林》卷四亦谓杜审权"在翰林最久"，皆为误断。

关于杜审权罢相之时间，《旧传》与《旧纪》又有误。《旧传》谓："（咸通）九年罢相，检校司空，兼润州刺史、镇海军节度使、苏杭常等州观察使。"则杜审权任相有九年之久。而《旧唐书·懿宗纪》则记为咸通五年二月："以门下侍郎、兵部尚书、平章事杜审权为润州刺史、浙江西道节度使。"而《新唐书》卷六三《宰相年表》则记为咸通四年五月："戊子，审权检校吏部尚书、同平章事、镇海军节度使。"《新唐书·懿宗纪》、《通鉴》卷二五〇所记此事，年月日均与《新表》同。再可一提的是，此年五月，杨收已以翰林学士承旨、兵部侍郎入相（详见后杨收传），当按例制，有任有免，杜审权即于该年五月免相。《全唐文》卷八三载懿宗《授杜审权镇海军节度使制》，记其任相，"出入五载，初终一途"，则由大中十三年（859）十二月入相，至咸通四年（863）五月免相，前后即为五载。由此可见，《旧传》所云咸通九年，《旧纪》所云五年二月，均误。如此舛误，亦使人费解。

杜审权出任镇海军（浙西）节度使后，《旧传》记云："时徐州戍将庞勋自桂州擅还，据徐、泗，大扰淮南。审权与淮南节度使令狐绹、荆南节度使崔铉，奉诏出师，掎角讨贼，而浙西馈运不绝，继破徐戍。贼平，召拜尚书左仆射。"《新传》略同。按《通鉴》等所记，庞勋乱平在咸通十年（869），杜审权则当于咸通四年至十年间在浙西节镇任。

　　咸通十年九月庞勋战乱平定后,杜审权当于此年秋冬入朝为尚书左仆射,并于翌年咸通十一年正月出任河中节度使。《旧唐书·懿宗纪》:"(咸通)十一年春正月甲寅朔,制尚书右仆射杜审权为检校司徒、河中尹、绛慈隰节度观察处置等使。"又《旧唐书》卷一一三《裴遵卿传》附记裴枢事,谓枢"咸通十二年登进士第,宰相杜审权出镇河中,辟为从事",则杜审权于咸通十二、三年尚在河中任。

　　《旧传》后云:"数年以本官兼许州刺史、忠武军节度观察等使,入为太子太傅、分司东都,卒,赠太师,谥曰德。"《新传》亦简云"继领河中、忠武节度使,卒",未记分司东都事。《全唐文》卷八一二载郑仁表《左拾遗鲁国孔府君墓志铭并序》,系为孔温裕子孔纾所作墓志者(见前孔温裕传),此志记孔纾于咸通十五年六、七月间卒,提及"今许昌太傅相国襄阳公",即指杜审权。如此,则咸通十五年(874)仍在许州任。又据《通鉴》卷二五二,僖宗乾符三年(876)八月,崔安潜在许州任,则杜审权当于乾符元年、二年间已改为太子太傅、分司东都,不久即卒。

　　又,《旧唐书》卷一七六《郑肃传》,记郑仁表"擢第后,从杜审权、赵骘为华州、河中掌书记"。参前所述裴枢于咸通十二年登第后应辟在杜审权河中幕,可见杜审权于方镇任时是关注招聘文士入其幕府的。如郑谷有《梁烛处士辞金陵相国杜公归旧山因以寄赠》诗,赵昌平等《郑谷诗集笺注》卷一①,谓此杜公即杜审权,既云"金陵",乃为杜审权于咸通中任镇江节度使时。据笺注,梁烛

---

①《郑谷诗集笺注》,严寿澂、黄明、赵昌平笺注,上海古籍出版社,1991年。

有声于咸通中,曾登第,不过诗题既称"处士",当尚未登第,杜审权则聘其在镇海军幕府,后梁辞归旧山,郑谷作诗寄赠,但特提及"相国杜公",可见当时杜审权招募文士,是颇受人注意的。

又杜审权子让能,为僖宗朝翰林学士。杜审权前后三世,均为翰林学士,也为难得。

以上记述杜审权事迹,考索《旧唐书》之纪、传多有讹误,实为罕见,而《新唐书》所记,其纪、表(如《宰相年表》),多可加以补正,特别是晚唐史事,这也值得研究。

记杜审权事之误,不仅《旧唐书》,笔记亦有,应注意加以订正。如《北梦琐言》卷三《杜审权斥冯涓》条,有云:"大中四年,进士冯涓登第,榜中文誉最高。是岁,新罗国起楼,厚赏金帛,奏请撰记,时人荣之。初除京兆府参军,恩地即杜相审权也。杜有江西之拜,制书未行,先召长乐公密话,垂延辟之命,欲以南昌笺奏任之,戒令勿泄。"此事,宋王谠《唐语林》卷七亦载。所谓长乐公,即冯涓。此处所记有二误:一、所谓"恩地",即应举及第者对知举座主之尊称,此云冯涓于大中四年登进士第,又称恩地为杜审权,而实则杜审权知举在大中十一年。清徐松《登科记考》卷二二据《北梦琐言》所记,列冯涓于大中四年及第者,今人有加订正,列于大中十一年(参孟二冬《登科记考补正》)。二、所谓"杜有江西之拜",即杜审权曾有江西观察使之任,行前并拟辟冯涓入其幕府,并允以后在南昌时笺奏即由冯涓撰写。实则据史书所载,杜审权未曾出镇江西,当以"浙西"讹为"江西"。

杜审权所著,除前述于大中九年任中书舍人时所撰制文外,其他皆未有载记。

高 璩

　　高璩,两《唐书》有传,见《旧唐书》卷一七一、《新唐书》卷一七七,皆附于其父高元裕传后,甚简,如《旧传》仅三十余字,且未记及翰林学士者。

　　高璩父元裕,文宗开成时为翰林侍讲学士,出院后其弟少逸又继为翰林侍讲学士,故《旧传》称"兄弟迭处禁密,时人荣之"。

　　《旧传》未载高璩字号,《新传》记谓字莹之。《新唐书》卷七一下《宰相世系表》一下,记有高璩,云"字莹之,相懿宗"。

　　两《唐书》本传皆言其登进士第,未记年。徐松《登科记考》卷二二系于宣宗大中三年(849),所据材料有二,一为张祜《孟才人歌》序,二为孙樵《故仓部郎中康公墓志铭并序》。今检《旧唐书》卷一七八《赵隐传》,载隐于大中三年登进士第,"咸通末,以本官同平章事";同卷《崔彦昭传》亦明记崔为大中三年及第,云:"僖宗即位,就加检校吏部尚书。"接云:"时赵隐、高璩知政事,与彦昭同年进士。"赵隐、崔彦昭确为大中三年进士及第者,既云高璩与此二人"同年进士",则亦为大中三年。《旧唐书》之赵隐、崔彦昭传,较张祜《孟才人歌》序及孙樵之《康公墓志铭》所记,更为明确,唯徐《考》未引及①。

————————

①不过《旧唐书·崔彦昭传》谓僖宗即位时崔彦昭为检校吏部尚书,"时赵隐、高璩知政事",乃力荐崔彦昭。按据《新唐书·宰相年表》,赵隐确于懿宗咸通十三年(872)二月为相,僖宗乾符元年(874)二月出为镇海军节度使,而高璩,据后记述,于懿宗咸通六年四月为相,同年六月即病卒,不可能于僖宗即位时尚在相位。此为《旧唐书·崔彦昭传》之显误。

《旧传》记高璩登第后，仅云"大中朝，由内外制历丞郎，判度支"，未叙有翰林学士事。《新传》谓"第进士，累佐使府"，后即云"以左拾遗为翰林学士"，入院前也未有具记。

今按《唐诗纪事》卷五三高璩条，有云："白敏中自剑南节度移荆南，经忠州，追寻乐天遗迹，有诗云：'南浦花临水，东楼月映风。'璩时为书记，有诗云：'公斋一到人非旧，诗板重寻墨尚新。'"此为记高璩诗作之最早材料，清编《全唐诗》卷五九七高璩名下即载此二句（非全篇），当辑自《唐诗纪事》；《全唐诗》卷五〇八亦载白敏中此二句，并注云采自《唐诗纪事》。《唐诗纪事》确有史料价值。按据《旧唐书》卷一六六《白敏中传》，白敏中于大中七年（853）为成都尹、剑南西川节度使，十一年（857）二月改任江陵尹、荆南节度使。由此则高璩当先后在白敏中之西川、荆南幕，当即《新传》所谓"累佐使府"者。

高璩后当自白敏中之荆南幕府返朝，任右拾遗内供奉，寻即入院。丁《记》记："大中十三年四月二十三日，自右拾遗内供奉充。其年九月三日，召对赐绯。十一月三日，特恩迁起居郎、知制诰，依前充。十四年十月六日，特恩拜右谏议大夫，依前充。二十六日，召对赐紫。咸通二年七月十九日，加承旨。八月七日，迁工部侍郎，依前充。三年二月二十日，特恩加朝散大夫、兵部侍郎，依前充。八月十九日，加检校礼部尚书、□川节度使。"

丁《记》记以右拾遗入，《新传》载谓左拾遗，仅为小异。又丁《记》十三年十一月三日由右拾遗迁起居郎，并加知制诰，则后历迁右谏议大夫、工部侍郎、兵部侍郎时，当皆应补"知制诰"三字。又，记于咸通二年（861）七月十九日加承旨，按此前任承旨者为苗恪，苗恪于咸通元年（860）十一月八日出院，高璩当于咸通二年七月接任，因此时在院者以高璩资历最深，即入院时间最早者（参见书后"学士年表"），且所具官阶也最高，故当依例接任。唯苗恪于咸通元年十一月出院，高璩于二年七月接任，其间有七八个月未有承旨，也不知何故。

又丁《记》记咸通三年二月二十日"特恩加朝散大夫、兵部侍郎"，而《全唐文》卷八三懿宗《授高璩剑南东川节度使制》，称为"翰林学士承旨、朝议大夫"。岑氏《注补》有云：《记》称朝散大夫，《制》称朝议大夫，后者比前者高两阶，不详孰正。"又云："观下文杨收条，似'朝议'不误。"岑氏所谓杨收条，乃杨收于咸通四年五月七日由翰林学士承旨直接提升为相时，《全唐文》卷八三所载制文，有称为"翰林学士承旨、朝议大夫"者。据此，则丁《记》记高璩之"朝散大夫"，或将"散"改为"议"。

关于高璩出院，丁《记》于"川"前空一字，当为"东"字。《新传》："懿宗时，拜剑南东川节度使。"《全唐文》卷八三懿宗《授高璩剑南东川节度使制》，称授为"检校礼部尚书、兼梓州刺史、管内观察处置等使"。又制中记其在院时："顷者名场颉颃，早振词科，桐阁从容，长专奏记。乃升华贯，爰近赤墀。青琐闼中，封章不屈；紫微天上，诏令无双。"对其业绩甚为赞誉，不过据现有史料，其在院前后四年，未记有参预政事，也未记有撰制诏诰。

《新传》于剑南东川节度使后，接云："召拜中书侍郎、同中书门下平章事。"即由东川节度使召入朝，任相，但未记年。《旧传》略叙为"咸通中，守中书侍郎、平章事"。《新唐书》卷九《懿宗纪》记于咸通六年（865），"四月，剑南东川节度使高璩为兵部侍郎、同中书门下平章事";《新唐书》卷六三《宰相年表》及《通鉴》卷二五〇皆同。而《旧唐书》卷一九上《懿宗纪》则记为咸通四年（863），谓此年十一月，"以兵部侍郎高璩本官同平章事"，又于五年（864）五月记："兵部侍郎平章事高璩为中书侍郎、知政事。"后于咸通六年（865）二月又记"高璩罢知政事"。实则据《新纪》、《新表》及《通鉴》，高璩于咸通六年四月任相，同年六月庚戌即卒；《新传》亦谓其任相后，"阅月卒"。据《新纪》、《通鉴》等所载，高璩于咸通六年六月庚戌卒，徐商即由御史大夫迁为兵部侍郎、同中书门下平章事，接任为相。《旧唐书·懿宗纪》记高璩任相及所谓罢相，竟有数误。

又高璩自西川还朝途中，又与文士有诗作交往。《唐诗纪事》卷五三载："璩自梓州刺史入朝，经绵州，与刺史薛逢登越王楼，逢以诗赠别曰：'乘递初登剑外州，倾心喜事富人侯。方当游艺依仁日，便到攀辕卧辙秋。客听巴歌消子夜，许陪仙躅上危楼。欲知恨恋情深处，听取长江旦暮流。'璩和云：'剑外绵州第一州，樽前偏喜接君侯。歌声婉转添长恨，管色凄凉似到秋。但务欢娱思晓角，独耽云水上高楼。莫言此去难相见，怨别征黄是顺流。'"高璩此诗，《全唐诗》卷五九七所载题为《和薛逢赠别》，第二句作"尊前偏喜接君留"。《全唐诗》卷五四八亦载薛逢此诗，题为《越王楼送高梓州入朝》。按薛逢，两《唐书》有传，见《旧唐书》卷一九〇《文苑传》下、《新唐书》卷二〇二《文艺传》下，为晚唐后期诗文名家（《旧传》称其"文词俊拔，论议激切"）。两《唐书》本传记与沈询、杨收、王铎同年（会昌元年）登第，杨收为相时，因与不和，乃使其出为蓬、绵二州刺史。按绵州巴西郡，属剑南道，今四川绵阳市。薛逢诗题中"越王楼",据仇兆鳌之注杜诗《越王楼歌》,引《绵州图经》,在州城外西北,"有台高百尺,上有楼,下瞰州城,唐高宗显庆中太宗子越王贞为绵州刺史作"①。可见越王楼为当地胜景,高璩路经绵州,薛逢当特为陪游,二人乃互有诗唱和。

高璩于咸通六年(865)四月入相,六月即病卒。《新传》记其卒后,"太常博士曹邺建言:'璩,宰相,交游丑杂,取多蹊径,谥法不思妄爱曰刺,请谥为刺。'从之"。按《新唐书》卷一一九《白敏中传》,亦记白敏中卒后,"博士曹邺责其病不坚退,且逐谏臣,举怗威肆行,谥曰丑。"则曹邺任太常博士时,习于直抒己见。唯其讥讽高璩"交游丑杂",史书未有具记,而其建议加谥为"刺",懿宗竟"从之",也不知何故。

《新唐书·艺文志》未著录其著述。《全唐诗》卷五九七即载前所述之和薛逢诗及和白敏中诗二句。《全唐文》未载其文。

---

①参见《唐才子传校笺》卷七《薛逢传》谭优学笺,中华书局,1990年。